山本浩司の
# automa system

新・でるトコ 一問一答 ＋ 要点整理

# 民法 1

オートマ実行委員会
代表 **山本浩司**

**早稲田経営出版**
TAC PUBLISHING Group

# はしがき

　司法書士試験用のテキストとしてオートマシステムを世に問うてから10年近くなりました。

　この本を受験生のみなさまにご愛用いただき、いままで数多くの合格者を輩出できたことはまことに喜ばしく、ありがたいことでありました。

　さて、このオートマシステム、本体は、「民法1」から「短期合格のツボ」の14冊がありますが、これは、私の独創によって生まれたものです。その作成の方針は、受験生のみなさまにわかりやすいものをということで一貫しており、たとえば、各科目の学習の順番も私の独創です。オートマシステムには類書がないわけでありまして、この点が、従来、シリーズの長所でもあり、若干のネックでもありました。

　ネックというのは、学習の順が独創なので、これに見合う、その順番通りの練習用の問題集がこの世になかったのです。オートマ過去問よりも出題形式が平易で、初学者でもサクサク解ける練習用の問題集が、です。

　しかし、今回、オートマ実行委員の西垣哲也先生の力を借りて本シリーズの刊行に至りました。

　これによりオートマ本体を学習したみなさまが、問題を解く練習をしながら楽しく実力を固め、そして確かめる道ができることとなりました。

　「新・でるトコ」シリーズの問題文、解説文はすべて私の精査を経ています。

　どうぞ、オートマシステムでの学習のお供に、また、それを離れても基礎事項の確認作業に本シリーズを十分にご活用いただき、司法書士試験を突破していただけましたら、これ以上の喜びはありません。

　みなさまのご多幸をお祈り申し上げます。

平成29年10月

山本浩司

# 第6版の刊行にあたって

　このたび、令和6年施行予定の親子法制に関連する民法改正を反映させ、また、全体の記述を見直して、必要な修正を行ったうえで、第6版を刊行することといたしました。

　本書を使って、しっかりとした基礎を身につけていただければ幸いです。

令和6年4月
オートマ実行委員会代表　山本浩司

# 本書の使い方

## 1 本書のコンセプト

「初学者にもわかりやすい、テキストによるインプット学習を最適なかたちでサポートする復習用問題集」です。

## 2 本書の特徴

「新・でるトコ」は、「オートマシステム」で学習をしている全ての受験生のために新しく作り直した「基本知識を定着させる」ためのシリーズです。

「オートマシステム」を読みながら、同時に「新・でるトコ」で基本を復習すれば、あっという間に知識が定着していきます。

「新・でるトコ」は「オートマシステム」の著述の順に従って、重要な基礎知識だけを絞り込んで、一問一答形式に配列しました。同時に使用することで、学習がとても効率的に進められます。

## 3 本書の構成

① 一問一答で基本知識を問う：問題文は勉強しやすい一問一答形式です。
② 解説は×肢であれば「×の理由」を端的に記述；無駄のない学習に最適です。
③ 「ココまでのまとめ」：要所に配置された「ココまでのまとめ」では、特に重要な知識を「急所」としてコンパクトに整理しました。知識の定着にとどめをさしてください。

## 4 オートマシリーズによる学習プロセス

「オートマシステム」→「新・でるトコ」→「オートマ過去問」

「オートマシステム」で知識をインプットするときは、かならず同時に「新・でるトコ」で復習しましょう。「テキストを1章読んだら新・でるトコの該当箇所をやる」イメージです。何度も往復して、しっかりと知識を定着させましょう。

知識が定着したら、次は実戦です。知識を使って問題を解く練習を、「オートマ過去問」を使って徹底的にやりましょう。解けなかった問題は、もう一度「オートマシステム」と「新・でるトコ」に戻ってやり直しましょう。

この繰り返しが、合格の力を身につける最短の近道です。

# 目 次

Part **1**

# 民法総則

# Chapter 1 | 代　理

## Section 1　代理の三要素　顕名

**Q 1**　代理人が、その代理権の範囲内で、本人のためにすることを示してした代理行為の効果は、直接本人に帰属する。

**Q 2**　代理人が本人のためにする意思をもって本人の名だけを示して代理行為を行ったときは、たとえ代理人に代理の意思があっても、有効な代理行為とはならない。

**Q 3**　代理人が本人のためにすることを示さないでした意思表示は、自己のためにしたものと推定される。

**Q 4**　代理人が、本人のためにすることを示さないで相手方と売買契約を締結した場合でも、契約の当時、代理人が本人のためにすることを相手方が知ることができたときは、代理人の意思表示は本人に対してその効力を生じる。

**A 1** ⭕ そのとおり（民法99条1項）。

>  **One Point ◆ 代理意思**
>
> 代理人が本人のためにするというのは、たとえば、代理の目的が契約であれば、代理人が本人のために契約をしてくることをいいます。このことを「代理意思」ということは知っておきましょう。

**A 2** ❌ 本問の場合でも、代理人に代理の意思が認められる限り、有効な代理行為となる（大判大4.9.27）。

>  **One Point ◆ 署名代理**
>
> 本問のようなケースを署名代理といいます。たとえばAの代理人Bが、契約書に「A　印」とサインしたときでも、判例は、代理人Bに代理の意思が認められる限り有効な代理行為となり得るとしています。

**A 3** ❌ 代理人が本人のためにすることを示さないでした意思表示は、自己のためにしたものとみなされる（民法100条本文）。推定されるのではない。

**A 4** ⭕ 代理人が本人のためにすることを、相手方が知っているか、または知ることができたときは、代理行為の効果は本人に帰属する（民法100条ただし書）。

# Section 2 代理の三要素　代理権と代理行為の瑕疵

## 1 表見代理

**Q 1**　Bが代理権がないにもかかわらずAのためにすることを示して、A所有の絵画をCに売却した場合、CがBに代理権があると信じたことについてAに帰責性があれば、Cに過失があっても表見代理が成立する。

**Q 2**　代理権授与の表示による表見代理について定めた民法109条は、法定代理には適用がない。

**Q 3**　権限外行為の表見代理について定めた民法110条は、法定代理には適用がない。

**Q 4**　代理権授与の表示による表見代理が成立するためには、相手方が自己の善意無過失を主張立証しなければならない。

**Q 5**　権限の定めのない代理人は、保存行為のみをすることができる。

**A** 1 ✗　Aに帰責性があっても、Cに過失があるときは表見代理は成立しない。

**One Point◆ 表見代理**

　表見代理が成立するためには、Bに代理権ありと信じるにつき、①相手方Cの善意無過失、②本人Aの帰責事由を要します。このように、無権代理のケースで本人にも帰責事由があるときに、本人に効果帰属することを認めることで相手方を保護する仕組みが表見代理です。

**A** 2 ○　そのとおり（大判明39.5.17）。

**A** 3 ✗　民法110条の規定は、法定代理にも適用がある（大連判昭17.5.20）。

**One Point◆ 表見代理と法定代理**

　表見代理の類型には、Q2の代理権授与の表示による表見代理、Q3の権限外行為の表見代理のほか、代理権消滅後の表見代理があります。代理権消滅後の表見代理の民法112条は、その第1項で「他人に代理権を与えた者は」と規定していることから、コトの性質上、法定代理には適用がありません。

**A** 4 ✗　本人に相手方の悪意有過失の立証責任がある（最判昭41.4.22）。

**A** 5 ✗　保存行為のほか、利用または改良行為をすることができる（民法103条）。

**Q 6** 登記申請行為に関する代理権限を基本代理権として、民法110条の表見代理が成立することがある。

**Q 7** 妻が夫に無断で、夫所有の不動産を夫の代理人として売却したときは、相手方は、妻に売却の権限がなかったことにつき善意無過失であれば、夫婦の日常の家事に関する代理権を基本代理権として、民法110条の表見代理により不動産の所有権を取得することができる。

**Q 8** 任意代理人が破産手続開始の決定を受けたときは、その者の代理権は消滅する。

**Q 9** 本人が破産手続開始の決定を受けたときは、任意代理人の代理権は消滅する。

**Q 10** 本人が破産手続開始の決定を受けたときは、法定代理人の代理権は消滅する。

**Q 11** 民法112条の代理権消滅後の表見代理が成立するためには、相手方が代理人の代理権が消滅する前に、その代理人と取引をしたことがあることを要する。

**Q 12** 代理人の代理権が消滅した後に、その者が消滅前の代理権の範囲を超えた行為を行ったときも、表見代理が成立することがある。

**A6** ○　そういう趣旨の判例がある（最判昭46.6.3）。

 **One Point ◆ 公法上の権限、事実行為は基本代理権となるか？**

印鑑証明書の申請行為のような公法上の行為の権限は基本代理権とはなりません（最判昭39.4.2）。また、投資の勧誘などの事実行為の権限も、法律行為ではないから基本代理権にはなりません（最判昭35.2.19）。

**A7** ✕　相手方は、不動産の所有権を取得することはできない（最判昭44.12.18）。妻に売却の代理権がないことに善意無過失であるだけでは、相手方は保護されないからである。

 **One Point ◆ 夫婦の日常家事と表見代理**

本問の判例の結論を簡単にまとめておきます。
「夫婦の一方が民法761条の日常の家事に関する代理権の範囲を超えて法律行為をしたときは、相手方においてその行為がその夫婦の日常の家事に関する法律行為に属するものと信じるにつき正当な理由があるときに限って、民法110条の趣旨を類推適用して、相手方の保護を図るべきである。」

**A8** ○　代理人の破産手続開始の決定は、代理権の消滅事由の一つである（民法111条1項2号）。

**A9** ○　委任による代理権（任意代理）は、委任の終了によっても消滅する。そのため、委任者である本人の破産手続開始の決定により、代理権が消滅する（民法111条2項、653条2号）。

**A10** ✕　本人が破産手続開始の決定を受けたことは、法定代理権の消滅事由ではない（民法111条1項1号参照）。

**A11** ✕　要しない（最判昭44.7.25）。代理人と取引したことがある事実は、相手方の善意無過失の認定のための一つの資料となるにすぎない。

**A12** ○　そのとおり（民法112条2項）。なお、代理権授与の表示があった場合に、無権代理人がその表示された代理権の範囲外の行為をしたときも、相手方に代理人の権限があると信じるについて正当な理由があるときは、表見代理が成立する（民法109条2項）。

**Q 13**　Aの代理人Bは、その権限を超えて、A所有の甲土地をCに売却した。Cに権限外の行為の表見代理が成立しない場合であっても、Cからさらに甲土地を取得したDにつき、Bにその権限があると信ずべき正当な理由があるときは、Dとの関係で表見代理が成立する。

## ② 無権代理

**Q 14**　取り消すことができる行為についての法定追認を定めた民法125条の規定は、無権代理行為の追認にも類推適用される。

**Q 15**　本人が無権代理行為を追認したときは、無権代理人がした行為は、別段の意思表示がない限り、追認の時からその効力を生じる。

**Q 16**　無権代理の相手方が、本人に対して無権代理行為を追認するかどうかの催告をした場合に、その期間内に確答がないときは、追認したものとみなされる。

**Q 17**　無権代理の相手方は、悪意であっても、本人に対して無権代理行為を追認するかどうかの催告をすることができる。

**Q 18**　無権代理の相手方は、代理人と称する者に代理権がないことを過失により知らなかったときでも、本人の追認がない限り、無権代理人との契約を取り消すことができる。

**Q 19**　相手方が無権代理行為を取り消したときは、本人は追認をすることができない。

**Q 20**　本人が無権代理人に対して追認をする意思表示をした場合において、相手方がこれを知らなかったときは、相手方は、無権代理人に対して無権代理行為を取り消すことができる。

## ③ 無権代理人の責任

**Q 21**　無権代理人に過失がないときは、無権代理人は民法117条の責任を負わない。

**Q 22**　相手方が民法117条に基づいて責任を追及したときは、無権代理人は、相手方に対して履行および損害賠償の責任を負う。

**A 13** ✗ 　成立しない（最判昭36.12.12）。表見代理は、代理人と称する者にその権限があるという外見を信頼した第三者を保護する制度であり、直接取引をしたわけでもない転得者には、その規定が適用されない。

**A 14** ✗ 　類推適用されない（最判昭54.12.14）。取り消すことができる行為と無権代理行為は、その性質が異なるためである。

**A 15** ✗ 　別段の意思表示がなければ、契約の時にさかのぼってその効力を生じる（民法116条本文）。

**A 16** ✗ 　正しくは、追認を拒絶したものとみなされる（民法114条）。

**A 17** ◯ 　前問のとおり、催告権は、本人に放っておかれれば「追認拒絶」で確定するような弱い権利だから、悪意者にも認められる（民法114条）。

**A 18** ◯ 　取消権は、相手方が善意であれば、過失があっても行使できる（民法115条ただし書参照）。

**A 19** ◯ 　そのとおり。本人の追認と相手方の取消権は、早い者勝ちの関係である。

**A 20** ◯ 　そのとおり。追認またはその拒絶は、相手方に対してしなければ、その相手方に対抗することができないからである（民法113条2項本文）。

**A 21** ✗ 　無権代理人は、自己に過失がなくても民法117条の責任を負う（最判昭62.7.7）。無権代理人の責任は、無過失責任である。

**A 22** ✗ 　無権代理人は、相手方に対して履行または損害賠償の責任を負う（民法117条）。履行および損害賠償の責任を負うのではない。

**Q 23** 無権代理人が制限行為能力者であっても、相手方は、民法117条の責任を追及することができる。

**Q 24** 無権代理人に代理権がないことを相手方が過失によって知らなかったときは、無権代理人が自己に代理権がないことを知っていたときであっても、相手方は、無権代理人に履行または損害賠償を求めることができない。

**Q 25** 相手方が無権代理人との間の契約を取り消した後でも、相手方は、無権代理人に対して民法117条によって履行または損害賠償を求めることができる。

**Q 26** 相手方が民法117条により無権代理人に損害賠償を請求したときは、無権代理人は、表見代理の成立を主張して自己の責任を免れることはできない。

## ④ 代理行為の瑕疵

**Q 27** 本人から不動産の購入の委託を受けた代理人が土地の売買をしたがその土地は真実は売主の所有ではなく通謀虚偽表示により売主がその土地の登記名義を有するにすぎなかった場合において、代理人が虚偽表示の事実を知っていたときは、たとえ本人が善意であっても、本人は土地の所有権を取得することはできない。

**Q 28** Aは、Bを代理人として、Cから動産甲を買い受けたが、Cは、真意では動産甲を売却するつもりがなかった。Bは、Cの意思表示がその真意に基づかないことを知っていたが、Aは、これを知らず、また知らないことに過失がなかった。この場合、Aは、動産甲の所有権を取得することができる。

**Q 29** 特定の法律行為をすることを委託された代理人がその行為をしたときは、本人は自ら知っていた事情について代理人が知らなかったことを主張することができない。

**Q 30** 相手方の詐欺により代理人が意思表示をしたときは、代理人がその意思表示を取り消すことができるが、本人はこれを取り消すことができない。

**A 23** ✕ 　無権代理人が制限行為能力者であるときは、相手方は、民法117条の責任を追及することができない（民法117条2項3号）。

**A 24** ✕ 　相手方に過失があっても、悪意の無権代理人はその責任を免れることができない（民法117条2項2号ただし書）。自ら代理権がないことを知りながら相手方の過失をとがめるのは、あつかましいからである。

**A 25** ✕ 　取消しにより無権代理行為そのものがなかったことになるから、相手方は、民法117条の責任を追及することができなくなる。

**A 26** ◯ 　そのとおり（最判昭62.7.7）。表見代理は、相手方を保護するための制度であり、無権代理人の免責の根拠とはならない。

**A 27** ◯ 　そのとおり。代理行為に瑕疵があるかどうかは、代理人を基準に判断するのが原則である（民法101条1項）。

**A 28** ✕ 　本問の場合も、代理人を基準に判断するため、Aは、所有権を取得することができない（民法101条2項、93条1項ただし書）。

**A 29** ◯ 　そのとおり（民法101条3項前段）。特定の法律行為の委託という部分が、急所である。この場合は、前2問の例外として、代理行為に瑕疵があるかどうかを、本人を基準に判断する。

**A 30** ✕ 　相手方の詐欺により代理人が意思表示をしたときは、本人がその意思表示を取り消すことができる（民法120条2項）。

**One Point ◆ 取消権者**

　代理人は、当然には取消権を有しません。代理の効果は本人に帰属するため、本問では、本人に取消権が生じます。代理人が取り消すためには、本人から取消しについての代理権の付与を受けることを要します。

## 急｜所｜1｜ 代理権の消滅事由

1　法定代理

　法定代理権は、次の事由によって消滅する（民法111条1項）。

　① 本人の死亡

　② 代理人の死亡、破産手続開始の決定、後見開始の審判

2　任意代理

　任意代理権は、次の事由によって消滅する（民法111条1項・2項、653条）。

　① 本人の死亡、本人の破産手続開始の決定

　② 代理人の死亡、破産手続開始の決定、後見開始の審判

## 急｜所｜2｜ 無権代理人の責任のまとめ

1　無権代理人に対する責任追及の内容

　　相手方は、その選択によって履行または損害賠償を求めることができる（民法117条1項）。

2　無権代理人に責任を追及するための要件

　① 無権代理人が代理権を証明できないこと

　② 本人の追認がないこと

　③ 相手方が善意無過失であること（有過失の場合に例外アリ＊）

　④ 無権代理人が行為能力者であること

　⑤ 相手方が無権代理人との契約を取り消していないこと

　＊ 相手方に過失があるときでも、無権代理人が自己に代理権がないことを知っていたときは、相手方は無権代理人の責任を追及することができる。

## 急|所|3| 代理行為の瑕疵

1 代理行為の瑕疵（民法101条1項・2項）

　代理行為に瑕疵があるかどうかは、原則として、意思表示をする代理人を基準に判断する（民法101条1項・2項）。

　　**例** ガン予防の薬品（←いかなる薬品を購入すべきかを特定していない）の購入を委任された代理人が、相手方に欺されてA社製造のただのビタミン剤をガンの特効薬と信頼して購入した。

　　　　　　↓

　　本人がその事実（ガン予防の薬品がビタミン剤であること）を知っていたときでも、本人は売買契約を取り消すことができる。

　　＊ 民法101条1項は能動代理についての規定であり、代理人がした意思表示の効力について定めている。また、2項は受動代理の規定であり、相手方の意思表示の効力について定めている。なお、2項は、ある事実についての知・不知のみを規定していることに注意。

2 特定の法律行為の委託のケース（民法101条3項）

　本人が代理人に特定の法律行為を委託して、代理人がその行為をした場合、本人は自らが悪意有過失であるときは、代理人の善意を主張することができない（民法101条3項）。

　　**例** 本人は、代理人に対し、A所有の甲建物の購入（←特定の法律行為）を委託し、代理人は甲建物を購入した。ところが、甲建物は、実はBの所有物であり、Aとの間の通謀虚偽表示によりA名義にしていたものであった。

　　　　　　↓

　　虚偽表示の事実を代理人は知らなかったが、本人が知っていたときは、本人は代理人の善意を主張して甲建物の所有権の取得を主張することができない。

# Section 3 代理と復代理

## 1 代理人の能力

**Q 1** 　未成年者は他人の任意代理人となることができるが、成年被後見人は他人の任意代理人となることができない。

**Q 2** 　Aから代理権の授与を受けた未成年者のBは、Cとの間でC所有の不動産の売買契約を締結した。Aは、この売買契約をBの行為能力の制限を理由に取り消すことができる。

**Q 3** 　未成年者が、本人との間の委任契約により代理権を与えられたが、未成年者が親権者の同意を得ないで委任契約を締結していたときは、未成年者は本人との間の委任契約を行為能力の制限を理由に取り消すことができる。

**Q 4** 　代理人が本人のために相手方との間で売買契約を締結した後、本人との間の委任契約を行為能力の制限を理由に取り消したときでも、相手方との間で締結した売買契約は効力を失わない。

**A 1** ✘　　いずれも代理人となることができる。代理行為の効果が帰属するのは本人であり、代理人に累が及ぶことはない（民法99条1項）。そのため、制限行為能力者であっても、他人の任意代理人となることは一向にかまわない（民法102条参照）。

**A 2** ✘　　前問の解説のとおり、代理行為の効果がBに及ぶことがないため、Bがした契約を取り消すことはできない（民法102条本文）。

**A 3** ○　　委任契約の取消しは可能である（民法5条2項）。

> 🐕 **One Point◆ 前問との相違点**
>
> 　本問は、相手方との代理行為ではなく、本人との間の委任契約の取消しの場面です。この委任契約は未成年者自身に効果帰属するため、制限行為能力者をエコヒイキする必要があるのです。

**A 4** ○　　そのとおり。本問の場面では、取消しの遡及効が制限されると解してよい。

> 🐕 **One Point◆ 委任契約の取消しと代理行為**
>
> 　ここは、ちょっと頭をひねる必要があります。本来、委任契約を取り消すと、代理権がさかのぼって消滅するため、代理行為は無権代理となります。ですが、それでは、かえって相手方の利益を害するし、民法102条で代理人は制限行為能力者でもかまわないとした意味もなくなってしまいます。そこで、本問のようなケースでは、取消しの効果は遡及しないことにして、代理人の代理行為を有効と考えるのです。

## ② 代理人の権限濫用

**Q 5** 代理人が第三者の利益を図る目的で代理権の範囲内の行為をした場合において、相手方がその目的を知り、または知ることができたときは、その行為は、代理権を有しない者がした行為とみなされる。

**Q 6** 代理人が自己の利益を図る目的で代理権の範囲内の行為をした場合において、相手方が代理人の目的を知らず、かつ、知らないことに過失がなかったときは、代理人の行為の効果は本人に帰属する。

## ③ 任意代理と法定代理

**Q 7** 権利義務の主体となり得る地位のことを、意思能力という。

**Q 8** 法律行為の当事者が意思表示をした時に意思能力を有していなかったときは、その者は、その法律行為を取り消すことができる。

**Q 9** 未成年者Aの親権者Bが保佐開始の審判を受けている場合において、Bが、Aの法定代理人として、保佐人Cの同意を得ることなく、A所有の不動産を売却したときは、Aは、Bの行為を取り消すことができない。

## ④ 復代理の選任と責任

**Q 10** 復代理人を選任するのは、代理人である。

**Q 11** 委任による代理人は、やむを得ない事由があるときは、本人の許諾を得なくても復代理人を選任することができる。

**A 5** ◯ そのとおり。代理権の濫用とは、代理人が「自己または第三者」の利益を図る目的で代理権の範囲内の行為をすることをいう（民法107条）。相手方が悪意・有過失の場合、代理人の行為は無権代理となる。その結果、本人には追認権・追認拒絶権が生じる。

**A 6** ◯ 代理権の濫用事例は、有権代理の一場合である。このため、相手方が善意・無過失であれば、その効果は本人に帰属する（民法99条1項）。

**A 7** ✕ 意思能力ではなく、権利能力という。なお、意思能力とは、法律行為の意味を弁識する能力のことをいう。

**A 8** ✕ 取り消すことができる行為となるのではなく、その法律行為は無効である（民法3条の2）。

**A 9** ✕ 取り消すことができる（民法102条ただし書）。法定代理の場合、本人（A）が代理人（B）を選任するわけではなく、法律の定めによりBがAの代理人となる。にもかかわらず、Bの行為の結果、Aに損失が生じるのは好ましい事態とはいえないためである。なお、本問の場合、Aのほか、BやCも取消しをすることができる（民法120条1項）。

**A 10** ◯ そのとおり（民法104条参照）。

 **One Point◆ 復代理のココに注意！**

復代理人の選任は代理人が行い、その際、「代理人」の名で選任します。本人の名で選任するのではない点に注意しましょう。

**A 11** ◯ そのとおり。復代理人を選任できるのは、本人の許諾を得たとき、または、やむを得ない事由があるときである（民法104条）。

**Q 12** 任意代理人Aが本人Bの許諾を得て復代理人Cを選任したときは、Cの行為の結果、Bに損害が生じた場合でも、AがBに対して責任を負うことはない。

**Q 13** 法定代理人は、自己の責任で復代理人を選任することができる。

**Q 14** 法定代理人がやむを得ない事由によって復代理人を選任した場合、復代理人の行為について本人に対して責任を負うことはない。

## 5 復代理人の権限

**Q 15** 復代理人は、代理人を代理する。

**Q 16** 代理人は、復代理人を選任した後は、その代理権を失う。

**Q 17** 復代理人が代理行為をするときは本人の名を示すことを要し、代理人の名を示すことを要しない。

**Q 18** 復代理人の代理権の範囲は、代理人の代理権の範囲を超えることがある。

**Q 19** 代理人の代理権が消滅したときは、復代理人の代理権も消滅する。

**Q 20** 復代理人は、委任事務の処理に当たり相手方から金銭等を受領したときは、本人に対して受領物を引き渡す義務を負い、代理人に対しては受領物を引き渡す義務を負わない。

**Q 21** 復代理人が相手から受領した物を代理人に引き渡したときは、本人に対する受領物引渡義務も消滅する。

**A 12** ✗　Aは、AB間の委任契約の受任者として、債務不履行の一般原則に従って、Bに対して責任を負う（民法415条）。

**A 13** ○　そのとおり（民法105条前段）。法定代理人は、自由に復代理人を選任することができる。

**A 14** ✗　本人に対して、その選任および監督についての責任のみを負う（民法105条後段）。

**A 15** ✗　復代理人は、直接本人を代理する（民法106条1項）。代理人を代理するのではない。

**A 16** ✗　代理人は、復代理人を選任した後でも、その代理権を失うことはない。

**A 17** ○　そのとおり。重ねていうが、復代理人は、本人の代理人である。

**A 18** ✗　復代理人の代理権の範囲が、代理人のそれを超えることはない。代理人と復代理人の関係は親亀と子亀の関係だから、「代理人の権限≧復代理人の権限」である。

**A 19** ○　そのとおり。親亀がコケれば子亀もコケる。

**A 20** ✗　復代理人は、委任事務を処理するに当たり相手方から金銭等を受領したときは、本人に対して受領物を引き渡す義務を負うほか、代理人に対しても受領物を引き渡す義務を負う（最判昭51.4.9）。

**A 21** ○　そのとおり（最判昭51.4.9）。

**Q 1** 　本人が無権代理行為の追認も追認拒絶もしないまま死亡し、無権代理人が本人を単独で相続したときは、無権代理行為は当然に有効となる。

**Q 2** 　無権代理人が本人を単独で相続したときは、たとえ本人が生前に追認を拒絶していたときでも、無権代理行為は当然に有効となる。

**Q 3** 　本人が無権代理行為を追認も追認拒絶もしないまま死亡し、無権代理人が他の相続人と共同で本人を相続したときは、他の共同相続人の全員が追認しない限り、無権代理人の相続分に相当する部分についても、無権代理行為は当然に有効とはならない。

**Q 4** 　無権代理人が本人を他の相続人とともに相続し、他の相続人の全員が無権代理行為を追認した場合に、無権代理人が追認を拒絶することは信義則上許されない。

**Q 5** 　無権代理人が死亡し、本人が無権代理人を単独で相続したときは、本人は無権代理行為の追認を拒絶することができる。

**Q 6** 　本人が無権代理人を単独で相続し、無権代理行為の追認を拒絶したときは、無権代理行為は無効に確定するから、相手方は、本人に対して民法117条による損害賠償を請求することはできない。

**Q 7** 　無権代理人を本人とともに相続した者が、その後さらに本人を相続したときは、その相続人は、本人の資格で無権代理行為の追認を拒絶することはできない。

**Q 8** 　事実上の後見人として無権代理行為を行った者が、後日、本人の後見人となったときは、後見人は自らがした無権代理行為の追認を拒絶することができず、その行為は本人に対してその効力を生じる。

**A 1** ○ そのとおり（最判昭40.6.18　資格融合説）。

**A 2** ✕ 本人が生前に追認を拒絶していたときは、無権代理行為は有効とはならない（最判平10.7.17）。

**A 3** ○ そのとおり（最判平5.1.21）。

> 🐕 **One Point◆ 追認権**
>
> 　共同相続の事例では、無権代理行為の追認権は、その性質上相続人全員に不可分的に帰属します（最判平5.1.21）。そのため、仮に共同相続人の1人が追認を拒絶したときは、無権代理人が相続した持分を含めて、無権代理行為は無効となります。

**A 4** ○ そのとおり（最判平5.1.21）。

**A 5** ○ そのとおり（最判昭37.4.20）。本人が無権代理行為の追認を拒絶しても、信義則に反しない。

**A 6** ✕ 損害賠償を請求できる（最判昭48.7.3）。追認を拒絶したからといって、本人は、相続によって承継した民法117条の責任を免れることができないのである。

**A 7** ○ 判例は、無権代理人が本人を相続したケースと同視して、相続により無権代理行為は当然に有効になるとする（最判昭63.3.1）。

**A 8** ○ そのとおり（最判昭47.2.18）。本問のケースで後見人が追認を拒絶することは、信義則上許されない。

**Q 1** 債務の履行および本人があらかじめ許諾した行為については、同一の法律
□□□ 行為について、相手方の代理人となり、または当事者双方の代理人となるこ
とができる。

**Q 2** 不動産の売買契約に基づく所有権の移転の登記の申請手続につき、司法書
□□□ 士が売主および買主の双方を代理することは、双方代理の禁止に関する民法
108条1項の規定に違反しない。

**Q 3** 自己契約や双方代理に当たる行為は無効であり、本人が追認をしても有効
□□□ となることはない。

**Q 4** 代理人は意思能力を有する者でなければならないが、使者は意思能力を有
□□□ する者でなくてもよい。

**Q 5** 使者が本人の意思表示の内容を誤って表示したときは、錯誤の問題となる。
□□□

**Q 6** 自己契約や双方代理のほか、代理人と本人との利益が相反する行為につい
□□□ ては、債務の履行および本人があらかじめ許諾した場合を除き、代理権を有
しない者がした行為とみなされる。

**Q 7** Aの代理人Bは、Aの許諾を得ることなく、Bが自ら貸金債務を負うとと
□□□ もに、Aを代理してAをその債務の保証人とする契約をした。この場合、B
の行為は、代理権を有しない者がした行為とみなされる。

**A 1** ○　そのとおり（民法108条1項ただし書）。自己契約、双方代理を原則禁止とする趣旨は、本人の利益の保護にあるところ、すでに生じた債務を履行するにすぎない場合および本人の許諾があるときは、その趣旨に反することもないからである。

**A 2** ○　そのとおり（最判昭43.3.8）。登記の申請については、これにより新たな利害関係が生じるものではないからである。

**A 3** ✕　自己契約や双方代理の行為は、無権代理とみなされる。そのため、本人が追認をすれば有効となる（民法108条1項、113条）。

**A 4** ○　そのとおり。たとえば、子どもの初めてのお使いも使者である。

**A 5** ○　そのとおり。使者の誤表示は、本人の錯誤を意味することとなる。なお、代理の場合、錯誤の有無は代理人について決する（民法101条1項）。

**A 6** ✕　「債務の履行および」の部分が誤り。自己契約、双方代理以外の利益相反行為は、本人の許諾がある場合を除いて、無権代理行為とみなされる（民法108条2項）。108条1項と相違して、ただし書に債務の履行が存在しない点に注意を要する。本人と代理人の利益が相反する場合に、本人の利益を害することのない債務の履行というものがあり得ないからである。

**A 7** ○　そのとおり（民法108条2項本文）。前問の事例化である。Bが主債務者、Aが保証人というカタチはAに不利であり、利益相反行為に当たる。

# Chapter 1

# 代理②

## 急所 無権代理と相続

無権代理と相続は、重要テーマである。それぞれの場面に分けて、判例を整理しておこう。

1 無権代理人が本人を相続したケース

① 単独相続

原則 無権代理行為は、当然に有効となる(最判昭40.6.18)。

例外 (本人が無権代理行為の追認を拒絶した後に死亡したとき)

本人の追認拒絶による無効の効果が、相続によって覆ることはない(最判平10.7.17)。

② 共同相続(最判平5.1.21)

・無権代理行為を追認する権利は、その性質上、相続人全員に不可分的に帰属する。

・共同相続人全員が共同して追認しない限り、無権代理人の相続分に相当する部分についても、無権代理行為は当然に有効となるものではない。

・他の共同相続人全員が無権代理行為を追認している場合に、無権代理人が追認を拒絶することは、信義則上許されない。

2 無権代理人と本人の双方を相続したケース

無権代理人の地位を相続した後に本人の地位を相続した者は、無権代理行為の追認を拒絶することはできない(最判昭63.3.1)。

3 本人が無権代理人を単独相続したケース

・信義則に反するところはないから、本人は、無権代理行為の追認を拒絶することができる(最判昭37.4.20)。

・しかし、本人は、民法117条の無権代理人の責任を承継する(最判昭48.7.3)。

（Memo）

# Chapter 2 | 時　効

## Section 1　取得時効と消滅時効

### 1　取得時効

**Q 1**　20年間、所有の意思をもって、平穏かつ公然と他人の物を占有した者は、その所有権を取得することができる。

**Q 2**　占有開始の時と現在の両時点の占有を証明したときは、占有は、その間継続したものとみなされる。

**Q 3**　賃借人のする占有も、盗人のする占有のいずれも自主占有である。

**Q 4**　農地を転用目的で買い受けた者は、その引渡しを受けたときであっても、農地法所定の許可を得なければ、所有の意思のある占有を始めたものとはいえない。

**Q 5**　占有者は、所有の意思をもって、善意で平穏に、かつ、公然と占有するものとの推定を受ける。

**Q 6**　自分が所有する物を時効取得することはできない。

---

**A 1** ◯ 　そのとおり（民法162条1項　取得時効）。

---

**A 2** ✗ 　占有開始時の占有と現在の占有を証明したときは、占有は、その
間継続したものと推定される（民法186条2項）。みなされるのでは
ない。

---

**A 3** ✗ 　賃借人のする占有は他主占有であり、盗人のする占有は自主占有
である。

> 🐕 **One Point◆ 自主占有と他主占有**
>
> 　所有の意思のある占有を「自主占有」、所有の意思のない占有を「他主占
> 有」といい、その区別は権原の性質から客観的に判断します（最判昭
> 45.6.18）。賃貸借によって占有を始めたときは、たとえその契約が無効で
> あっても他主占有となります。

---

**A 4** ✗ 　農地法所定の許可を得ずとも、特段の事情がない限り、代金の支
払いをして農地の引渡しを受けたときから、所有の意思のある占有
を始めたものといえる（最判平13.10.26）。

---

**A 5** ◯ 　そのとおり（民法186条1項）。

---

**A 6** ✗ 　自分の所有物でも、時効取得することができる（最判昭42.7.21）。

> 🐕 **One Point◆ 自分の所有物を時効取得する実益は？**
>
> 　たとえば、Aの土地をBが買って長期間経過した後に、Aが契約の効力を
> 争ったとしましょう。登記もない、契約書もない、というときは、所有権の
> 立証はなかなか難しい。そんなときに、自分の所有物でも時効取得の主張を
> 認める実益があります。

Q 7 道路のような公共用の財産であっても、時効取得することができる。
□□□

Q 8 一筆の土地の一部を時効取得することができる。
□□□

Q 9 不動産が二重に譲渡された場合に、第二の買主が先に登記をしたときでも、
□□□ 第一の買主の取得時効が完成したときは、第一の買主はこれを主張して、第
二の買主からの明渡しを拒むことができる。

Q 10 占有者が占有物を奪われたときでも、占有回収の訴えを提起して勝訴し、
□□□ その物の占有を回復したときは、占有が失われていた期間も含めて占有が継
続していたものとみなされる。

Q 11 占有を承継した者が、自己の占有に前の占有者の占有を併せて主張したと
□□□ きは、その瑕疵をも承継する。

Q 12 他人物の占有者は、占有開始の時に善意・無過失であれば、その後に悪意
□□□ となっても10年間占有を継続すれば、その物を時効取得することができる。

Q 13 第一の占有者が善意・無過失で甲土地を8年間占有した後、これを譲り受
□□□ けた者が悪意で5年間占有したときでも、悪意の占有者は、短期の取得時効
を主張して甲土地の所有権を取得することができない。

Q 14 権利能力なき社団が不動産を占有し、法人格を取得した後もその占有を継
□□□ 続したときは、その社団は、占有開始の時期として、法人格取得以前の占有
開始時点と、法人格を取得した時点を選択して主張することができる。

Q 15 他人の不動産を所有の意思をもって15年間占有した者が死亡し、その相続
□□□ 人が所有の意思をもって5年間占有を継続したときは、相続人は被相続人の
占有を併せて主張することにより、その不動産の所有権を時効取得できる。

Q 16 不動産賃借権を時効取得することができる。
□□□

**A 7** ◯ 　公共用財産でも、公用の廃止があれば時効取得できる。この公用
の廃止は、明示でなく黙示によるものでもいい（最判昭51.12.24）。

---

**A 8** ◯ 　そのとおり（大判大13.10.7）。

---

**A 9** ◯ 　そのとおり（最判昭46.11.5）。なお、このときの時効の起算点は、
第一の買主が占有を開始したときである。

---

**A 10** ◯ 　そのとおり（民法203条ただし書、最判昭44.12.2）。これにより、
占有者は、時効取得が可能になる。

---

**A 11** ◯ 　そのとおり（民法187条2項）。ここに、瑕疵とは、悪意占有、過
失ある占有、強暴、隠避による占有のことである。

---

**A 12** ◯ 　占有開始の時に善意・無過失であれば、短期の取得時効を主張で
きる（大判明44.4.7）。なお、占有者は民法186条1項により善意の
推定を受けるが、無過失の推定は受けないため、占有者は無過失の
立証を要する。

---

**A 13** ✕ 　悪意の占有者は、短期の取得時効を主張して甲土地の所有権を取
得することができる（最判昭53.3.6）。13年（8年プラス5年）の占
有の開始の時に占有者が善意・無過失だからである。

---

**A 14** ◯ 　そういう趣旨の判例がある（最判平1.12.22）。

---

**A 15** ◯ 　そのとおり（最判昭37.5.18）。相続のような包括承継にも、民法
187条の占有の承継の規定の適用がある。

---

**A 16** ◯ 　そのとおり（最判昭43.10.8）。

- - - - - - - - - - - - - - - - - - - - - - - - - - - - - - - - - - - - - - - - - - - - - - - - - - - - - - - - - - - - - - - - - - -

**Q 17** 抵当権を時効取得することができる。

□□□

## ② 消滅時効

- - - - - - - - - - - - - - - - - - - - - - - - - - - - - - - - - - - - - - - - - - - - - - - - - - - - - - - - - - - - - - - - - - -

**Q 18** 債権は、債権者が権利を行使することができることを知った時から5年間
□□□ 行使しないとき、または、権利を行使することができる時から10年間行使し
ないときは、時効によって消滅する。

- - - - - - - - - - - - - - - - - - - - - - - - - - - - - - - - - - - - - - - - - - - - - - - - - - - - - - - - - - - - - - - - - - -

**Q 19** 人の生命または身体の侵害による損害賠償請求権は、債権者が権利を行使
□□□ することができることを知った時から5年間、または、権利を行使すること
ができる時から10年間行使しないときは、時効によって消滅する。

**A 17** ✗ 抵当権を時効取得することはできない。

>
> **One Point ◆ 取得時効は占有の継続が要件**
>
> 　取得時効は占有の継続が要件ですから、抵当権のような占有を伴わない物権を時効取得することはできません。

**Part 1**

**民法総則**

**A 18** ○ そのとおり（民法166条1項）。前半が主観的起算点、後半が客観的起算点である。民法は、債権の消滅時効期間を2本立ての仕組みにしている。

**A 19** ✗ 客観的起算点についての10年間が誤り。正しくは20年間である（民法167条、166条1項2号）。重大損害の時効期間を伸長する狙いである。

# Section 2 時効の完成猶予・更新

**Q 1** ☐☐☐ AがBに対して有する金100万円の貸金の支払を求める訴えを提起し、確定判決によって権利が確定したときは、Aの債権の消滅時効は更新する。

**Q 2** ☐☐☐ 債権者が債務者に対する支払督促の申立てをし、これが確定したときは、時効の完成猶予の効果を生ずるが、時効の更新の効果は生じない。

**Q 3** ☐☐☐ AがBに対して有する貸金の支払を求める訴えを提起したが、取下げにより、権利が確定しなかったときは、時効の更新の効果も、時効の完成猶予の効果も生じない。

**Q 4** ☐☐☐ 債権者が債務者の財産に対して強制執行の申立てをしたときは、その手続が終了するまでの間、時効の完成が猶予される。

**Q 5** ☐☐☐ 債務者が、債権者に対して負担する債務の利息を支払ったときは、その債権の消滅時効は更新する。

**Q 6** ☐☐☐ 債権者が債務者の財産に対して仮差押えをしたときは、時効の更新の効果が生ずる。

**A 1** ○　そのとおり（民法147条2項、1項1号）。民法は、裁判上の請求により時効の完成猶予、判決の確定により時効の更新という2段構えの仕組みをとっている。

---

**A 2** ✕　支払督促の申立てにより時効の完成猶予、支払督促の確定により時効が更新する（民法147条1項2号、2項）。このほか、裁判上の和解または調停、破産手続参加または再生手続、更正手続参加の場合も、時効の完成猶予→時効の更新という仕組みとなっている（民法147条1項3号・4号、2項）。

---

**A 3** ✕　最後の記述が誤り。この場合、訴訟の終了の時から6か月を経過するまでの間、時効の完成が猶予される（民法147条1項カッコ書）。つまり、時効の更新の効果は生じないが、時効の完成猶予の効果が生じるのである。

---

**A 4** ○　そのとおり（民法148条1項1号）。強制執行の申立てにより時効の完成が猶予され、その手続の終了により、満足に至らなかった部分について（例　金100万円のうち金70万円の満足を受けた場合の、残りである金30万円）、時効が更新する（民法148条2項）。

> 🐕 **One Point ◆ 強制執行等による時効の完成猶予・更新**
>
> 　強制執行を含めて、時効の完成猶予事由→時効の更新事由には、次のものがあります（民法148条）。
> 1　強制執行
> 2　担保権の実行
> 3　留置権による競売等
> 4　財産開示手続または第三者からの情報取得手続

---

**A 5** ○　利息の支払いが権利の承認に当たるので、時効が更新する（民法152条1項）。また、利息の支払いと同様に、債務の一部を弁済したときも、残部を含めて債権全体の承認となる。

---

**A 6** ✕　仮差押え、仮処分は、手続終了の時から6か月間、時効の完成が猶予される（民法149条）。これらはあくまで仮の手続であり、権利の存在が確実になることがないため、時効の完成猶予の事由にあたるのみである。保全処分が時効の更新事由となることはない。

**Q 7** 確定判決またはこれと同一の効力を有するものによって確定した権利については、10年より短い時効期間の定めがあるものであっても、その時効期間は10年となる。

**Q 8** 権利についての協議を行う旨を口頭でした場合も、時効の完成猶予の効果が生ずる。

**Q 9** AとBが、Aの権利についての協議を行う旨を書面でした場合において、その協議を行う期間を6か月と定めたときであっても、その合意があった時から1年を経過した時まで時効の完成が猶予される。

**Q 10** 権利についての協議を行う旨の合意を書面でしたことにより時効の完成が猶予されている間に、再度、協議を行う旨を合意しても、時効の完成猶予の効果は生じない。

**Q 11** 催告があったときは、その時から6か月を経過するまでの間、時効は完成しない。

**Q 12** 催告によって時効の完成が猶予されている間に、債権者が再度の催告をしたときは、その時からさらに時効の完成猶予の効果を生ずる。

**Q 13** 催告によって時効の完成が猶予されている間に、当事者が権利についての協議を行う旨の合意を書面でしたときは、その合意があった時から時効の完成猶予の効力を生ずる。

**Q 14** 権利についての協議を行う旨の合意を書面でしたことにより時効の完成が猶予されている間に、債権者が債務者に催告をしたときは、催告があった時から6か月間、時効の完成が猶予される。

**Q 15** 債権者が、裁判上、債権者代位権を行使したときでも、債権者の被保全債権の消滅時効の完成は猶予されない。

**Q 16** 債権者が詐害行為取消権を行使したときは、債権者の被保全債権の消滅時効の完成が猶予される。

**A 7** ◯　そのとおり（民法169条1項）。確定判決による権利の存在の確実性は、他の時効の更新事由より高いため、時効期間を引き延ばす趣旨である。

**A 8** ✕　協議を行う旨の合意は、書面でしなければ時効の完成猶予の効果を生じない（民法151条1項）。口頭での合意は、後日、いつその合意をしたのかが不明確になるため、時効の完成猶予事由とはならない。

**A 9** ✕　当事者が1年より短い協議の期間を定めたときは、その期間（本問の場合、6か月）を経過するまで時効の完成が猶予される（民法151条1項2号）。

**A 10** ✕　時効の完成猶予の効力を生じる（民法151条2項本文）。なお、その効力は、最初の合意がなければ時効が完成したはずの時から通じて5年を超えることができない（民法151条2項ただし書）。

**A 11** ◯　そのとおり。催告により、6か月間、時効の完成が猶予される（民法150条1項）。

**A 12** ✕　再度の催告には、時効の完成猶予の効果はナイ（民法150条2項）。催告は一度きりである。

**A 13** ✕　時効の完成猶予の効果が生じることはない（民法151条3項前段）。催告（ケンカ腰）と協議（合意）は仲が悪いので相いれないのである。

**A 14** ✕　催告により時効の完成が猶予されることはない（民法151条3項後段）。前問同様、両者は仲が悪いので相いれないのである。

**A 15** ◯　そのとおり（大判昭15.3.15）。時効の完成が猶予されるのは、代位行使の目的である債務者の第三債務者に対する債権（被代位債権）である。

**A 16** ✕　債権者の被保全債権の消滅時効の完成は猶予されない（最判昭37.10.12）。

Q **17** 　債権者Ａが債務者ＢのＣに対する債権を差し押さえたときは、ＡＢ間の債権の消滅時効の完成が猶予されるが、差押えを受けたＢＣ間の債権の消滅時効の完成は猶予されない。

□□□

---

Q **18** 　時効の期間の満了前６か月以内の間に、未成年者に法定代理人がいないときは、その未成年者が行為能力者となった時または法定代理人が就職した時から６か月間、その未成年者に対して、時効は完成しない。

□□□

---

Q **19** 　夫婦の一方が他の一方に対して有する権利については、婚姻を解消しても、時効の完成が猶予されることはない。

□□□

**A 17** ◯　そのとおり。差押えにより権利を行使したといえるのは、A→B
の債権だからである。

**A 18** ◯　そのとおり（民法158条1項）。なお、未成年者のほか、成年被後
見人についても同様である。

**A 19** ✕　婚姻の解消の時から6か月間、時効の完成が猶予される（民法
159条）。

## Section **3** 時効の援用、時効の効力、時効の利益の放棄

### **1** 時効の援用

**Q 1** 保証人は、主たる債務の消滅時効を援用することができる。

**Q 2** 抵当不動産の物上保証人は、抵当権の被担保債権の消滅時効を援用することができない。

**Q 3** 抵当不動産の第三取得者は、抵当権の被担保債権の消滅時効を援用することができる。

**Q 4** 売買予約による所有権移転請求権の仮登記に後れる抵当権者は、予約完結権の消滅時効を援用することができる。

**Q 5** 後順位抵当権者は、先順位の抵当権の被担保債権の消滅時効を援用することができる。

**Q 6** 詐害行為の受益者は、詐害行為取消権を行使する債権者の被保全債権の消滅時効を援用することができる。

**Q 7** 被相続人の占有により取得時効が完成した場合、その共同相続人の1人は、所有権全部の取得時効を援用することができる。

**Q 8** 時効の完成猶予または更新の効力は、その事由が生じた当事者およびその承継人の間においてのみ生ずる。

**Q 9** 一般債権者は、債務者の他の債権者に対する債務の消滅時効を援用することができる。

**Q 10** 一般債権者は、債務者が無資力であるときは、自己の債権を保全するのに必要な限度で債務者に代位して他の債権者に対する債務の消滅時効を援用することができる。

**A 1** ○ 　保証人は、権利の消滅について正当な利益を有する者であり、時効を援用できる（民法145条カッコ書）。

**A 2** ✗ 　物上保証人も、権利の消滅について正当な利益を有する者であり、時効を援用できる（民法145条カッコ書）。

**A 3** ○ 　第三取得者も、保証人や物上保証人と同じく、時効を援用できる（民法145条カッコ書）。

**A 4** ○ 　そのとおり（最判平2.6.5）。権利の消滅について正当な利益を有する者に当たる。

**A 5** ✗ 　援用できない（最判平11.10.21）。後順位抵当権者は、先順位抵当権が消えると配当の順位が上がるが、その程度のことでは、正当な利益を有するとはいえない。

**A 6** ○ 　そのとおり（最判平10.6.22）。被保全債権が時効消滅すると、詐害行為取消請求を食らうこともなくなるため、受益者は、権利の消滅について正当な利益を有する者に当たる。

**A 7** ✗ 　共同相続人の1人は、自己の相続分の限度でのみ取得時効を援用することができる（最判平13.7.10）。

**A 8** ○ 　そのとおり。時効の完成猶予・更新の効力は、相対的である（民法153条）。

**A 9** ✗ 　消滅時効を援用することができない（大決昭12.6.30）。他の債権者の債権が時効消滅すると競売時の配当額が増えるが、その程度のことでは、正当な利益を有するとはいえない。

**A 10** ○ 　一般債権者は、自ら援用権者として他の債権者の債権の消滅時効を援用することはできないが、債務者が有する時効援用権を代位行使することはできる（最判昭43.9.26）。

Q **11** 　甲土地の所有権を時効取得すべき者から、その者が所有する甲土地上の建物を賃借している者は、甲土地の所有権の取得時効を援用することができる。

## ② 時効の効力、時効の利益の放棄

Q **12** 　時効の効力は、その起算日にさかのぼる。

Q **13** 　債務者は、消滅時効が完成する前に、時効の利益を放棄することはできない。

Q **14** 　消滅時効が完成した後、債務者がその事実を知らないで債務の承認をすることは、時効の利益の放棄に当たる。

Q **15** 　時効の完成の事実を知らない債務者が債務を承認した場合、その承認は時効の利益の放棄には当たらないため、その債務者は、消滅時効を援用することができる。

Q **16** 　時効の完成の事実を知らずに債務を承認した債務者は、消滅時効を援用することはできないが、その後、再び時効が完成したときは、消滅時効を援用することができる。

**A 11** ✗ 取得時効を援用することはできない（最判昭44.7.15）。建物の賃借人は、土地の取得時効について正当な利益を有しない。

**A 12** ◯ そのとおり（民法144条）。このことから、不動産の時効取得による所有権の移転の登記の登記原因の日付は、占有開始の日となる。

**A 13** ◯ そのとおり。時効の利益は、あらかじめ放棄することができない（民法146条）。

**A 14** ✗ 時効の利益の放棄には当たらない。知らない利益を放棄することはできない。

> 🐕 **One Point ◆ 時効の利益の放棄**
>
> 時効の利益を放棄したといえるためには、債務者が消滅時効の完成の事実を知りながら、債務の一部弁済など債務の承認に当たる行為をすることが必要です。

**A 15** ✗ 信義則に反するため、債務者は消滅時効を援用することができない（最判昭41.4.20）。

**A 16** ◯ そのとおり（最判昭45.5.21）。債務の承認後、再び時効期間が進行することから、改めて時効を援用できる。

# Section 4 消滅時効の客観的起算点

**Q 1** 不確定期限のある債権の消滅時効の客観的起算点は、債権成立の時である。

**Q 2** 期限の定めのない債権の消滅時効の客観的起算点は、債権が成立した時である。

**Q 3** 期限の定めのない金銭消費貸借の消滅時効の客観的起算点は、債権が成立した時である。

**Q 4** 所有権は、権利を行使することができる時から20年間行使しないときは、時効によって消滅する。

**Q 5** 消滅時効は当事者の援用の意思表示を要するが、除斥期間は当事者の援用の意思表示を要しない。

**A** 1 ✗　債権成立の時ではなく、期限が到来した時から時効が進行する。

**A** 2 ◯　そのとおり。期限の定めのない債権は、債権成立の時からその権利を行使できるためである。

**A** 3 ✗　債権成立後、相当期間が経過した時である。

**A** 4 ✗　所有権は時効によって消滅しない。正しくは、債権または所有権以外の財産権は、権利を行使することができる時から20年間行使しないときは、時効によって消滅する（民法166条2項）。

> **One Point◆ 所有権と消滅時効**
>
> 　所有権は、時効によって消滅することはありません。ついでにいうと、所有権に基づく登記請求権や物権的請求権、共有物分割請求権なども時効消滅しません。このことはよく覚えておきましょう。

**A** 5 ◯　除斥期間の経過により、当然に権利が消滅する。

# Chapter 3 | 意思表示の無効

## Section 1　心裡留保、94条2項類推適用

**Q 1**　表意者がその真意ではないことを知ってした意思表示は有効であるが、相手方がその意思表示が表意者の真意でないことを知り、または知ることができたときは、無効となる。

**Q 2**　心裡留保による意思表示の無効は、その事実を知らないことに過失のある第三者に対しては対抗することができる。

**Q 3**　表意者の真意に基づかない婚姻や養子縁組が有効となることはない。

**Q 4**　表意者の真意に基づかない株式の引受行為は、無効である。

**Q 5**　公序良俗違反、強行法規違反の行為でも、当事者がその行為が無効であることを知って追認したときは、新たな行為をしたものとみなされる。

**Q 6**　法律行為の当事者が、意思表示をした時に意思能力を有しなかったことによる法律行為の無効は、善意でかつ過失がない第三者に対抗することができない。

**Q 7**　BがAに無断で、A所有の甲土地の登記名義を自己に移したところ、Aは、その事実を知りながら放置していた。その後、Bは、その事情を知らないCに甲土地を売却した。この場合、AB間に通謀が存在しないため、Cは甲土地の所有権を取得することはできない。

**A 1** ◯　そのとおり（民法93条1項）。心裡留保による意思表示は、原則有効、例外無効の構造を明確にしよう。

**A 2** ✕　心裡留保による意思表示の無効は、善意の第三者に対抗することができない（民法93条2項）。民法は、虚偽の外観の作出につき、原権利者（心裡留保による意思表示をした者）に故意責任があるときは、第三者の保護要件を善意で足りるとしている。

**A 3** ◯　そのとおり。民法93条1項本文の規定は、身分行為には適用がない（最判昭23.12.23）。そのため、常に無効である。

**A 4** ✕　有効である（会社法51条1項、211条1項）。本問のケースは、民法93条1項ただし書の適用がない。

**A 5** ✕　公序良俗、強行法規はいずれも国のルールだから、私人の追認は無意味である（絶対無効）。

**A 6** ✕　対抗することができる。表意者が意思能力を欠く場合における第三者保護規定は存在しない（民法3条の2参照）。表意者は、自ら好んで意思無能力となったわけではなく、帰責性がないからである。

**A 7** ✕　取得することができる（最判昭45.9.22、民法94条2項類推適用）。ＡＢ間に通謀は存在しないが「知りつつ放置した」点に、Ａに帰責性が認められる。

# Section 2　通謀虚偽表示

## 1　虚偽表示と善意の第三者

**Q 1**　相手方と通じてした虚偽の意思表示は無効であるが、善意の第三者に対しては、その無効を主張することができない。

**Q 2**　仮装譲渡された不動産を善意で譲り受けた者は、過失があっても、民法94条2項の保護を受ける。

**Q 3**　仮装譲渡された不動産を善意で譲り受けた者は、その旨の登記をしなければ民法94条2項による保護を受けることができない。

**Q 4**　通謀虚偽表示の当事者の相続人は、たとえ虚偽表示につき善意であっても、民法94条2項の善意の第三者に当たらない。

**Q 5**　仮装された債権を善意で譲り受けた者は、民法94条2項の善意の第三者に当たる。

**Q 6**　仮装譲渡された債権の債務者は、民法94条2項の善意の第三者に当たる。

**Q 7**　虚偽表示により債権を譲り受けた者から取立てのために債権を善意で譲り受けた者は、民法94条2項の善意の第三者に当たる。

**Q 8**　不動産の仮装譲受人に対して金銭債権を有する一般債権者は、民法94条2項の善意の第三者に当たる。

**Q 9**　不動産の仮装譲受人に対して金銭債権を有する債権者が、善意でその不動産を差し押さえたときは、その一般債権者は、民法94条2項の第三者に当たる。

**A 1** ○ 　そのとおり（民法94条1項、2項）。虚偽の外観を信頼した第三者を保護するためである。

**A 2** ○ 　無過失までは要しない（大判昭12.8.10）。

**A 3** ✕ 　登記がなくても、第三者は民法94条2項の保護を受けることができる（最判昭44.5.27）。

**A 4** ○ 　虚偽表示の当事者の地位を丸ごと受け継いだ相続人は、民法94条2項の第三者に当たらない（最判昭45.7.24）。

**A 5** ○ 　そのとおり（大判昭13.12.17）。したがって、仮装債権の債務者は、譲受人からの請求を拒むことができない。

**A 6** ✕ 　善意の第三者に当たらない（大判大4.12.13）。本問の債務者は、虚偽の外観を信頼して新たに取引に入った者ではないからである。

**A 7** ✕ 　善意の第三者に当たらない（大決大9.10.18）。取立権限を持つだけでは、虚偽表示の当事者から独立した法律上の利害関係を有したとはいえない。

**A 8** ✕ 　単なる一般債権者は、民法94条2項の善意の第三者に当たらない。

**A 9** ○ 　差押えをした一般債権者は、民法94条2項の善意の第三者に当たる（最判昭48.6.28）。

> 🐕 **One Point ◆ 一般債権者と民法94条2項**
>
> 　前問と本問はセットで学習しましょう。虚偽表示の単なる一般債権者というだけでは、目的財産へのかかわりが弱い。しかし、本問のように差押えまですると、強いかかわりが生じると考えるのです。

**Q 10** 仮装譲渡された不動産に抵当権の設定を受けた者は、民法94条2項の善意の第三者に当たる。

**Q 11** 1番抵当権が仮装で放棄されたことにより順位が上昇した後順位の抵当権者は、民法94条2項の善意の第三者に当たる。

**Q 12** 土地の仮装譲受人がその土地上に建築した建物の賃借人は、土地の仮装譲渡につき善意であるときは、民法94条2項の第三者に当たる。

## 2 虚偽表示と転得者

**Q 13** ＡＢ間でＡ所有の土地をＢに仮装譲渡した後、悪意のＣがこれを譲り受け、その後、Ｃが善意のＤに転売した。この場合、Ａは、虚偽表示による無効を主張して、Ｄに対して土地の明渡しを求めることができない。

**Q 14** ＡＢ間でＡ所有の土地をＢに仮装譲渡した後、善意のＣがこれを譲り受け、その後、Ｃが悪意のＤに転売した。この場合、Ａは、虚偽表示による無効を主張して、Ｄに対して土地の明渡しを求めることができる。

**A 10** ◯　そのとおり（大判昭6.10.24）。

**A 11** ✕　後順位抵当権者は、94条2項の善意の第三者に当たらない。

**A 12** ✕　本問の賃借人は、民法94条2項の善意の第三者に当たらない（最判昭57.6.8）。その結果、建物賃借人は、土地の真の所有者からの明渡請求を拒むことができない。

**A 13** ◯　民法94条2項の善意の第三者には、転得者も含まれる（最判昭45.7.24）。

**A 14** ✕　Aは、Dに土地の明渡しを求めることができない（大判昭6.10.24 絶対的構成）。

# Section 2

## 通謀虚偽表示

**急|所** 民法94条2項の善意の第三者

民法94条2項にいう第三者とは、虚偽表示の当事者またはその一般承継人以外の者であって、虚偽の外観を信頼して新たに法律上の利害関係を有するに至った者をいう（最判昭45.7.24）。

1 善意の第三者にあたる者の例

以下の者は、民法94条2項の第三者として保護を受けることができる。

① 仮装譲渡された不動産を善意で譲り受けた者は、民法94条2項の善意の第三者にあたる。
② 仮装譲渡された不動産に善意で抵当権の設定を受けた者は、民法94条2項の善意の第三者にあたる（大判昭6.10.24）。
③ 仮装の債権を善意で譲り受けた者は、民法94条2項の善意の第三者にあたる（大判昭13.12.17）。
④ 仮装譲渡された目的物を善意で差し押さえた一般債権者は、民法94条2項の善意の第三者にあたる（最判昭48.6.28）。

> **One Point◆ 登記の要否**
>
> 第三者が民法94条2項によって保護を受けるためには、対抗要件を備えることを要しない。つまり、虚偽表示の目的物が不動産であれば、第三者は、その登記をしなくても民法94条2項によって保護される。

2　善意の第三者にあたらない者の例

以下の者は、民法94条2項の第三者にあたらない。

① 　土地の仮装譲受人がその土地上に建物を建築し、これを他人に賃貸した場合、その建物賃借人は、たとえ善意であっても民法94条2項の第三者にあたらない（最判昭57.6.8）。

② 　先順位抵当権が仮装で放棄されたため順位が上昇したものと誤信した後順位の抵当権者は、民法94条2項の第三者にあたらない。

③ 　債権の仮装譲受人から取立てのために債権を譲り受けた者は、たとえ善意であっても民法94条2項の第三者にあたらない（大決大9.10.18）。

④ 　仮装譲受人の単なる一般債権者は、たとえ善意であっても民法94条2項の善意の第三者にあたらない（大判大9.7.23）。

# Chapter 4 | 制限行為能力者

## Section 1　制限行為能力者制度

### 1　未成年者

**Q 1** 意思能力を有しない者がした法律行為は、無効である。

**Q 2** 法定代理人の同意を要するにもかかわらず、未成年者が単独で締結した契約は、取り消すことができる。

**Q 3** 法定代理人が未成年者を代理して、または、法定代理人の同意を得て未成年者自身が締結した契約は、取り消すことができない。

**Q 4** 法定代理人が処分を許した財産については、処分の目的を定めなかったときでも、未成年者が自由に処分することができる。

**Q 5** 親権者が未成年者の営業を許可する場合、数種の営業を許可することはできない。

**Q 6** 親権者は、未成年者が行う1つの営業のうち、さらにその一部を制限して許可することはできない。

**Q 7** 未成年者は、法定代理人の同意を得なくても、債務の免除を受けることができる。

**Q 8** 未成年者は、法定代理人の同意を得なくても、債務の弁済を受けることができる。

**A 1** ◯ そのとおり（民法3条の2）。意思能力のない者を保護する趣旨である。

**A 2** ◯ そのとおり（民法5条2項）。なお、未成年者の法定代理人は、親権者または未成年後見人である。

**A 3** ◯ 本問の方法により、未成年者は完全に有効に契約を結ぶことができる。ここに「完全に有効」とは、取消しの余地がないことをいう。

**A 4** ◯ そのとおり（民法5条3項後段）。

**A 5** ✗ 一種または数種の営業を許可することができる（民法6条1項参照）。

**A 6** ◯ そのとおり。たとえば、飲食業のうち調理はいいけど仕入れはダメ、という許可の仕方はできない。

**A 7** ◯ 未成年者は、単に権利を得、または義務を免れる法律行為は単独でできる（民法5条1項ただし書）。本問は、単に義務を免れる行為である。このほか、負担のない贈与を受けることも、単に権利を得る行為として単独でできる。

**A 8** ✗ 同意を要する。債務の弁済を受けることにより未成年者の債権が消滅するので、単に権利を得る行為とはいえないのである。

## ❷ 成年後見

Q 9 検察官は、後見開始の審判の請求をすることができる。

Q 10 家庭裁判所は、後見開始の審判をするときは、職権で、成年後見人を選任する。

Q 11 精神上の障害により事理弁識能力が不十分な者については、家庭裁判所は、一定の者からの請求により保佐開始の審判をすることができる。

Q 12 配偶者の請求により、保佐開始または補助開始の審判をするには、本人の同意がなければならない。

Q 13 本人以外の者の請求により、保佐人または補助人に代理権を付与する旨の審判をするには、本人の同意がなければならない。

Q 14 補助開始の審判は、補助人に対する同意権付与の審判または代理権付与の審判とともにしなければならない。

Q 15 家庭裁判所は、日用品の購入その他日常生活に関する行為を除き、保佐人の同意を要する法定の行為以外の行為であっても、保佐人の同意を要する旨の審判をすることができる。

Q 16 補助人の同意を要する行為は、民法13条1項に掲げる行為の一部または全部とすることができる。

**A 9** ○　　検察官も請求権者である（民法7条）。ちょっと細かいところではあるが、審判を請求できる者のうち、本人、配偶者、4親等内の親族、検察官くらいは知っていてもよい。

**A 10** ○　　そのとおり（民法8条、843条1項）。なお、保佐開始の審判、補助開始の審判をするときも、家庭裁判所は、職権で、それぞれ保佐人、補助人を選任する（民法876条の2第1項、876条の7第1項）。

**A 11** ✕　　保佐開始の審判の対象は、事理弁識能力が「著しく」不十分な者である（民法11条本文）。事理弁識能力が不十分である者は、補助開始の審判の対象となる。

**A 12** ✕　　保佐開始の審判には、本人の同意を要しない。本人以外の者が申立てをするときに本人の同意を要するのは、補助開始の審判である（民法15条2項）。

**A 13** ○　　そのとおり（民法876条の4第2項、876条の9第2項）。代理権付与の審判については、両方とも本人の同意を要する。前問とよく比較しておこう。

**A 14** ○　　そのとおり（民法15条3項）。

 **One Point ◆ 被補助人の行為能力**

> 補助人に代理権のみが付与されたときは、被補助人の行為能力は制限されません（民法13条1項10号カッコ書参照）。

**A 15** ○　　保佐人の同意を要する事項を拡張することができる（民法13条2項）。

**A 16** ✕　　補助人の同意を要する行為は、民法13条1項に掲げる行為の一部に限る（民法17条1項ただし書）。全部であれば、保佐開始の審判をすべきである。

Q **17**  成年被後見人が成年後見人の同意を得て不動産を売却したときは、成年被
□□□  後見人は、その売買契約を取り消すことができない。

Q **18**  成年被後見人は、日用品の購入その他日常生活に関する行為を単独でする
□□□  ことができる。

Q **19**  被保佐人は、保佐人の同意を得なくても他人の保証人になることができる。
□□

Q **20**  被保佐人は、保佐人の同意を得なければ、期間を5年とする建物の賃貸借
□□□  をすることができない。

Q **21**  被保佐人が、未成年者の法定代理人として、未成年者が所有する不動産を
□□□  売却するときは、保佐人の同意を得ることを要しない。

Q **22**  保佐人の同意を要する行為につき、保佐人が被保佐人の利益を害するおそ
□□□  れがないにもかかわらず同意をしないときは、家庭裁判所は、被保佐人の請
   求により保佐人の同意に代わる許可を与えることができる。

Q **23**  時効の完成前に、被保佐人が保佐人の同意を得ることなく債務の承認をし
□□□  たときは、被保佐人は、これを取り消すことができない。

Q **24**  時効の完成前に、未成年者が法定代理人の同意を得ることなく債務の承認
□□□  をしたときは、未成年者は、これを取り消すことができない。

**A 17** ✗　取り消すことができる（民法9条本文）。

 **One Point◆ 成年後見人の権限**

成年後見人には、代理権はあるが**同意権はありません**。

**A 18** ○　そのとおり（民法9条ただし書）。

**A 19** ✗　保佐人の同意を要する（民法13条1項2号）。

**A 20** ○　そのとおり（民法13条1項9号、602条3号）。なお、期間を3年とする建物賃貸借であれば、被保佐人は単独ですることができる。

**A 21** ✗　同意を要する（民法13条1項10号）。同意を得ないでこれをしたときは、その行為を取り消すことができる（民法13条4項）。

**A 22** ○　そのとおり（民法13条3項）。

 **One Point◆ 同種の規定**

被補助人にも、本問と同種の規定が存在します（民法17条3項）。

**A 23** ○　被保佐人や被補助人は、単独で債務の承認をすることができる（民法152条2項）。

**A 24** ✗　未成年者は、単独でした債務の承認を取り消すことができる。

 **One Point◆ 債務の承認と行為能力**

制限行為能力者のうち、未成年者と成年被後見人は、単独で債務の承認をすることができません。

## **1** 取消権

---

**Q 1** 制限行為能力者が単独でした契約を取り消したときは、その契約は取消しの時から無効となる。

---

**Q 2** 制限行為能力者が法律行為を取り消した場合、制限行為能力者は、その行為によって現に利益を受けている限度において返還の義務を負う。

---

**Q 3** Aは、Bにその財産を贈与したが、その贈与が無効であった場合、Bは、Aから給付を受けた当時その贈与が無効であることを知らなかったときであっても、原状回復の義務を負う。

---

**Q 4** 未成年者が親権者の同意を得ることなく金銭を借り受けた場合、その債務の保証人は、未成年者の行為を取り消すことができる。

---

**Q 5** 未成年者が親権者の同意を得ることなくした契約は、未成年者自身が単独で取り消すことができる。

---

**Q 6** 制限行為能力者が行為能力者であることを信じさせるために詐術を用いたときは、制限行為能力者は、その行為を取り消すことができない。

---

**A 1** ✗　取消しの時からではなく、初めから無効となる（民法121条）。取消しの効果は遡及するのである。

---

**A 2** ○　そのとおり。返還は、現存利益の範囲でよい（民法121条の2第3項後段）。なお、意思無能力者も、現存利益の返還義務のみを負う（同項前段）。

> 🐕 **One Point◆ 原状回復の義務**
>
> 　意思無能力者、制限行為能力者の特則を除いて、無効な行為（取消しによって無効となった場合も含みます。）に基づく債務の履行として給付を受けた者は、原則として、相手方を原状に復させる義務を負います（民法121条の2第1項）。

---

**A 3** ✗　Bが善意であるときは、現存利益の範囲で返還すれば足りる（民法121条の2第2項）。この場合に、後になって、耳をそろえて全部返せ（原状回復）というのは酷だからである。なお、贈与契約の時に善意であっても、その後、給付を受けた時までに悪意となったときは、受贈者に、原状回復義務が生じることに注意しておこう、

---

**A 4** ✗　保証人は、取消権者ではない（民法120条1項）。

> 🐕 **One Point◆ 取消権者**
>
> 1　行為能力の制限による取消しの取消権者
> 　　本人、代理人、承継人（相続人）、同意できる者（保佐人、補助人）
> 2　錯誤、詐欺、強迫による取消しの取消権者
> 　　本人、代理人、承継人

---

**A 5** ○　取消しの意思表示は、制限行為能力者が単独ですることができる。つまり、取消しを取り消すことはできない。

---

**A 6** ○　そのとおり（民法21条）。

**Q 7** 　成年被後見人が、相手方に行為能力者であることを誤信させるため詐術を用いたときでも、成年後見人は、成年被後見人の行為を取り消すことができる。

**Q 8** 　未成年者が契約をするに際し、第三者が相手方に対して詐術を用いたときは、未成年者はその契約を取り消すことができない。

**Q 9** 　被保佐人が、自分が制限行為能力者であることを単に黙っていただけでは詐術に当たらないが、他の言動と相まって相手方の誤信を強めさせたときは詐術に当たる。

**Q 10** 　未成年者が親権者の同意書を偽造して契約を締結したときでも、相手方がその事実を知っていたときは、未成年者はその契約を取り消すことができる。

## ❷ 追認権、法定追認

**Q 11** 　取消権を有する者が、取り消すことができる行為を有効に追認したときは、その行為は追認の時から有効となる。

**Q 12** 　取り消すことができる行為の追認は、取消しの原因となっていた状況が消滅し、かつ、取消権を有することを知った後にしなければ、その効力を生じない。

**Q 13** 　未成年者が単独でした契約を成年に達する前に親権者が追認したときでも、未成年者は、その契約を取り消すことができる。

**Q 14** 　未成年者は、成年に達する前でも、親権者の同意を得て取り消すことができる行為を追認することができる。

**Q 15** 　未成年者が単独でした契約につき、成年に達した後に相手方に対して履行の請求をしたときは、その者はその契約を取り消すことができない。

**A 7** ✕ 　成年後見人も、成年被後見人の行為を取り消すことができない。

> 🐕 **One Point ◆ 取消権の消滅**
>
> 　民法21条の制度趣旨は、取消しをできなくすることにより、詐術を用いた制限行為能力者にペナルティを与えることにあります。このため、制限行為能力者自身はもちろん、その保護者も取り消すことができなくなるのです。

**A 8** ✕ 　第三者の詐術のときは、未成年者はその契約を取り消すことができる。未成年者にペナルティを科す理由がないからである。

**A 9** ◯ 　そのとおり（最判昭44.2.13）。

**A 10** ◯ 　悪意の相手方の保護は不要、という趣旨の判例である（大判昭2.5.24）。

**A 11** ✕ 　取り消すことができる行為は、追認により初めから有効なものとして確定する（民法122条）。追認の時から有効になるのではない。

**A 12** ◯ 　そのとおり（民法124条1項）。具体的には、制限行為能力者が行為能力者となった後、また、錯誤、詐欺に気付いた後、強迫状態を脱した後である。

**A 13** ✕ 　親権者が追認した後は、取り消すことができない（民法124条2項1号）。

**A 14** ◯ 　未成年者のほか、被保佐人や被補助人も、保佐人または補助人の同意を得て追認することができる（民法124条2項2号）。

**A 15** ◯ 　法定追認に当たる（民法125条2号）。

**Q 16** 未成年者が単独でした契約につき、成年に達した後に相手方から履行の請求を受けたときは、その者はその契約を取り消すことができない。

**Q 17** 相手方の詐欺により自動車を買い受けた者が、詐欺に気付かずに自動車を他人に譲渡したときは、その者は自動車の売買契約を取り消すことができない。

**Q 18** 相手方の詐欺により売買代金債務を負担した者が、詐欺の事実に気付いた後に担保の提供をしたときでも、異議をとどめていれば追認したものとはみなされない。

**Q 19** 取消権は、追認をすることができる時から5年間行使しないときは、時効によって消滅する。

## ③ 相手方の催告権

**Q 20** 親権者の同意を得ないで契約をした未成年者の相手方が、親権者に対して追認をするかどうかを確答するよう催告したが、所定の期間内に確答がないときは、その行為を追認したものとみなされる。

**Q 21** 未成年者と取引をした相手方が、未成年者に対して催告をし、所定の期間内に確答がないときは、未成年者はその行為を取り消したものとみなされる。

**Q 22** 民法17条1項の審判を受けた被補助人と取引をした相手方が、被補助人に対して所定の催告をしたが、一定の期間内に補助人の追認を得た旨の通知がないときは、被補助人はその行為を追認したものとみなされる。

**A 16** ✗ 　取り消すことができる。履行の請求を受けたことは、法定追認に当たらない。

---

**A 17** ✗ 　取り消すことができる。詐欺の事実に気付いていないとき、つまり、追認できる状態に至っていないときにした行為は、法定追認に当たらない（民法125条）。

---

**A 18** ○ 　異議をとどめたときは、法定追認の効果は生じない（民法125条ただし書）。

> 🐕 **One Point ◆ 無権代理の追認と法定追認**
>
> 　無権代理行為の追認には、民法125条の法定追認の規定は類推適用されません（最判昭54.12.14）。リンク先に戻って復習しましょう。

リンク ➠ Chapter 1 Section 2 Q 14

---

**A 19** ○ 　そのとおり（民法126条前段）。このほか、行為の時から20年を経過したときも、取消権は消滅する。

---

**A 20** ○ 　そのとおり。追認したものとみなされる（民法20条2項）。

---

**A 21** ✗ 　本問の催告は、何の法的効果も生じない。未成年者、成年被後見人には意思表示の受領能力がないからである。

---

**A 22** ✗ 　取り消したものとみなされる（民法20条4項）。

# Chapter 4
## 制限行為能力者

### 急所 1 法定追認

　法定追認とは、追認することができる時以後に、取り消すことができる行為について、一定の事実があったときに、取消権者が、その行為を追認したものとみなすという仕組みである（民法125条本文）。法定追認事由は、次のとおりである。

1 全部または一部の履行

　債務者として履行した場合のほか、債権者として相手方の履行を受領した場合も、追認をしたものとみなされる。

2 履行の請求

　自らが履行の請求をした場合のみ、追認したものとみなされる。
　履行の請求を受けただけでは、追認したものとはみなされない。

3 更改

　債権者の変更による更改、債務者の変更による更改、契約の要素の変更による更改のいずれの場合も、追認をしたものとみなされる。

4 担保の供与

　担保供与をした場合、担保の供与を受けた場合のいずれの場合も、追認をしたものとみなされる。

5 取り消すことができる行為によって取得した権利の全部または一部の譲渡

　取り消すことができる者が、取り消すことができる行為によって取得した権利（たとえば売買代金債権）を譲渡したときは、追認をしたものとみなされる。

　相手方がその行為によって取得した権利を譲渡しただけでは、追認をしたものとみなされない。

6 強制執行

　自らが強制執行をする場合のみ、追認をしたものとみなされる。

 **One Point◆ 異議をとどめた場合**

　法定追認にあたる事実があったときでも、取消権者が異議をとどめた場合は、法定追認の効果は生じません（民法125条ただし書）。たとえば、債務者が取り消すことができる債務について、何らかの事情でやむを得ず履行をしたとしても、その際に「追認をする意思はない」と異議をとどめたときは、取消権は消滅しません。

# Chapter 4

# 制限行為能力者

<u>急|所|2|</u>　相手方の催告権（民法20条）

　制限行為能力者の相手方は、制限行為能力者や法定代理人等に対して、1か月以上の期間を定めて、取り消すことができる行為を追認するかどうかを確答すべき催告をすることができる。これに対して制限行為能力者側の確答がなかったときの法律効果を整理しよう。

1　相手方が、制限行為能力者が行為能力者となった後、その者に対して、取り消すことができる行為を追認するかどうかを催告して、その確答がなかったとき

　その行為を追認したものとみなされる（民法20条1項）。

2　相手方が、制限行為能力者が行為能力者とならない間に、その法定代理人、保佐人、補助人に対して、取り消すことができる行為を追認するかどうかを催告して、その確答がなかったとき

　その行為を追認したものとみなされる（民法20条2項）。

3　特別の方式を要する行為につき、相手方からの催告に対して、その方式を具備した旨の通知を発しないとき
　　→例　後見監督人の同意を要する場合に、後見人が相手方からの催告に対して、後見監督人の同意を得た旨の通知を発しないとき（民法864条参照）

　その行為を取り消したものとみなされる（民法20条3項）。

4　相手方が、被保佐人または補助人の同意を要する旨の審判を受けた被補助人に対して、保佐人または補助人の同意を得るべき旨の催告をして、その確答がなかったとき

　　その行為を取り消したものとみなされる（民法20条4項）。

---

 **One Point◆ 未成年者、成年被後見人に催告をしたとき**

　未成年者・成年被後見人には意思表示の受領能力がありません（民法98条の2本文）。このため、相手方が催告をし、未成年者・成年被後見人が確答しなくても、法的効果は何も生じません。つまり、未成年者・成年被後見人は、その後も追認をし、あるいは取消しをすることができるのです。

## Section **1** 　錯　誤

**Q 1** 　意思表示が、これに対応する意思を欠く錯誤に基づくものであって、その錯誤が法律行為の目的及び取引上の社会通念に照らして重要なものであるときは、その錯誤につき重大な過失のない表意者は、その意思表示を取り消すことができる。

**Q 2** 　表意者の錯誤が、法律行為の基礎とした事情についてのその認識が真実に反するものである場合、その事情が法律行為の基礎とされていることが表示されていないときであっても、表意者は、その意思表示を取り消すことができる。

**Q 3** 　錯誤が表意者の重大な過失によるものであるときは、原則として、表意者は、その意思表示を取り消すことができない。

**Q 4** 　錯誤が表意者の重大な過失によるものであった場合は、相手方が表意者に錯誤があることを重大な過失によって知らなかったときであっても、表意者は、その意思表示を取り消すことができない。

**Q 5** 　Aは、Bとの間で売買契約を締結したが、Aの意思表示は、錯誤に基づくものであった。その錯誤がAの重大な過失によるものであった場合でも、BがAと同一の錯誤に陥っていたときは、Aは、その意思表示を取り消すことができる。

**A 1** ○　そのとおり（民法95条1項1号）。錯誤とは、要するに勘違いの
ことであり、表意者は、錯誤に基づく意思表示を取り消すことがで
きる。

**A 2** ✕　本問のケースを動機の錯誤といい、この場合、その事情が法律行
為の基礎とされていることが表示されていたときに限り、取り消す
ことができる（民法95条2項）。

**A 3** ○　そのとおり（民法95条3項）。重過失のある表意者よりも、相手方
を保護する趣旨である。

**A 4** ✕　取り消すことができる（民法95条3項1号、双方錯誤）。相手方が
悪意・重過失の場合、表意者の重大な過失をとがめることができる
地位になく、そのような相手方を保護すべき理由がないからである。

**A 5** ○　そのとおり（民法95条3項2号、共通錯誤）。この場合も、前問同
様、Bは、Aの重過失をとがめることができる地位になく、Bを保
護すべき理由がないからである。

- - - - - - - - - - - - - - - - - - - - - - - - - - - - - - - - - - - - - - - - - - - - - - - - - -

**Q 1**

☐☐☐ 詐欺または強迫による意思表示は、取り消すことができる。

- - - - - - - - - - - - - - - - - - - - - - - - - - - - - - - - - - - - - - - - - - - - - - - - - -

**Q 2**

☐☐☐ 強迫により完全に意思の自由を失った者がした意思表示は無効である。

- - - - - - - - - - - - - - - - - - - - - - - - - - - - - - - - - - - - - - - - - - - - - - - - - -

**Q 3**

☐☐☐ 詐欺の成立には、欺く行為をした者が、相手方を錯誤に陥らせ、それによって意思表示をさせようとする意思を有したことを必要とする。

- - - - - - - - - - - - - - - - - - - - - - - - - - - - - - - - - - - - - - - - - - - - - - - - - -

**Q 4**

☐☐☐ 第三者が詐欺を行った場合、意思表示の相手方が詐欺の事実を知り、または知ることができたときに限り、表意者は、その意思表示を取り消すことができる。

- - - - - - - - - - - - - - - - - - - - - - - - - - - - - - - - - - - - - - - - - - - - - - - - - -

**Q 5**

☐☐☐ 第三者が強迫を行った場合、意思表示の相手方が強迫の事実を知り、または知ることができたときに限り、表意者は、その意思表示を取り消すことができる。

**A 1** ◯ 　民法は、詐欺または強迫による意思表示を一応有効なものとした うえで、表意者保護のために取消権を付与している（民法96条1項）。

 **One Point ◆ 取消権者**

錯誤、詐欺、強迫による取消しの取消権者は、リンク先を参照しましょう。

 **Chapter 4 Section 2 Q 4**

**A 2** ◯ 　そのとおり（最判昭33.7.1、民法3条の2）。

**A 3** ◯ 　詐欺の成立には、二段の故意を要する。相手方をダマし（一段目）、 それにより意思表示をさせるのである（二段目）。

 **One Point ◆ 沈黙と詐欺**

相手方に対する告知義務があるときは、沈黙も欺罔行為となりえます（大 判昭16.11.18）。

 **Chapter 4 Section 2 Q 9**

**A 4** ◯ 　そのとおり（民法96条2項）。第三者詐欺の事案では、相手方が善 意・無過失であるときは、表意者は、詐欺による意思表示を取り消 すことができない。詐欺の事実を知らず、そのことに過失もない相 手方に迷惑をかけてはいけないというのが民法の思想である。

**A 5** ✕ 　第三者による強迫のケースでは、相手方の善意・悪意や過失の有 無にかかわりなく、表意者は、その意思表示を取り消すことができ る。民法96条2項は、詐欺についてだけの条文である。

# Section 3 第三者との関係

Q 1　詐欺または強迫による意思表示の取消しは善意でかつ過失がない第三者に
対抗することができないが、行為能力の制限を理由とする取消しは、善意で
かつ過失がない第三者に対抗することができる。

Q 2　錯誤による意思表示の取消しは、善意でかつ過失がない第三者に対抗する
ことができない。

Q 3　相手方の強迫により不動産を売却した後、これを、強迫を理由に取り消し
たときは、表意者は、その後に不動産を取得した第三者に対して、登記がな
くても取消しの効果を主張することができる。

Q 4　1番抵当権者が詐欺によりその抵当権を放棄したときは、2番抵当権者が
善意・無過失であっても、1番抵当権者は、詐欺による意思表示の取消しを
2番抵当権者に対抗することができる。

Q 5　相手方の詐欺により意思表示をした者は、その相手方が目的物を善意・無
過失の第三者に譲渡した後であっても、その意思表示を取り消すことができ
る。

**A 1** ✕ 　前半の記述が誤り。善意・無過失の第三者に対抗できないのは、詐欺による意思表示の取消しのみである（民法96条3項参照）。

>  **One Point**♦ **民法96条3項の善意・無過失の第三者**
>
> 民法96条3項は、取消しの時点で第三者が存在することを前提としていますから、この第三者とは取消し前の第三者を指します。

**A 2** ◯ 　そのとおり（民法95条4項）。民法は、取消し前の第三者の保護について、詐欺と錯誤を同列に扱っている。そして、詐欺の被害者や錯誤による表意者には、虚偽の外観を作出したことへの故意責任がないため、第三者の保護要件を善意・無過失としている。

**A 3** ✕ 　登記がなければ、取消しの効果を第三者に対抗することができない。取消し後の第三者と取消しをした者は、対抗関係に立つ（大判昭17.9.30）。このことは、取消原因の如何を問わない。

**A 4** ◯ 　そのとおり（大判明33.5.7）。放棄の前から存在する後順位抵当権者は、民法96条3項の善意・無過失の第三者に当たらないからである。

**A 5** ◯ 　取消原因がある以上、取消しはできる。その効果を善意・無過失の第三者に対抗できるかどうかとは、また別のハナシである。

# Chapter 6 その他

**Q 1** 検察官は、家庭裁判所に対して、不在者の財産管理人の選任を申し立てることができる。

**Q 2** 検察官は、家庭裁判所に失踪宣告の申立てをすることができる。

**Q 3** 不在者に法定代理人がいるときでも、利害関係人は、家庭裁判所に不在者の財産管理人の選任を請求することができる。

**Q 4** 不在者の財産管理人が不在者の財産を処分するときは、家庭裁判所の許可を得なければならない。

**Q 5** 失踪の宣告を受けた者は死亡したものと推定されるが、権利能力を失うわけではない。

**Q 6** 7年間生死が明らかでないことにより失踪の宣告を受けた者は、失踪宣告の審判が確定した時に、死亡したものとみなされる。

**Q 7** 特別な危難に遭遇したことにより失踪の宣告を受けた者は、その危難が去った時に死亡したものとみなされる。

**Q 8** 失踪宣告を受けた者が生存していることが明らかとなったときは、失踪宣告の効果は当然に失われる。

**A 1** ○ 　そのとおり。申立権者は、利害関係人または検察官である（民法25条1項）。

**A 2** ✕ 　検察官は、申し立てることができない。家庭裁判所に失踪宣告の申立てをすることができるのは、利害関係人に限られる（民法30条1項参照）。

**A 3** ✕ 　請求できない。この場合、法定代理人が、親族編の規定により不在者の財産管理をする。

**A 4** ○ 　財産の処分は、管理人の権限を超える行為であるから、家庭裁判所の許可を要する（民法28条前段）。

**A 5** ✕ 　前段が誤り。失踪宣告を受けた者は、死亡したものとみなされる（民法31条）。なお、失踪宣告は、失踪者の権利能力を奪う制度ではないので、後段は正しい。

**A 6** ✕ 　失踪宣告の審判確定の時ではない。正しくは、7年間の失踪期間が満了した時に、死亡したものとみなされる（民法31条）。

**A 7** ○ 　そのとおり（民法31条）。

**A 8** ✕ 　失踪宣告を取り消さない限り、その効果は失われない。

---

 **One Point♦ 失踪宣告の取消し**

　失踪宣告は、失踪者を「死んだことにする」ことで、元の住所地での法律関係を確定させる強力なものです。このため、失踪者が生きて帰ってきても、失踪宣告を取り消さない限り、失踪者は、元の住所地での法律関係については死んだままの扱いとなります。

**Q 9** 　失踪者が死亡したものとみなされた時と異なる時に死亡したことが明らかとなったときも、利害関係人は、家庭裁判所に失踪宣告の取消しを請求することができる。

**Q 10** 　失踪者が生存していたことにより失踪宣告が取り消されても、その取消前に当事者の一方が善意でした契約の効果は失われない。

**Q 11** 　失踪宣告の取消し前にした不動産の売買契約の当事者の双方が、失踪者が生きていることを知らなかったときは、その後の転得者が悪意であっても、その転得者は不動産の所有権を取得することができる。

**Q 12** 　失踪宣告によって財産を得た者は、その取消しによって権利を失うが、その返還の義務は現存利益の範囲で足りる。

**Q 13** 　数人の者が死亡した場合において、そのうちの1人が他の者の死亡後になお生存していたことが明らかでないときは、これらの者は、同時に死亡したものとみなされる。

**Q 14** 　相手方が、正当な理由なく意思表示の通知が到達することを妨げたときであっても、その通知は、相手方に到達した時にその効力を生ずる。

**Q 15** 　意思表示は、表意者が通知を発した後に死亡し、意思能力を喪失し、または行為能力の制限を受けたときであっても、そのためにその効力を妨げられない。

**Q 16** 　公示による意思表示は、最後に官報に掲載した日またはその掲載に代わる掲示を始めた日の翌日に、相手方に到達したものとみなされる。

**A 9** ◯ 　失踪者が生きて戻ってきたときのほか、本問の場合にも、失踪宣告を取り消すことができる（民法32条1項）。

**A 10** ✕ 　当事者の双方が善意であることを要する（大判昭13.2.7）。一方のみの善意では足りない。

**A 11** ◯ 　そのとおり。いったん有効となった売買の効力が、後の事情（転得者の悪意）によってひっくり返ることはない。

**A 12** ◯ 　そのとおり（民法32条2項）。

**A 13** ✕ 　同時に死亡したものと推定される（民法32条の2）。

**A 14** ✕ 　通常到達すべきであった時に到達したものとみなされる（民法97条2項）。

**A 15** ◯ 　そのとおり（民法97条3項）。たとえば、表意者が契約の取消しの通知を発した後に死亡したとしても、その到達によって取消しの効力が生じる。

**A 16** ✕ 　翌日ではなく2週間を経過した時が正しい（民法98条3項本文）。さすがに、翌日では早すぎるであろう。

# Section 2 条件、期限

**Q 1** 相殺の意思表示には、条件を付すことができる。

**Q 2** 履行の催告と同時に、催告期間内に債務の履行がないことを停止条件とする解除の意思表示は有効である。

**Q 3** 債務の免除には、条件を付すことができる。

**Q 4** 債務者の意思のみに係る停止条件付法律行為は、無効である。

**Q 5** 出世払いの約定は、債務に停止条件を付したものである。

**Q 6** 停止条件付法律行為は、条件が成就すると、別段の意思表示がない限り、行為の時にさかのぼってその効力を生じる。

**Q 7** 条件が法律行為の時に既に成就していた場合において、その条件が停止条件であるときは、その法律行為は無効となり、その条件が解除条件であるときは、その法律行為は無条件となる。

**Q 8** 不能の停止条件を付した法律行為は、無条件である。

**Q 9** 不法行為をしないことを条件とする契約は無効である。

**A 1** ✕ 　条件を付すことはできない（民法506条1項後段）。一般論として、単独行為に条件はなじまないからである。なお、相殺には遡及効があり、期限を付しても無意味であることから、期限を付すこともできない。

---

**A 2** ◯ 　解除も単独行為であるが、相手方を特に不利な立場にするものでなければ、条件を付すことができる（大判明43.12.9）。たとえば、「本書状到達より5日以内に支払いのないときは、本契約を解除する」というパターンである。

---

**A 3** ◯ 　免除を受けることは債務者にとっては純然たる利得となるから、条件を付すことができる。例外的に単独行為に条件を付すことができる場合として、本問と前問のパターンが有名である。

---

**A 4** ◯ 　そのとおり（民法134条）。たとえば、「債務者の気が向いたときに支払う」という契約は無効である。

---

**A 5** ✕ 　出世払いの約定は、不確定期限を付したものである（大判大4.3.24）。したがって、出世しないことが確定したときでも、支払義務が生じる。

---

**A 6** ✕ 　別段の意思表示がない限り、条件が成就した時からその効力を生じる（民法127条1項）。

---

**A 7** ✕ 　条件が法律行為の時に既に成就していた場合において、その条件が停止条件であるときは、その法律行為は無条件となり、その条件が解除条件であるときは、その法律行為は無効となる（民法131条1項）。

---

**A 8** ✕ 　無条件ではなく、無効である（民法133条1項）。

---

**A 9** ◯ 　そのとおり（民法132条後段）。また、不法な条件を付した法律行為も無効である（同条前段）。

**Q 10** 　当事者の一方が第三者に対して不法行為に基づく損害賠償債務を負担した
□□□　ときは他の一方がその債務を履行する、との契約は有効である。

**Q 11** 　条件が成就することによって不利益を受ける当事者が故意にその条件の成
□□□　就を妨げたときは、条件が成就したものとみなされる。

**Q 12** 　条件の成就によって利益を受ける当事者が不正にその条件を成就させたと
□□□　きは、相手方は条件が成就しなかったものとみなすことができる。

---

**A 10** ◯　そのとおり。ここに、不法行為とは、交通事故をイメージすると
よい。「他の一方」とは保険会社のことであり、「交通事故を起こし
たら◯円支払います」という契約は有効である（自動車保険）。

---

**A 11** ✕　条件成就の妨害があったときは、相手方は、その条件が成就した
ものとみなすことができる（民法130条1項）。当然に条件が成就し
たものとみなされるのではない。

---

**A 12** ◯　そのとおり（民法130条2項）。不正な行為をした当事者に利益を
受けさせることは相当ではないからである。

### 急|所|1|　失踪宣告の申立て時期と効果

　失踪宣告とは、不在者の生死が不明である場合に、その者を死亡したものと みなすことによって、失踪者の従前の所在地における法律関係を一気に解決す るための制度である。

　失踪宣告には普通失踪と特別失踪の2つの場合がある。その各々において、 失踪者がいつ死亡したものとみなされるかをきちんと学習しておこう。

1　不在者の生死が7年間明らかでないとき（普通失踪）

　　失踪宣告を受けた者は、7年の期間が満了した時に死亡したものとみなさ れる（民法31条前段）。

2　死亡の原因となるべき特別の危難に遭遇した者の生死が、危難が去った後 1年間不明であるとき（特別失踪）

　　失踪宣告を受けた者は、特別の危難の去った時に死亡したものとみなされ る（民法31条後段）。

---

 **One Point ◆ 失踪宣告の請求権者**

　失踪宣告の請求を家庭裁判所にすることができるのは、利害関係人に限ら れます。検察官は請求できないことに注意しましょう。この点、検察官が、 不在者の財産管理人の選任を請求できることと比較しておくとよいでしょう。

---

## 急|所|2| 失踪宣告の取消し

　失踪者が生存することまたは民法31条に規定する時（左ページ参照）と異なる時に死亡したことの証明があったときは、家庭裁判所は、本人または利害関係人の請求により、失踪宣告を取り消さなければならない（民法32条1項前段）。

1　取消し前に善意でした行為の効力

　失踪宣告の後、当事者の「双方」が善意でした行為は、失踪宣告の取消しにもかかわらずその効力を有する（民法32条1項後段　大判昭13.2.7）。

2　失踪宣告によって財産を得た者の返還の範囲

　失踪宣告によって財産を得た者は、その取消しによって権利を失うが、現に利益を受けている限度においてのみ、その財産を返還する義務を負う（民法32条2項ただし書　現存利益の返還）。

# Part 2

# 物　権

## Section **1** 物権的請求権

---

**Q 1** 公示の原則は公示された権利は存在するという積極的な信頼を保護するものであり、公信の原則は公示されていない権利は存在しないという消極的な信頼を保護するものである。

---

**Q 2** 物権的請求権は、故意や過失のない相手方や責任能力のない相手方に対しても行使することができる。

---

**Q 3** 土地の所有者は、その登記がなければ、建物を建てて土地を不法に占拠する者に対して、所有権に基づく建物収去土地明渡請求をすることができない。

---

**Q 4** 所有権に基づく妨害排除請求権は、現にその物を占有する者に対して行使すべきである。

---

**Q 5** A所有の甲土地上に、Bが乙建物を無断で建築して所有しているが、Bとの合意によりCが乙建物の登記名義人となっているにすぎない場合であっても、Aは、Cに対して、乙建物の収去及び甲土地の明渡しを請求することができる。

---

**Q 6** 他人所有の土地上に無断で建物を建築し、自らの意思で登記をした者は、たとえ他に建物を譲渡していたときでも、引き続き登記名義を有している限り、土地所有者からの建物収去土地明渡請求を拒むことができない。

**A 1** ✗　話が逆である。公示の原則は**消極的な信頼**を保護し、公信の原則は**積極的な信頼**を保護する。

>  **One Point◆ 不動産取引と公示の原則**
>
> わが国の民法では、不動産取引については公信の原則を採用しておりません。そのため、無効な登記を信頼して取引しても、その信頼は保護されません。虚偽表示のような例外を除いては、無からは無しか生じないのです。

**A 2** ◯　物権的請求権は、物権そのものの性質から生じる権利であって、相手方の故意や過失といった事情とは関係なく行使できる。

>  **One Point◆ 物権的請求権**
>
> 物権的請求権には、物権的返還請求権、物権的妨害排除請求権、物権的妨害予防請求権があります。

**A 3** ✗　土地の所有者は、その登記がなくても、本問の請求をすることができる。不法占拠者に対しては、登記なくして所有権を対抗できるからである。

**A 4** ◯　そのとおり（最判昭35.6.17、最判昭47.12.7）。現に物を占有する者に対して行使するのが、物権的請求権の基本である。

**A 5** ✗　乙建物の所有者であるBに請求すべきである（最判昭47.12.7）。登記を有するにすぎないCには、乙建物の収去や甲土地の明渡しの権限がない（他人の物を収去し、明け渡すことはできない）。

**A 6** ◯　そのとおり（最判平6.2.8）。前問が原則、本問はその例外である。本問の場合、建物の譲渡人は、その建物を所有していなくても、登記名義を有する限り、建物収去土地明渡しの義務を免れない。

Ⓠ 7　土地の賃借人は、賃借権の登記をする特約がない限り、賃貸人に対して賃借権設定登記を請求することができない。

Ⓠ 8　不動産の所有権がAからB、BからCへと移転したが、登記名義がAのままであるときは、Cは、Bに対する所有権移転登記請求権を被保全債権として、BのAに対する登記請求権を代位行使することができる。

Ⓠ 9　不動産の所有権がAからB、BからC、CからDへと移転したが登記名義がAのままであるときは、Dは、CがBに代位できる地位を代位行使することにより、Aと共同してAからBへの所有権移転登記をすることができる。

**A 7** ◯  通常、賃貸借契約には、登記をすることの合意が含まれないのである。

---

**A 8** ◯  いわゆる債権者代位による登記である。本問では、CがBに代位してB名義の登記をする。

> 🐕 **One Point ◆ A→Cへ登記できるか？**
>
> 本問で、Aから現在の所有者Cへ直接登記することを中間省略登記といいますが、原則として中間省略登記をすることはできません。所有権は、A→B→Cへと移転しているため、登記記録にもその過程を忠実に公示することを要します。

---

**A 9** ◯  C→Bの債権者代位権に、Dがさらに代位することができる。いわゆる、代位の代位である。

## Section 2 民法177条

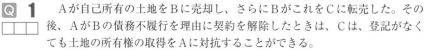

### 1 解除と登記

**Q 1** Aが自己所有の土地をBに売却し、さらにBがこれをCに転売した。その後、AがBの債務不履行を理由に契約を解除したときは、Cは、登記がなくても土地の所有権の取得をAに対抗することができる。

**Q 2** 民法545条1項ただし書によって第三者が保護を受けるためには、登記を備えることのほか、解除原因について善意であることを要する。

**Q 3** Aは自己所有の不動産をBに売却して登記を備えた後、Bの債務不履行を理由に契約を解除した。その後、Bがその不動産をCに売却した場合、Aは登記がなければCに対して所有権の復帰を対抗することができない。

### 2 時効と登記

**Q 4** 時効取得者は、時効完成前にその目的不動産の所有権を取得した第三者に対しては、登記がなければ時効による所有権の取得を対抗することができない。

---

**A 1** ✗　解除前の第三者であるCは、登記がなければ、所有権の取得をA
に対抗することができない（最判昭33.6.14）。

>  **One Point◆ 解除前の第三者**
>
> 　解除前の第三者が民法545条1項ただし書により保護を受けるためには、
> 登記を備えることを要します（最判昭33.6.14）。登記がないときは第三者
> は保護されないため、解除をした元の権利者に確定的に所有権が復帰するこ
> とになります。

---

**A 2** ✗　登記を備えればよく、解除原因につき善意であることを要しない。

---

**A 3** ◯　そのとおり。Aと解除後の第三者Cの関係は、民法177条の対抗
関係となる（最判昭35.11.29）。

>  **One Point◆ 取消しと登記**
>
> 　解除後の第三者は、取消し後の第三者と同じく原権利者と対抗関係に立ち
> ます。取消し後の第三者は、Part 1で学習済みですから、リンク先に戻っ
> て復習しておきましょう。

**リンク**  **Part 1 Chapter 5 Section 3 Q 3**

---

**A 4** ✗　時効完成前の第三者に対しては、登記なくして時効による所有権
の取得を対抗することができる（最判昭41.11.22）。

Q 5　A所有の不動産を、Bが時効により取得した。Bの時効完成前にCがAから不動産を譲り受け、Bの時効完成後に登記を備えたときは、Bは、Cに対して時効による所有権の取得を対抗することができない。

Q 6　A所有の土地をBが時効取得した後、AがCにその土地を譲渡したときは、Bは、その登記がなくても、Cに対して時効による所有権の取得を対抗することができる。

Q 7　A所有の土地をBが時効取得した後、CがAからその土地を譲り受けて登記をしたときでも、CがBの占有の事実を知っており、Bに登記がないことを主張することが信義則に反すると認められる事情があるときは、Bは、登記なくして時効による所有権の取得をCに対抗することができる。

Q 8　取得時効を援用する者は、時効の起算点を任意に選択することができる。

Q 9　Aの土地をBが時効取得した後、CがAからその土地を譲り受けて登記をした場合でも、Bは、Cの登記の後、引き続き時効の完成に必要な期間占有を継続したときは、登記なくしてCに対して時効による所有権の取得を対抗することができる。

Q 10　BがAの土地を時効により取得したが、その登記をする前に、CがAから抵当権の設定を受けて抵当権の設定登記をした。その後、Bは、抵当権の存在を知らないまま引き続き時効の完成に必要な期間占有を継続した。この場合、Bは、抵当権設定登記の日を起算点とする取得時効を援用して、Cの抵当権の消滅を主張することができる。

Q 11　BがAの土地を時効により取得したが、その登記をする前に、CがAから抵当権の設定を受けて抵当権の設定登記をした。その後、自己名義に所有権の移転の登記をしたBは、抵当権の登記の日を起算点とする再度の取得時効を援用して抵当権の消滅を主張することができる。

**A 5** ✕ 　Bは、Cに対して時効による所有権の取得を対抗できる。本問の場合も、Cは、時効完成前の第三者に当たる。

> 🐕 **One Point ◆ 時効完成前の第三者**
>
> 　本問では、いわばA→C→Bへと水が流れるように所有権が移転したのと同視できるため、これらの者は対抗関係にありません。このため、BはCの登記の時期を問わず、AやCに所有権を対抗できるのです。

**A 6** ✕ 　Bは、登記がなければ、Cに対して時効による所有権の取得を対抗することができない（最判昭33.8.28）。時効取得者と時効完成後の第三者は、対抗関係に立つ。

**A 7** ◯ 　本問のCは時効完成後の第三者であるが、背信的悪意者に当たるため、Bは、登記なくして所有権を対抗できる（最判平18.1.17）。

**A 8** ✕ 　取得時効を援用する者は、時効の起算点を任意に選択し、時効の完成時期を早めたり遅らせたりすることはできない（最判昭35.7.27）。

**A 9** ◯ 　そのとおり（最判昭36.7.20）。Cの登記の時を起算点とする取得時効が成立し、Cは、Bの時効完成時の直接の相手方（当事者）となるのである。

**A 10** ◯ 　そのとおり。Bは、Cに対して、不動産の時効取得による抵当権の消滅を主張できる（最判平24.3.16）。Cの登記が所有権か抵当権かという違いはあるが、前問とカタチは同じである。

**A 11** ✕ 　Bは、再度の時効取得による抵当権の消滅を主張することはできない（最判平15.10.31）。前問と相違して、Bは、時効による登記をして確定的にその不動産を自らの所有としている。そのBが、再度、その土地を時効取得することはあり得ないのである。

Q **12** 　Bは、A所有の不動産を買い受けて引渡しを受けたが登記をしていなかっ
□□□　た。その後、Aはその不動産をCに売却し、その旨の登記をした。Bは、C
の登記の時を起算点とする時効取得を主張することができる。

## ③ 相続と登記

Q **13** 　Aが、不動産をXに売却した後に死亡した。その後、Aの単独の相続人B
□□□　が、その不動産をYに売却した。この場合、登記がなくても、Xは、Yに対
して不動産の所有権の取得を対抗することができる。

Q **14** 　甲土地の所有者Aが死亡して、BおよびCが相続した。甲土地につき、B
□□□　が無断で単独相続の登記をした上で、甲土地をDに売却して登記をした。C
は、登記がなくても自己が相続した持分をDに対抗することができる。

Q **15** 　甲土地の所有者Aが死亡し、BおよびCが相続した。甲土地はCが単独で
□□□　取得する旨の遺産分割協議が成立したが、Bが勝手にB単独名義の登記をし
た上で、Dに売却して登記をした。Cは、Dに対して所有権の全部の取得を
対抗することができる。

Q **16** 　被相続人の遺言により、Aの相続分は4分の1、Bの相続分は4分の3と
□□□　指定されていたが、Aは法定相続分である各2分の1とする相続登記をした
上で、自己の持分をCに売却して登記をした。この場合、Cは2分の1の持
分を取得することができる。

Q **17** 　「相続させる」旨の遺言により不動産を取得した相続人は、登記なくして所
□□□　有権の全部の取得を第三者に対抗することができる。

Q **18** 　Aが死亡し、その不動産をBおよびCが相続したが、Bは相続放棄をした。
□□□　その後、Bの債権者DがBに代位して法定相続分による相続登記をした上で、
B持分を差し押さえた。この場合、Cは、Dに対して所有権の全部の取得を
対抗することができる。

**A 12** ✗ 　時効の起算点が誤りである。Bは、不動産の引渡しを受けた時を起算点とする時効取得を主張することができる（最判昭46.11.5）。

**A 13** ✗ 　登記がなければ、Xは、Yに対して不動産の所有権の取得を対抗することができない。XとYは、対抗関係に立つ。

**A 14** ◯ 　そのとおり。B（およびD）は、Cが相続により取得した持分について、無権利者だからである。また、相続人は、自己の法定相続分については、登記がなくても第三者に対抗することができる（民法899条の2第1項参照）。

**A 15** ✗ 　全部の取得を対抗することはできない。Cは、Dに対し、自己の法定相続分については対抗することができるが、これを超える部分は、その登記がなければ対抗することができないからである（民法899条の2第1項）。

**A 16** ◯ 　法定相続分を超える部分については、Bは、その旨の登記をしなければこれを第三者に対抗できない（民法899条の2第1項）。このため、登記をしたCは、2分の1の持分を取得できる。

**A 17** ✗ 　所有権全部の対抗は不可。法定相続分を超える部分については、その登記をしなければ第三者に対抗することができない（民法899条の2第1項）。

**A 18** ◯ 　そのとおり（最判昭42.1.20）。相続放棄の効果は絶対的であり、B持分（この世に存在しない）の差押えも無効である。

# ④ 民法177条の第三者の範囲

**Q 19** 民法177条の第三者とは、当事者とその包括承継人以外の第三者で、登記の欠缺を主張する正当な利益を有する者をいう。

**Q 20** 悪意者は、民法177条の第三者に当たらない。

**Q 21** 背信的悪意者は、民法177条の第三者に当たらない。

**Q 22** Aは自己所有の甲土地をBに譲渡した後、さらに背信的悪意者であるCにも甲土地を二重に譲渡した。その後、Cが甲土地をDに売却し、Dへの所有権の移転の登記をした場合、Dが背信的悪意者に当たらないときでも、Dは、甲土地の所有権の取得をBに対抗することができない。

**Q 23** 不動産の所有者は、その登記がなくても、無権利者や不法占拠者に対して所有権を対抗することができる。

**Q 24** 不動産の所有者は、その登記がなければ、不法行為者に対して損害賠償の請求をすることができない。

**Q 25** 詐欺または強迫によって登記の申請を妨げた者や他人のために登記の申請をする義務を負う者は、登記がないことを主張する正当な利益を有しない。

**Q 26** 債務者が被担保債権を弁済したことによる抵当権の消滅は、登記なくして第三者に対抗することができる。

**A 19** ○   そのとおり（大連判明41.12.15）。ひじょうに有名な判例である。

**A 20** ✕   悪意者も、民法177条の第三者に当たる（最判昭32.9.19）。つまり、二重譲渡の場合で、第一の譲渡について悪意でも、先に登記をすれば、第二の譲受人は不動産を取得することができる。

**A 21** ○   そのとおり。背信的悪意者は、登記の欠缺を主張するにつき正当な利益を有しない（最判昭43.8.2）。

**A 22** ✕   背信的悪意者Cからの転得者Dは、第一の買主Bとの関係で、D自身が背信的悪意者と評価されない限り、甲土地の所有権の取得をBに対抗することができる（最判平8.10.29）。

**A 23** ○   そのとおり。これらの者は、民法177条の第三者に当たらない（最判昭34.2.12、最判昭25.12.19）。

**A 24** ✕   登記がなくても、損害賠償の請求をすることができる。不法行為者は、民法177条の第三者に当たらない。

**A 25** ○   そのとおり（不動産登記法5条1項、2項本文）。

**A 26** ○   そのとおり。たとえ、登記記録に抵当権の登記が残っていても、弁済により抵当権が消滅していることを第三者に主張することができる。

### 急|所|1| 民法177条の対抗問題となる事例のまとめ

> 民法177条
>   不動産に関する物権の得喪及び変更は、不動産登記法その他の登記に関する法律の定めるところに従い、その登記をしなければ、第三者に対抗することができない。

　民法177条の対抗問題となる代表的な事例をピックアップします。

　以下、いずれの事案でもAとCが対抗関係に立つこととなります。

1　取消し後の第三者

　　Aが不動産をBに売却し、その登記をした後、AがBとの売買契約を取り消した。

　　その後、BがCに不動産を売却した場合、Aは、その登記がなければ取消しによる所有権の復帰をCに対抗することができない（大判昭17.9.30）。

　　その取消原因のいかんを問わず、AとCが対抗関係に立つことに注意を要する。

2　解除後の第三者

　　AがBに不動産を売却し、その登記をした後、AがBの債務不履行を理由に契約を解除した。その後、BがCに不動産を売却した場合、Aは、その登記をしなければ、Cに対して所有権の復帰を対抗することができない（最判昭35.11.29）。

3　時効完成後の第三者

　　AがBの土地を時効取得に必要な期間占有し、その時効が完成した。その後、Bがその土地をCに売却した場合、Aは登記なくしてCに時効による所有権の取得を対抗することができない（最判昭33.8.28）。

## 急|所|2| 民法177条の第三者の範囲

> 民法177条の第三者とは、当事者とその包括承継人以外の第三者で、登記がないことを主張する正当な利益を有する者をいう（大判明41.12.15）。

　この判例によれば、第三者が正当な利益を欠くときは、登記を有しない者でも、その第三者に対して、その有する権利を主張することができるということになります。ここでは、登記がないことを主張する正当な利益を欠く人々をピックアップします。

1　不法行為者
　例）建物を損壊した不法行為者に対しては、その建物の所有者は、登記がなくても損害賠償を請求することができる。

2　不法占拠者
　例）不動産を不法に占拠している者に対しては、その不動産の所有者は、登記がなくても、不動産の明渡しを請求することができる。

3　無権利者
　例）無権利者に対しては、その不動産の所有者は、登記がなくてもその所有権を対抗することができる。

4　不動産登記法5条1項の第三者
　例）詐欺または強迫によって登記の申請を妨げた者に対しては、その不動産の所有者は、登記がなくてもその所有権を対抗することができる。

# Chapter 1
# 不動産物権変動と登記

5 不動産登記法5条2項の第三者

例) 他人のために登記を申請する義務を負う者に対しては、その不動産の所有者は、登記がなくてもその所有権を対抗することができる。

6 背信的悪意者

例) 背信的悪意者に対しては、その不動産の所有者は、登記がなくてもその所有権を対抗することができる。

7 前主後主の関係の前主

例) A→B→Cへと所有権が移転した場合、Cは、登記がなくてもAにその所有権を対抗することができる。水が流れるように所有権が移転しただけで、「食うか食われるか」の関係がどこにもない。

（Memo）

----

**Q 1** 　立木法の適用を受けない立木（以下、立木という）を目的として設定した
□□□ 抵当権を、明認方法によって公示することができる。

----

**Q 2** 　立木を買い受けた者は、立木に明認方法を施さなければ、その後、同じ立
□□□ 木を買い受けた者に対して、立木の所有権を対抗することができない。

----

**Q 3** 　立木を買い受けた者がいったん立木に明認方法を施したときは、その後、
□□□ 明認方法が消失したとしても、立木の所有権を第三者に対抗することができ
る。

----

**Q 4** 　Aが甲土地上の立木の所有権を留保して甲土地をBに譲渡したときは、立
□□□ 木につき明認方法を施さなければ、Aは、Bから立木とともに土地を譲り受
けたCに立木の所有権を対抗することができない。

----

**Q 5** 　土地とともに立木を譲り受けた者は、土地について登記をしなければ、立
□□□ 木に明認方法を施しても、立木の所有権を第三者に対抗することができない。

----

**Q 6** 　Aから甲土地を買い受けたBがその登記をしないまま甲土地に立木を植栽
□□□ したところ、その後、Aが、甲土地を立木とともにCに売却して登記をした
ときは、Bは、立木に明認方法を施していなくても、Cに立木の所有権を対
抗することができる。

**A 1** ✗　明認方法によって公示することはできない。明認方法によって公示できるのは、立木などの所有権に限られる。

**A 2** ○　立木のみの売買の場合、その対抗要件は明認方法である。

**A 3** ✗　明認方法が消失したときは、改めて明認方法を施さない限り、立木の所有権を対抗することはできない（最判昭36.5.4）。台風などで明認方法が吹っ飛んだら、対抗要件もおシャカである。

**A 4** ○　立木の所有権を留保して土地を売却したときの立木の対抗要件も、明認方法である（最判昭34.8.7）。

**A 5** ○　そのとおり。土地の登記をすることができる事例では、明認方法による立木所有権の対抗が認められない。

> 🐕 **One Point ◆ 立木所有権の対抗要件**
>
> ・立木のみの取引　　→　　明認方法
> ・土地と立木のセット　→　　土地の登記
> 　以上の正しい対抗要件を先に備えた者が、立木の所有権を第三者に対抗することができます。本問のように、立木と土地をセットで譲り受けた者が、立木のみに明認方法を施したとしても、土地の所有権はもとより、立木の所有権をも対抗できないことに注意しましょう。誤った対抗要件を備えても、何の法的効果も生じないのが道理です。

**A 6** ✗　本問は、更地売買の後に、買主が植林した事案である。この場合、Bは、立木に明認方法を施さなければ、Cに立木の所有権を対抗できない（最判昭35.3.1）。

Part 2

物 権

# Section **4** 即時取得

## ① 動産物権変動

**Q 1** ☐☐☐ 動産を買い受けた者は、その動産の引渡しを受けなければ、第三者に動産の所有権を対抗することができない。

**Q 2** ☐☐☐ Aは、Bに寄託している宝石をCに譲渡し、Bに対し、以後Cのためにその宝石を占有すべき旨を命じたが、Bはこれを承諾しなかった。この場合、Cは、宝石の占有権を取得することができない。

**Q 3** ☐☐☐ 動産の買主は、その引渡しを受けなければ、売主からその動産を賃貸している賃借人に対して、賃借物の返還を請求することができない。

**Q 4** ☐☐☐ 動産の買主は、その引渡しを受けなくても、その動産を保管している受寄者に対して、寄託物の返還を請求することができる。

## ② 即時取得

**Q 5** ☐☐☐ 無権利者から善意・無過失で土地上の立木を買い受け、これを伐採した者は、その伐木を即時取得することができる。

**Q 6** ☐☐☐ 無権利者が伐採した立木をその者から善意・無過失で買い受けたときは、即時取得が成立する。

**A 1** ◯ 　動産の引渡しが、動産物権変動の対抗要件である（民法178条）。

**A 2** ✕ 　承諾すべきは買主のCであり、Cが承諾すれば宝石の占有権を取得することができる（民法184条、指図による占有移転）。Bに対しては、Cのための占有を命じるのみで足り、その承諾を要しない。以上、急所は、誰が命じ、誰が承諾するかという二点である。

> 🐕 **One Point ◆ 指図による占有移転**
>
> 　設問の登場人物を当てはめた民法184条を掲げておきます。急所を意識しながら確認しましょう。
> **民法184条（指図による占有移転）**
> 　代理人（B）によって占有をする場合において、本人（A）がその代理人（B）に対して以後第三者（C）のためにその物を占有することを命じ、その第三者（C）がこれを承諾したときは、その第三者（C）は、占有権を取得する。

**A 3** ◯ 　そのとおり（大判大8.10.16）。動産の賃借人は、民法178条の第三者に当たる。

**A 4** ◯ 　受寄者は、民法178条の第三者に当たらない（最判昭29.8.31）。

**A 5** ✕ 　取引の時に、立木が土地の一部（不動産）だったから、即時取得できない。

**A 6** ◯ 　伐採した立木は動産である。

**Q 7** 未登録の自動車は、即時取得の対象となる。

**Q 8** 古銭や記念硬貨を除く金銭は、即時取得の対象とならない。

**Q 9** 他人の山林を自己の山林と誤信して立木を伐採しても、立木を即時取得することはできない。

**Q 10** 売買や贈与によって動産を即時取得することはできるが、強制競売によって動産を即時取得することはできない。

**Q 11** 代物弁済により善意無過失で他人の動産の引渡しを受けた債権者は、その動産を即時取得することができる。

**Q 12** 他人所有の動産を保管している者から、善意無過失で動産を買い受け、占有改定によって引渡しを受けた者は、その動産を即時取得することができる。

**Q 13** Aは、Bが占有するC所有の動産甲をBの所有物であると過失なく信じて買い受けた。Bが、動産甲を以後Aのために占有する意思を表示したときは、Aは、動産甲を即時取得することができる。

**Q 14** 他人所有の動産を保管する者から、善意無過失で動産を買い受け、指図による占有移転の方法により引渡しを受けた者は、その動産を即時取得することができる。

---

**A 7** ◯ そのとおり。なお、道路運送車両法による登録を受けた自動車は、即時取得の対象とはならない（最判昭62.4.24）。

---

**A 8** ◯ 記念硬貨などを除いて、金銭は価値そのものであり、占有を取得した者がその所有権を取得するため、即時取得の対象とならない（最判昭39.1.24）。

---

**A 9** ◯ そのとおり（大判大4.5.20）。伐採は事実行為にすぎず、本事例には取引行為がない。即時取得は、取引の安全のための仕組みである。

---

**A 10** ✖ 強制競売によっても、即時取得することができる（最判昭42.5.30）。

---

**A 11** ◯ そのとおり。代物弁済のほか、消費貸借（金銭以外のもの）による即時取得も可能である。

> 🐕 **One Point ◆ 相続と即時取得**
>
> 相続は取引ではないので、相続によって他人の動産の占有を取得しても、相続人は動産を即時取得できません。

---

**A 12** ✖ 占有改定による引渡しでは、動産を即時取得することはできない（最判昭35.2.11）。定番の知識である。

---

**A 13** ✖ 占有改定による引渡し（代理人Bが動産甲を以後本人Aのために占有する意思を表示すること）によっては、Aは、即時取得することができない（民法183条、最判昭35.2.11）。本問の急所は、BからAへの引渡しが占有改定によるものであることを見抜けるかどうかの一点であり、前問と本問のどちらのパターンで聞かれても対応できるようにしておこう。

---

**A 14** ◯ そのとおり（最判昭57.9.7）。指図による占有移転により即時取得することができる。この他、現実の引渡し、簡易の引渡しによっても即時取得することができる。

**Q 15** 民法178条の引渡しには、指図による占有移転を含むが、占有改定を含まない。

**Q 16** 即時取得を主張する者は、無過失の立証を要しない。

**Q 17** 制限行為能力者が所有する動産を買い受けた者は、その動産を即時取得することができる。

**Q 18** 無権代理人から動産を買い受けた相手方が、その者を本人の代理人であると過失なく信じて現実の引渡しを受けたときは、相手方は、その動産を即時取得することができる。

**Q 19** 制限行為能力者から動産を買い受けた者が、その売買の取消しの後にその動産を第三者に譲渡した。その第三者は動産を即時取得することができない。

**Q 20** 他人所有の動産を善意無過失で質受けした質権者は、質権を即時取得することができる。

**Q 21** 占有物が盗品であるときは、被害者は、盗難の時から1年間に限り、占有者に対してその物の回復を請求することができる。

**Q 22** 占有者が、盗品または遺失物を公の市場において善意で買い受けたときは、被害者または遺失者は、占有者が支払った代価を弁償しなければ、その物を回復することができない。

**A 15** ✕ 　民法178条の引渡しには、指図による占有移転のほか、占有改定も含む。

> 🐕 **One Point ◆ 動産物権変動の対抗要件**
>
> 　民法178条は、動産物権変動の対抗要件の規定です（Q1参照）。民法178条にいう引渡しには、占有改定を含むことに要注意です。

**A 16** ◯ 　無過失も民法188条により推定される（最判昭41.6.9）。

**A 17** ✕ 　即時取得することはできない。買受人は、取消しにより、その動産の所有権を失う。

**A 18** ✕ 　即時取得することはできない。本問の場合、相手方は無権代理の制度により保護されることとなるため、本人の追認を得るか表見代理が成立するケースでなければ、その動産を取得することができない。

> 🐕 **One Point ◆ 即時取得と取引行為**
>
> 　即時取得制度は、取引行為そのものは真っ当ですが、前主に処分権限がない場合に、その占有を信頼した相手方を保護するための仕組みです。そのため、制限行為能力による取消し、無権代理など取引行為そのものに瑕疵がある場合は、その直接の相手方に即時取得の規定の適用がありません。

**A 19** ✕ 　制限行為能力者と取引をした者は、取消しにより無権利者となる。そして、その者の占有を信頼した転得者には、即時取得の可能性が生じる。

**A 20** ◯ 　そのとおり。即時取得できる権利は、所有権と質権である。

**A 21** ✕ 　盗難の時から2年間、占有者に対してその物の回復を請求することができる（民法193条）。なお、民法193条の規定は、盗品のほか遺失物にも適用がある。

**A 22** ◯ 　そのとおり（民法194条）。

# Section 4

# 即時取得

## 急所 即時取得の法律要件

即時取得が成立するための要件は、以下のとおりである。
1　動産であること
2　取引による取得であること
3　相手方に処分権限がないこと
4　占有を取得すること
5　平穏・公然・善意・無過失で占有を取得すること

　以下、それぞれの要件について重要なポイントを整理しよう。

1　動産であること
① 伐採前の立木は不動産の一部であるから、即時取得することができない。しかし、伐採した後の立木は動産であるから、即時取得の対象となる。
② 動産であっても、登録自動車のようにその公示方法が登記・登録であるものは、即時取得することができない。

2　取引による取得であること
① 自己の山林と誤信して立木を伐採しても、即時取得はできない。
　伐採は事実行為であり、取引とはいえないからである。
② 売買、贈与、代物弁済、競売などは取引といえるため、これらの取引により動産を取得した場合は、即時取得が成立しうる。相続は取引ではないから、相続による即時取得は成立しない。
③ 取引行為に瑕疵がある場合、たとえば、制限行為能力による取消しや無権代理によって取引行為が無効であるときは、取引の直接の相手方に即時取得の規定の適用はない。
　ただし、これらの取引の相手方からの転得者には、即時取得の可能性が生じる。

3　相手方に処分権限がないこと

　　相手方が無権利者であるケースがその典型例である。たとえば所有権を有しない賃借人・受寄者がこれにあたる。

4　占有を取得すること

　　占有改定によって占有を取得したときは、即時取得は成立しない。

　　これに対し、現実の引渡し、簡易な引渡し、指図による占有移転によって占有を取得したときは、そのいずれでも即時取得が成立する。

5　平穏、公然、善意、無過失で占有を取得すること

　　上記4つの要件は、いずれも推定される。これは、即時取得を主張する者が、訴訟上立証責任を負わないことを意味する。

---

One Point◆ 即時取得できる権利

　所有権のほか、質権を即時取得することもできます。

　たとえば、AがBから預かった時計を質入れした場合、善意・無過失の質屋は質権を即時取得できます。

## Section **1**　占有権の効力

---

**Q 1**　善意の占有者は、占有物から生じる果実を取得することができる。

---

**Q 2**　占有者が本権の存在に疑いを持ったときは、悪意の占有者となる。

---

**Q 3**　善意の占有者が本権の訴えで敗訴したときは、その敗訴の判決が確定した時以降の果実を返還しなければならない。

---

**Q 4**　自分に所有権があると信じて他人物を占有する者が、その責めに帰すべき事由によって占有物を滅失または損傷させたときは、その者は、滅失または損傷によって現に利益を受けている限度で損害の賠償をする義務を負う。

---

**Q 5**　占有物が占有者の責めに帰すべき事由によらないで滅失したときは、自分が所有者であると信じて占有していた者は、回復者に対し損害賠償をする義務を負わないが、悪意の占有者は、その損害の全部の賠償をする義務を負う。

**A 1** ◯  善意の占有者は、果実を取得することができる（民法189条1項）。

**A 2** ◯  悪意占有とは、自分に本権がないことを知っているか、または本権の存在に疑いを持ちながらする占有のことをいう。疑いを持つだけでも悪意になるところが、急所である。

**A 3** ✗  善意の占有者が本権の訴えで敗訴したときは、その訴えの提起の時以降の果実を返還しなければならない（民法189条2項、190条1項）。その占有者は、訴えの提起のときに、自らの本権の存在に疑いを持つはずだからである。

> 🐕 **One Point ◆ 民法189条2項と果実の返還**
>
> 善意の占有者でも、本権の訴えで敗訴したときは、訴え提起の時から悪意の占有者とみなされます（民法189条2項）。ですから、善意の占有者でも、訴え提起の時以降の果実を返還する必要があります。逆にいうと、それまでに生じた果実は返還しなくてもよろしいです。

**A 4** ◯  そのとおり（民法191条本文）。この規定は、滅失または損傷によって利益を受けることは考えにくいので、普通は賠償義務がナイという意味である。仮に、損害保険金などを受け取ったなら、その範囲での賠償義務が生じる（その分は真の所有者に返還すべし）。一方、悪意の占有者は、損害の全部の賠償義務を負う。

**A 5** ✗  責めに帰すべき事由がないときは、悪意の占有者も、損害賠償の義務を負わない（民法191条参照）。

**Q 6** 　所有の意思のない占有者は、たとえ善意であっても、その責めに帰すべき
事由によって占有物が滅失または損傷したときは、回復者に対し、全部の賠
償をする義務を負う。

**Q 7** 　占有物を返還する場合、善意の占有者は必要費の償還を回復者に請求する
ことができるが、悪意の占有者は請求をすることができない。

**Q 8** 　占有者が果実を取得したときは、必要費の償還を回復者に請求することが
できない。

**Q 9** 　悪意の占有者であっても、価格の増加が現存する場合には、有益費の償還
を回復者に請求することができる。

**Q 10** 　悪意の占有者に対しては、裁判所は、職権で、有益費の償還について相当
の期限を許与することができる。

**Q 11** 　占有者が占有物について行使する権利は、適法に有するものと推定する。

**Q 12** 　「占有者が占有物について行使する権利は、適法に有するものと推定する」
との規定は、現在の占有者だけではなく、過去の占有者にも適用される。

**A 6** ○ そのとおり（民法191条ただし書）。なお、所有の意思のない善意占有者とは、たとえば、無権利者からその事情（無権利であること）を知らずに目的物を賃借している者がこれに当たる。このような場合の賃借人は、賃貸人が無権利者であることは知らなくても、自らの占有が他人のための占有であることは知っているので、賠償義務のオマケがきかないのである。

---

**A 7** ✕ 悪意の占有者も、必要費の償還を請求することができる（民法196条1項）。

---

**A 8** ✕ 正しくは、**通常の必要費**の償還を請求することができない（民法196条1項ただし書）。

---

**A 9** ○ そのとおり（民法196条2項本文）。前問の必要費も含めて、悪意の占有者も有益費の償還を請求することができる。

---

**A 10** ✕ 占有者が悪意の場合、裁判所は、**回復者の請求により**、有益費の償還について相当の期限を許与することができる（民法196条2項ただし書）。しかし、**職権**でこれをすることはない。

---

**A 11** ○ そのとおり（民法188条　権利適法の推定）。

 One Point ◆ **権利適法の推定**

　民法188条にいう「権利」には、所有権などの物権はもとより、賃借権のような債権も含まれます。

---

**A 12** ○ 過去の占有により、過去の権利の適法性を推定することもできる。

🐕 One Point ◆ **権利適法の推定と登記**

　他人の土地の占有者は、民法188条の権利適法の推定に基づいて、その土地の所有者に対して、所有権の移転の登記や地上権の設定の登記などを請求することはできません（大判明39.12.24）。

# Section 2 占有訴権その他

## 1 占有回収の訴え

**Q 1** 占有の訴えは、本権のない占有者も提起することができる。

**Q 2** 動産の占有者が第三者に騙されて占有物を引き渡したときは、占有者は、占有回収の訴えを提起することができる。

**Q 3** 占有を奪われた者は、占有回収の訴えにより、その物の返還または損害の賠償を請求することができる。

**Q 4** 占有回収の訴えは、占有を奪われた時から1年以内に提起しなければならない。

**Q 5** 占有の訴えを提起された被告は、その防御の方法として本権の主張をすることができず、本権に基づく反訴を提起することもできない。

**Q 6** Aは、その所有する動産をBに貸し渡した後も引き続き占有権を有するが、このときのAの占有は自己占有、Bの占有は代理占有である。

**Q 7** Aはその所有する動産をBに預けていたところ、Bはその動産をCに奪われた。この場合、BはCに対して占有回収の訴えを提起することができるが、Aは占有回収の訴えを提起することができない。

**Q 8** 他人所有の不動産を代理占有している者の取得時効を更新するためには、占有代理人に対して時効の更新の手続をとればよい。

**Q 9** 賃貸借契約が終了しても、賃借人が目的物を占有している限り、賃貸人の占有権は消滅しない。

--------------------------------------------------------

**A 1** ○ そのとおり。盗人も占有の訴えを提起することができる。

--------------------------------------------------------

**A 2** ✕ 騙されて占有物を交付したときは、占有者は、占有回収の訴えを提起することができない（民法200条1項参照）。占有回収の訴えを提起できるのは、占有を奪われた場合に限る。

--------------------------------------------------------

**A 3** ✕ 「または」の部分が誤り。正しくは、その物の返還「および」損害の賠償を請求することができる（民法200条1項）。

--------------------------------------------------------

**A 4** ○ そのとおり（民法201条3項）。

--------------------------------------------------------

**A 5** ✕ 被告は、本権の主張をすることはできないが、本権に基づく反訴を提起することはできる（最判昭40.3.4）。

--------------------------------------------------------

**A 6** ✕ このときのAの占有は**代理占有**、Bの占有は**自己占有**である。

> **One Point◆ 直接占有と間接占有**
>
> 代理占有のことを間接占有、自己占有のことを直接占有ともいいます。なお、この占有代理関係は、法律上有効なものであることを要しないため、AB間の賃貸借契約が無効であってもAの代理占有は認められます。

--------------------------------------------------------

**A 7** ✕ 代理占有者のAも占有回収の訴えを提起することができる。

--------------------------------------------------------

**A 8** ○ そのとおり。占有代理人に時効の更新の手続をとれば、占有者本人にも時効の更新の効力が及ぶ（大判大10.11.3）。

--------------------------------------------------------

**A 9** ○ そのとおり。占有権は、代理権の消滅のみによっては、消滅しない（民法204条2項）。

**Q 10** 建物の賃借人が賃貸借契約終了後も建物の明渡しを拒んでいるときは、賃貸人は、賃借人に対して占有回収の訴えを提起することができる。

**Q 11** 占有を奪われた者は、占有を侵奪した者の善意の特定承継人に対しては、占有回収の訴えを提起することができない。

**Q 12** 動産の所有者は、その動産を盗んだ者の善意の特定承継人から、さらに悪意でその占有を承継した者に対しては、占有回収の訴えを提起することができる。

## 2 占有保持、保全の訴え

**Q 13** 占有を妨害された占有者は、占有保持の訴えにより、その妨害の停止および損害の賠償を請求することができる。

**Q 14** 占有者がその占有を妨害されるおそれがあるときは、占有保全の訴えにより、その妨害の予防および損害賠償の担保を請求することができる。

**Q 15** 占有保持の訴えにより妨害の停止を求めるには相手方の故意や過失を要しないが、損害の賠償を請求するためには、相手方の故意や過失を要する。

**Q 16** 占有保全の訴えは、妨害の危険が生じている間またはその危険が消滅した後1年以内に提起することができる。

**A 10** ✕　賃貸人は、賃借人に対して占有回収の訴えを提起することはできない。賃貸人は、はじめ自ら建物を引き渡しており、その後の返還の拒絶が占有の侵奪に当たるとはいえない。

**A 11** ◯　そのとおり（民法200条2項）。なお、悪意の特定承継人には、占有回収の訴えを提起することができることに注意しよう（民法200条2項ただし書）。

**A 12** ✕　提起することはできない（大判昭13.12.26）。

**A 13** ◯　妨害の停止と損害賠償の請求ができる（民法198条）。

**A 14** ✕　妨害の予防または損害賠償の担保のどちらか一方を請求することができる（民法199条）。

**A 15** ◯　カネを取るためには、不法行為の成立を要するのである。

**A 16** ✕　その危険が消滅した後1年以内という部分が誤りである。正しくは、占有保全の訴えは、妨害の危険が生じている間に提起することができる（民法201条2項前段）。

----

**Q 17** 他主占有の占有者が新たな権原によりさらに所有の意思をもって占有を始めたときは、その占有は、自主占有に転換する。

----

**Q 18** Aは、自己が所有し占有するパソコンをBに売却すると同時に、Bとの間でそのパソコンを賃借する契約を締結した。この場合、Aが、以後Bのためにパソコンを占有する旨の意思表示をしたときは、Bは、パソコンの占有権を取得する。

----

**Q 19** 甲土地の賃借人が死亡し、その相続人が占有を承継したときは、相続人は、相続開始の時から当然に自主占有を取得したものとして甲土地を時効取得することができる。

--------------------------------------------------

**A 17** ◯ そのとおり（民法185条）。

--------------------------------------------------

**A 18** ◯ そのとおり。本問は、Aの自主占有が他主占有に転換した事案である。そして、占有改定により、Bは、パソコンの占有権を取得することとなる（民法183条）。

>  **One Point ◆ 占有改定**
>
> 占有改定とは、代理人（設問のA）が、自己の占有物を以後本人（B）のために占有する意思を表示することにより、本人に占有権を取得させることをいいます。占有改定といえば、これによる即時取得不可という点が有名ですが、設問のようにこれを事例化して出題されたときに、占有改定が行われたことを問題文から読み取ることができるようにしておきましょう。

Part
2

物

権

--------------------------------------------------

**A 19** ✕ 本問の相続人は、当然には甲土地を時効取得することはできない。

>  **One Point ◆ 相続と新権原**
>
> 単に相続があっただけでは、当然に他主占有が自主占有に変わるわけじゃありません。判例は、「相続人が**相続財産の占有を承継しただけでなく、新たに相続財産を事実上支配し、その占有に所有の意思があると見られるとき**は、たとえ被相続人の占有が他主占有であっても、相続人は新権原によって自主占有を始めたものといえる」としています（最判昭46.11.30）。

# Chapter 2

# 占有権

## 急|所| 1| 占有の態様

占有についての学習で用いた用語の意味を整理しておこう。

1　善意占有、悪意占有

① 善意占有とは、本権がないにもかかわらず、本権があるものと誤信して
する占有のことである。

② 悪意占有とは、本権がないことを知り、または本権の存在につき疑いを
持ちながらする占有のことである。疑いを持つだけでも悪意占有となる点
が急所である。

2　自己占有、代理占有

① 自己占有とは、賃借人、受寄者など占有代理人のする占有のことをい
う。

また、自己占有のことを直接占有ともいう。

② 代理占有とは、賃貸人や寄託者など占有代理人を通じてする占有のこと
をいう。

また、代理占有のことを間接占有ともいう

3　自主占有、他主占有

① 自主占有とは、所有の意思のある占有のことをいう。たとえば、買主や
盗人がする占有は自主占有である。

② 他主占有とは、所有の意思のない占有のことをいう。たとえば、賃借人
や受寄者がする占有は他主占有である。

## 急所 2 占有の訴え

占有訴権を整理しておこう。

1 占有回収の訴え

① 占有者が、その占有を奪われたときは、占有回収の訴えによって、その物の返還および損害の賠償を請求することができる（民法200条1項）。

② 占有回収の訴えは、占有を奪われた時から1年以内に提起することを要する（民法201条3項）。

 **One Point ◆ 占有回収の訴えと特定承継人**

占有回収の訴えは、占有を侵奪した者の善意の特定承継人に対して提起することができません。一方、悪意の特定承継人に対しては、占有回収の訴えの提起が可能です（民法200条2項）。

2 占有保持の訴え

① 占有者がその占有を妨害されたときは、占有保持の訴えによって、その妨害の停止および損害の賠償を請求することができる（民法198条）。

② 占有保持の訴えは、妨害の存する間またはその消滅した後1年以内に提起することを要する（民法201条1項本文）。

3 占有保全の訴え

① 占有者がその占有を妨害されるおそれがあるときは、占有保全の訴えにより、その妨害の予防または損害賠償の担保を請求することができる（民法199条）。

② 占有保全の訴えは、妨害の危険の存する間は提起することができる（民法201条2項本文）。

 **One Point ◆ 妨害または危険が工事によるものである場合**

妨害または危険が工事によるものである場合、「その工事に着手した時から1年を経過し、またはその工事が完成したとき」は、占有保持の訴え、占有保全の訴えを提起することができなくなります（民法201条1項ただし書、2項ただし書）。

# Chapter 3 共有・基本

## Section 1 共有関係

### 1 共有持分関係

**Q 1** 共有者の持分が不明であるときは、各共有者の持分は、相等しいものとみなされる。

**Q 2** 各共有者は、その持分を自由に処分することができる。

**Q 3** 土地の共有者の一人が、自己の持分に抵当権を設定するときは、他の共有者の承諾を得なければならない。

**Q 4** 各共有者は、単独で第三者または他の共有者に対して、自己の持分権の確認を求めることができる。

**Q 5** 不動産の共有者の一人が、その不動産を占有している第三者に対して、単独で時効の完成猶予または更新の手続をしたときは、その効果は他の共有者にも及ぶ。

**Q 6** 第三者の不法行為により共有不動産が滅失したときは、共有者の一人は、単独で、第三者に対して全部の損害賠償を請求することができる。

### 2 共有物全体の問題

**Q 7** 各共有者は、共有物の全部について、その持分に応じた使用をすることができる。

**Q 8** ＡＢＣが各持分3分の1の割合で共有する甲土地をＡが無断で占有しているときは、Ｂは、Ａに対して甲土地の明渡しを求めることができる。

本章では、問題文に明記のない限り、「共有者が他の共有者を知ることができず、またはその所在を知ることができないとき」に当たらないものとして解答してください。

**A 1** ✗　各共有者の持分は、相等しいものと推定される（民法250条）。つまり、反証があれば、それに従うべきこととなる。

**A 2** ◯　共有持分権の性質は所有権であり、自由にこれを処分することができる。

**A 3** ✗　他の共有者の承諾を要しない。前問のとおり、持分の処分は自由である。

**A 4** ◯　自己の持分権の確認請求は、各共有者が単独ですることができる（最判昭40.5.20）。

**A 5** ✗　時効の完成猶予または更新の効果は、他の共有者には及ばない（民法153条）。これを、時効の完成猶予・更新の相対効という。

**A 6** ✗　全部の損害賠償を請求することはできない。各共有者は、自己の持分についてのみの損害賠償を請求することができるにすぎない（最判昭51.9.7）。

**A 7** ◯　そのとおり（民法249条1項）。

**A 8** ✗　持分の過半数を有しないBは、当然には明渡しを求めることができない（最判昭41.5.19、民法252条1項参照）。

**Q 9** 　共有者の一人が、他の共有者との協議によらないで、第三者に共有物を占有使用させたときは、他の共有者は、その第三者に対して、当然には明渡しを求めることができない。

**Q 10** 　共有不動産を第三者が不法に占有しているときは、各共有者は、単独でその第三者に対して不動産の明渡しを求めることができる。

**Q 11** 　各共有者は、他の共有者の同意を得なければ、共有物にその形状または効用の著しい変更を伴う変更を加えることができない。

**Q 12** 　数人で共有する農地の宅地造成は、共有者の全員でしなければならない。

**Q 13** 　共有者の一人が他の共有者の同意を得ないで、農地を宅地にしようとしているときは、他の共有者は、その行為の禁止を求めることができる。

**Q 14** 　数人が共有する動産を3か月の約定で第三者に賃貸するときは、各共有者の持分価格の過半数の決定によりすることができる。

**Q 15** 　共有物の売買契約を解除するときは、共有者の全員からしなければならない。

**Q 16** 　共有物の賃貸借契約を解除するときは、共有者の全員からしなければならない。

**A 9** ◯ 　前問のとおり、共有者の一人に対する明渡請求が当然には認められないのだから、共有者の一人から共有物の占有使用を承認された第三者に対しても、その利用権が消滅しない限り、当然には明渡しの請求は認められない（最判昭63.5.20）。

**A 10** ◯ 　共有物の保存行為として、各共有者が明渡しを請求することができる（民法252条5項）。

**A 11** ◯ 　そのとおり（民法251条1項）。設問の場合、共有者全員の同意を要する。なお、共有物全部の処分（売却など）も、この変更に当たるものとされる（ただし、共有者の中に所在の知れない者等がいる場合は別論）。

Part
2
物
権

**A 12** ◯ 　共有農地の宅地造成は、共有物の形状または効用の著しい変更を伴う変更に当たる（民法251条1項）。

**A 13** ◯ 　そのとおり。共有物の形状または効用の著しい変更を伴う変更には全員の同意を要することから、他の共有者は差し止めを求めることができ、さらに、元に戻すべしと原状回復を求めることもできる（最判平10.3.24）。

**A 14** ◯ 　そのとおり。短期賃貸借は、共有物の管理に関する事項（以下、管理行為）に当たる（民法252条4項、1項）。

> 🐕 **One Point◆ 共有物の賃貸借**
>
> 以下の期間を超えない短期賃貸借が、管理行為の対象となります。
> 　1　樹木の栽植または伐採を目的とする山林の賃借権等　　10年
> 　2　1以外の土地の賃借権等　　5年
> 　3　建物の賃借権等　　3年
> 　4　動産の賃借権等　　6か月
> なお、民法252条4項では、賃借権その他の使用収益権をまとめて「賃借権等」と命名しています。

**A 15** ◯ 　そのとおり（民法544条1項）。これを、解除権の不可分性という。

**A 16** ✕ 　賃貸借契約の解除は共有物の管理行為に当たるため、各共有者の持分の価格に従い、その過半数で決することとなる（最判昭29.3.12、民法252条1項）。解除権の不可分性の例外である。

**Q 17** 　持分の価格の過半数を有する共有者は、単独で、共有物の賃貸借契約を解除することができる。

**Q 18** 　共有不動産について第三者の不実の登記があるときは、各共有者は、単独でその登記の抹消を求めることができる。

**A 17** ◯     前問のとおり、賃貸借契約の解除は、共有物の管理行為に当たるためである（民法252条1項）。

**A 18** ◯     不実の登記の抹消は、民法252条5項の保存行為に当たるので、各共有者がすることができる（最判昭31.5.10）。

Part
2

物

権

# Section 2 共有物の分割

**Q 1** 各共有者はいつでも共有物の分割を請求することができるが、10年を超えない期間内は分割をしない旨の契約をすることができる。

**Q 2** 裁判による共有物分割を請求するには、他の共有者の全員を相手方として訴えを提起しなければならない。

**Q 3** 裁判による共有物分割については、価格賠償の方法によることができない。

**Q 4** 共有物について権利を有する者から分割の参加の請求があったにもかかわらず、その者を参加させないで分割をしたときは、その分割は無効となる。

**Q 5** 共有物分割協議によって取得した物が、その品質に関して協議の内容に適合しないものであるときであっても、その物を取得した共有者は、共有物分割協議の解除を求めることはできない。

**Q 6** 分割が裁判による場合でも、各共有者は、他の共有者が分割によって取得した物について、売主と同じく、その持分に応じて担保責任を負う。

**A 1** ✗ 　分割禁止の期間は、5年を超えることができない（民法256条1項ただし書）。また、共有物分割禁止の特約は更新することもでき、その期間も、更新の時から5年を超えることができない（同条2項）。

> 🐕 **One Point◆ 分割禁止と不動産登記**
>
> 　共有物の分割禁止の特約は、「特約　何年間共有物不分割」として登記事項となります。そして、この登記をすることにより、特約を第三者に対抗することができます。

**A 2** ◯ 　共有物分割の訴えは、固有必要的共同訴訟である（大判明41.9.25）。

**A 3** ✗ 　裁判による共有物分割の場合でも、価格賠償の方法により分割をすることができる（民法258条2項2号）。価格賠償とは、たとえば、ABCが共有する甲土地の全部をAが取得するものとし、Aには、BとCに持分相当の代金の支払を命じることをいう。

> 🐕 **One Point◆ 裁判による共有物分割**
>
> 　分割の方法は、価格賠償のほかに、現物分割や代金分割があります（民法258条2項1号、3項）。また、裁判所は、共有物分割の裁判において、当事者に対し、金銭の支払、物の引渡し、登記義務の履行その他の給付を命じることができます（同条4項）。

**A 4** ✗ 　無効となるのではなく、参加の請求をした者に対抗することができないものとなる（民法260条2項）。

**A 5** ✗ 　各共有者は、その持分に応じて、売主と同じ担保責任を負うため、共有者の1人が、共有物分割協議の解除をすることもできる（民法261条、564条）。

**A 6** ◯ 　そのとおり（民法261条）。なお、裁判による分割を解除することはできない。

**Q 7** 遺産分割協議が成立した後、相続人の一人が、他の相続人に対して協議により負担した債務を履行しないときは、他の相続人は、債務不履行を理由に遺産分割協議を解除することができる。

**Q 8** 共同相続人は、すでに成立した遺産分割協議を、その全員の合意で解除して、改めて遺産分割協議をすることができる。

**Q 9** 不動産の共有者は、連帯して、管理の費用を支払い、その他共有物に関する負担を負う。

**Q 10** 不動産の共有者の1人は、他の共有者が負担すべき管理費用を立て替えて支払ったときは、他の共有者から持分を譲り受けた特定承継人に対しても、立て替えた費用の償還を請求することができる。

**A 7** ✗ 債務不履行を理由に遺産分割協議を解除することはできない（最判平1.2.9）。

**A 8** ○ 合意解除をすることはできる（最判平2.9.27）。

> 🐕 **One Point◆ 遺産分割協議と解除のまとめ**
>
> 遺産分割協議を債務不履行を理由に解除することはできません。これに対し、合意解除はできます。

**A 9** ✗ 不動産の共有者は、その持分に応じ、管理の費用を支払い、その他共有物に関する負担を負う（民法253条1項）。

**A 10** ○ そのとおり。立て替え払いをした者は、持分の譲渡人、譲受人のいずれにも費用の償還を請求できるのである（民法254条）。

Q **1** 　不動産の共有者の1人が自己の持分を譲渡した場合、持分を譲り受けた第
三者は、その登記をしなければ、持分の取得を他の共有者に対抗することが
できない。

Q **2** 　共有者の1人がその持分を放棄したときは、その持分は、他の共有者に帰
属する。

Q **3** 　不動産の共有者の1人が持分を放棄したときは、他の共有者は、持分の放
棄により増加した持分を登記なくして第三者に対抗することができる。

Q **4** 　不動産の共有者の1人が死亡して相続人がないときは、その持分は他の共
有者に帰属し、特別縁故者への財産分与の対象とならない。

**A 1** ◯   そのとおり。共有持分を譲り受けたときの他の共有者は、民法177条の第三者に当たる（最判昭46.6.18）。

> 🐕 **One Point◆ 共有者と民法177条**
>
> もうちょっと具体的にいうと、ＡＢ共有の不動産があったとして、ＢがＣに持分を譲渡したときは、Ｃは持分の移転の登記をしておかないと、Ａに共有物の分割などを請求できないということです。

**A 2** ◯   そのとおり（民法255条）。また、共有者の1人が死亡して相続人がないときも、その持分は、他の共有者に帰属する。

**A 3** ✕   他の共有者は、持分の放棄による持分移転の登記をしなければ第三者に対抗することができない（最判昭44.3.27）。

**A 4** ✕   その持分は、特別縁故者への財産分与の対象となり、その分与がされないときに民法255条により他の共有者に帰属する（最判平1.11.24）。

> 🐕 **One Point◆ 相続人不存在**
>
> ある者が死亡してその相続人がないときは、①家庭裁判所による公告（公告期間は６か月以上）、②相続財産清算人による公告（①の公告期間内に２か月以上）を経て、相続人不存在が確定します（民法952条、957条）。つまり、相続人不存在の確定までには、被相続人の死亡の日から最低でも６か月以上の期間の経過を要します。その確定後３か月以内に、特別縁故者は、家庭裁判所に対し、相続財産の分与を申し立てることができます（民法958条の２）。

# Chapter 3

# 共有・基本

## 急所 1　共有物の保存、管理、変更

1　保存行為（民法252条5項）

共有物に関する保存行為は、各共有者が単独ですることができる。

**One Point ◆ 具体例**

不法占拠者に対する不動産の明渡請求や、不実の持分移転登記の抹消請求（最判昭31.5.10、最判平15.7.11）などが保存行為の例です。

2　管理行為（民法252条1項）

共有物の管理に関する事項は、各共有者の持分の価格に従い、その過半数で決する。

**One Point ◆ 具体例**

共有物の短期の賃借権等の設定や、共有物の賃貸借契約の解除（最判昭39.2.25）が、管理行為の具体例です。中でも、賃貸借契約の解除が、試験でも頻出です。

3　変更行為（民法251条1項）

各共有者は、他の共有者の同意を得なければ、共有物にその形状または効用の著しい変更を伴う変更を加えることができない。

**One Point ◆ 具体例**

共有物全体を処分することや、農地を宅地に造成するなどが変更行為の具体例です。

## 急|所|2| 共有関係の頻出テーマ

共有といえばコレ！　という知識のまとめである。よく整理しておこう。

1　共有物に対する不法行為による損害賠償請求

各共有者が、持分に応じて請求することができる。

共有者の1人が、単独で全額の損害賠償を請求することはできない。

2　共有物の明渡し

① 持分価格の過半数を超える者であっても、共有物を単独で占有する他の共有者に対して、当然に共有物の明渡しを請求することができるものではなく、そのためには、その明渡しを求める理由を主張・立証しなければならない（最判昭41.5.19）。

② 共有者の1人が協議に基づかないで第三者に対して共有物の占有使用を承認したときでも、他の共有者は、その第三者に対して当然に共有物の明渡しを請求することができるものではない（最判昭63.5.20）。

3　変更行為の差止請求

共有者の1人がする共有物の形状等の著しい変更を伴う行為に対して、他の共有者は、その行為の差止請求をすることができ、さらに、共有物を原状に復させることを求めることもできる（最判平10.3.24）。

# Chapter 4 共有・応用

## Section 1 共有物の使用・変更・管理

### 1 共有物の使用・変更

**Q 1** 　共有物を使用する共有者は、別段の合意がある場合を除いて、他の共有者
□□□ に対し、自己の持分を超える使用の対価を償還する義務を負う。

**Q 2** 　共有者は、自己の財産に対するのと同一の注意をもって、共有物の使用を
□□□ しなければならない。

**Q 3** 　ＡＢＣが甲動産を共有している。ＢＣが、Ａの所在を知ることができない
□□□ ときは、Ｂ及びＣは、甲動産の形状または効用の著しい変更を伴う変更をす
ることができない。

### 2 共有物の管理

**Q 4** 　ＡＢＣが各３分の１の持分割合で甲動産を共有している。Ｃが甲動産を無
□□□ 断で使用している場合、Ａ及びＢの一致により、Ｃの承諾を要することなく、
甲動産の管理に関する事項を決定することができる。

本章では、問題文に明記のない限り、「共有者が他の共有者を知ることができず、またはその所在を知ることができないとき」に当たらないものとして解答してください。

Part 2

物

権

**A 1　○**　自己の持分を超える部分については他人物の使用に当たるから、対価（使用料のコト）の償還義務を負うのも当然のハナシ（民法249条2項）。

**A 2　✕**　善管注意義務を負う（民法249条3項）。共有物は自分だけのものではないから、各共有者は、他の共有者のために善管注意義務を負うのである。

**A 3　✕**　BまたはCが、裁判所に請求をして、A以外の他の共有者の同意を得て甲動産に変更を加えることができる旨の裁判を得た上で、BC全員の同意により変更することができる（民法251条2項）。

> 🐕 **One Point◆ 行方不明**
>
> 　上記の裁判は、共有者が所在不明のケースのほか、共有者が他の共有者を知ることができないときも請求することができます。本書の以下の解説では、人物の不明の場合と所在の不明の場合の双方を含めて、行方不明と総称することとします。

**A 4　○**　そのとおり。AとBの一致（持分価格の過半数）により、Aが甲動産を使用するなど、その管理に関する事項を決定することができる（民法252条1項後段）。この場合、甲動産を無断使用しているCの承諾を要しない。

Q 5 　ＡＢＣが各３分の１の持分割合で甲動産を共有している。共有者間の決定に基づいて甲動産を使用しているＣに特別の影響を及ぼすべき場合であっても、Ｃの承諾を要することなく、Ａ及びＢの一致により甲動産の管理に関する事項を決定することができる。

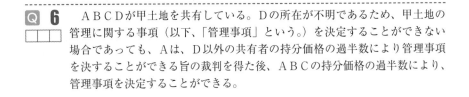

## ③ 行方不明者と共有物の管理

Q 6 　ＡＢＣＤが甲土地を共有している。Ｄの所在が不明であるため、甲土地の管理に関する事項（以下、「管理事項」という。）を決定することができない場合であっても、Ａは、Ｄ以外の共有者の持分価格の過半数により管理事項を決することができる旨の裁判を得た後、ＡＢＣの持分価格の過半数により、管理事項を決定することができる。

Q 7 　ＡＢＣＤが甲土地を共有している。Ｄの所在が不明であるため、甲土地の管理事項を決定することができないことから、Ａが、裁判所に対し、Ｄ以外の共有者の持分価格の過半数により甲土地の管理事項を決定することができる旨の裁判を請求した。裁判所は、その管理事項の決定が、共有者間の決定に基づいて甲土地を使用するＢに特別の影響を及ぼすべきときは、Ｂの承諾を得なければその旨の裁判をすることができない。

--------------------------------------------------

**A 5** ✗ 　　設問の場合、Cの承諾がなければ、甲動産の管理事項を決定することができない（民法252条3項、1項）。共有者間の決定に基づくCの使用権を保護する趣旨である。

> 🐕 **One Point ◆ 特別の影響を及ぼさないとき**
>
> 　甲動産の管理事項の決定が、Cに特別の影響を及ぼさないときは、その承諾を要することなく、管理事項を決定することができます。特別の影響がなければ、Cの使用権への配慮を要しないからです。なお、特別の影響の有無は、それぞれの事案に応じて判断されることとなります。

--------------------------------------------------

**A 6** ◯ 　　そのとおり（民法252条2項1号）。共有者の1人が行方不明であることにより、共有物の管理がままならない事態が生じるのを防ぐためである。なお、本問の裁判は、所在の知れないD以外の共有者であれば、誰が請求をしてもかまわない。

> 🐕 **One Point ◆ 無関心者がいるケース**
>
> 　行方不明ではないものの、Dが甲土地の管理事項に無関心であるときも、D以外の共有者は、本問の裁判を請求することができます。ここに、無関心とは、D以外の共有者が、Dに対し、相当の期間を定めて共有物の管理事項の決定への賛否を明らかにすべき旨の催告をしたにもかかわらず、Dが、その期間内に賛否を明らかにしない場合をいいます。

--------------------------------------------------

**A 7** ◯ 　　そのとおり（民法252条3項、2項）。共有者間の決定に基づくBの使用権を保護する趣旨である。なお、Bに特別の影響を及ぼさない場合や、Bが甲土地を無断使用しているときは、その承諾を要しない。

## 4 共有物の管理者

**Q 8** 共有物の管理者の選任は、各共有者の持分価格に従い、その過半数をもって決することができるが、その解任は、共有者の全員の同意によってしなければならない。

**Q 9** 共有者は、共有物の管理者を選任したときは、共有物の管理に関する事項を決定することができない。

**Q 10** 共有者が共有物の管理に関する事項を決定したにもかかわらず、共有物の管理者がその決定に違反する行為を行ったときは、共有者は、その事情につき善意であるが過失のある第三者に対して、その行為の無効をもって対抗することができない。

**Q 11** 共有物の管理者は、共有物の管理に関する行為をすることはできるが、共有物の形状または効用の著しい変更を伴う変更を加えることはできない。

**Q 12** 甲動産をＡＢＣＤが等しい割合で共有している。共有物の管理者Ｘが、Ｄの所在を知ることができないときは、Ｘは、甲動産の形状または効用の著しい変更を伴う変更を加えることができない。

-------------------------------------------------

**A 8** ✗ 　後半が誤り。共有物の管理者の選任はもとより、解任も共有物の管理に関する事項であり、各共有者の持分価格の過半数をもってすることができる（民法252条1項カッコ書）。

-------------------------------------------------

**A 9** ✗ 　決定することができる。代理人に権限を与えても、本人の決定権限がなくなることがないことと同じ道理である。なお、共有者が共有物の管理に関する事項を決定したときは、共有物の管理者は、その決定に従ってその職務を行うことを要する（民法252条の2第3項）。

-------------------------------------------------

**A 10** ◯ 　そのとおり。第三者の保護要件は善意であれば足り、無過失までは要しないことに注意しよう（民法252条の2第4項）。

-------------------------------------------------

**A 11** ✗ 　後半の記述が誤り。管理行為はもとより、共有者の全員の同意があれば、変更行為をすることもできる（民法252条の2第1項）。

-------------------------------------------------

**A 12** ✗ 　Ｘは、裁判所に請求をして、Ｄ以外の共有者の同意を得て、甲動産に本問の変更を加えることができる旨の裁判を得た上で、ＡＢＣの同意により変更行為をすることができる（民法252条の2第2項）。

### 1 　共有物分割と遺産分割

---

**Q 1**
□□□
甲土地を所有するＡが死亡し、その子であるＢ及びＣが相続した。甲土地の分割についてＢＣ間で協議が調わないときは、ＢまたはＣは、甲土地の共有物分割を裁判所に請求することができる。

---

**Q 2**
□□□
ＡＢが２分の１ずつの持分割合で甲土地を共有している。Ｂが死亡し、ＣＤが相続した場合、Ａは、Ｂの相続財産についての遺産分割が成立する前は、ＣとＤに対して共有物分割の訴えを提起することができない。

---

**Q 3**
□□□
ＡＢが、甲土地を各２分の１の持分割合で共有している。Ｂが死亡してＣＤが相続したが、遺産分割がされないまま相続開始の時から10年を経過したときは、Ａは、ＣＤ間の遺産共有関係を含めて、裁判所に甲土地の共有物分割を請求することができる。

---

**Q 4**
□□□
ＡＢが甲土地を各２分の１の持分割合で共有していたが、Ｂが死亡してＣＤが相続した。相続開始の時から10年を経過した後、Ａが裁判所に甲土地の共有物分割を請求した場合であっても、Ｃが、Ｂから承継した持分につき遺産分割を請求し、所定の期間内に共有物分割への異議の申出をしたときは、裁判所は、ＣＤ間の遺産共有関係を含めた甲土地の共有物分割をすることができない。

**A 1** ✗    共有物分割の裁判を請求することはできない（民法258条の2第1項）。本問は、甲土地を含めたAの相続財産につき遺産分割をすべき事案であり、その協議が調わないときは、遺産分割の調停または審判を求めるべきである。

**A 2** ✗    遺産である共有持分（亡B持分2分の1）があっても、他の共有者から共有物分割の訴えを提起することができる。Aは、Bの相続とは無関係だからである。なお、この共有物分割の判決によってCDが取得する財産（おカネとか甲土地とか）は、CD間の遺産分割の対象となる（最判平25.11.29）。

> 🐕 **One Point ◆ 共有物分割の裁判**
>
> 本事例の場合、裁判所は、CDがBから承継した持分を一体のものとして取り扱って、共有物分割の裁判を行います。つまり、A持分2分の1、亡B持分2分の1として分割をします。その分割の結果、亡Bが取得すべき財産がCD間の遺産分割の対象財産となります。

**A 3** ◯    そのとおり（民法258条の2第2項本文）。これにより、請求を受けた裁判所は、Aの持分と、CDがBから承継した持分（各4分の1）を含めて、甲土地の共有物分割の手続をすることとなる。

> 🐕 **One Point ◆ 法定相続分**
>
> 設問の場合、CとDの共有持分は、法定相続分（または遺言による指定相続分）により定まります（民法898条2項）。このため、CとDの持分は各4分の1の割合となります。

**A 4** ◯    そのとおり（民法258条の2第2項ただし書）。設問のケースでは遺産分割が優先されるため、裁判所は、A持分と亡B持分について共有物分割の裁判を行うこととなる。その結果亡Bが取得する財産がCD間の遺産分割の対象となる（前々問のOne Point参照）。

**Q 5**　ＡＢが、甲土地を各２分の１の持分割合で共有している。Ｂが死亡してＣ
Ｄが相続したが、相続開始の時から10年を経過したため、ＡがＣＤ間の遺産
共有関係を含めて、乙地方裁判所に甲土地の共有物分割を請求した。この場
合、ＣまたはＤによる共有物分割への異議の申出期間は、乙地方裁判所から
共有物分割の請求があった旨の通知を受けた日から３か月以内である。

---

**Q 6**　相続開始の時から10年を経過した後に遺産分割をするときは、相続開始の
時から10年を経過する前に、相続人が家庭裁判所に遺産分割を請求した場合
であっても、相続人は、特別受益や寄与分を含めた具体的相続分を主張する
ことができない。

---

**Q 7**　相続開始の時から始まる10年の期間満了前６か月以内の間に、遺産分割を
請求することができないやむを得ない事由が相続人にあった場合において、
その事由が消滅した時から６か月を経過する前に、その相続人が家庭裁判所
に遺産分割を請求したときは、相続開始の時から10年を経過した後に遺産分
割の調停をする場合であっても、相続人は、特別受益や寄与分を含めた具体
的相続分を主張することができる。

## ② 所在等不明共有者と不動産の共有持分

---

**Q 8**　ＡＢＣが甲土地を各３分の１の持分割合で共有している。ＡＢがＣの所在
を知ることができないときは、裁判所は、Ａの請求により、Ａに対し、Ｃの
持分を無償で取得させる旨の裁判をすることができる。

---

**Q 9**　ＡＢＣが甲土地を各３分の１の持分割合で共有している。ＡＢがＣの所在
を知ることができない場合、ＡとＢが共同して、裁判所に対し、Ｃの持分取
得の裁判を求めることはできない。

**A 5** ✕ 　正しくは、2か月以内に異議の申出をすることを要する（民法258条の2第3項）。なお、異議の申出先は、乙地方裁判所である。

**A 6** ✕ 　一般論としては、相続開始の時から10年が経過すると、相続人は特別受益や寄与分の主張ができなくなる（これにより、相続分は、通常、法定相続分に固定される）。しかし、設問のケースは別論であり、相続人は、なお特別受益などの主張をすることができる（民法904条の3第1号）。遺産分割の申立てから実際の手続に入るまでには時間を要するので、そのための救済措置である。

Part
2

物

権

**A 7** 〇 　そのとおり（民法904条の3第2号）。やむを得ない事由は多々あり得るが、たとえば、10年の期間満了の間際まで遺産分割禁止の定めがあるケースなどが想定されている。

**A 8** ✕ 　無償での取得をさせることはできず、有償となる。すなわち、持分取得の裁判により、Aが所在等不明共有者であるCの持分を取得したときは、Cは、Aに対し、Aが取得した持分の時価相当額の支払を請求することができる（民法262条の2第1項前段、4項）。

> **🐕 One Point ◆ 所在等不明共有者**
>
> 　共有者（本問のAB）が、他の共有者（本問のC）を知ることができず、またはその所在を知ることができない場合の他の共有者のことを、民法は所在等不明共有者と命名しています（民法262条の2第1項カッコ書）。

**A 9** ✕ 　ABが共同して裁判を求めることもできる。この場合、ABは、C持分を、その持分割合で按分して取得することとなる（民法262条の2第1項後段）。なお、前問と同じく、こちらも有償である。

**Q 10** ＡＢＣＤが甲土地を等しい持分割合で共有している。ＡＢＣがＤの所在を知ることができないため、Ａが、乙裁判所に対し、Ｄの持分取得の裁判（以下、「本件裁判」という。）を請求した場合であっても、Ｂが、甲土地について裁判による共有物分割を請求し、乙裁判所に本件裁判について異議がある旨の届出をしたときは、乙裁判所は、本件裁判をすることができない。

**Q 11** ＡＢＣが甲土地を等しい割合で共有していたところ、Ｃが死亡してＤＥが相続した。ＡＢＤがＥの所在を知ることができないときは、Ｃから承継した持分についてＤＥ間で遺産分割をすべき場合であっても、相続開始の時から10年を経過しているときは、Ａは、裁判所に対し、Ｅの持分取得の裁判を求めることができる。

**Q 12** ＡＢＣＤが等しい割合で甲土地を共有している。ＡＢＣがＤの所在を知ることができないときは、ＡＢＣは、甲土地の全部を第三者に売却することができない。

**Q 13** 甲土地をＡＢＣが等しい割合で共有していたが、Ｃが死亡してＤＥが相続した。ＡＢＤがＥの所在を知ることができず、Ｃから承継した持分についてＤＥ間で遺産分割をすべきときは、相続開始の時から10年を経過している場合でも、裁判所は、Ａの請求により、甲土地を特定の者に譲渡するために、所在等不明共有者Ｅの持分を譲渡する権限をＡに付与する旨の裁判をすることができない。

**A 10** ○ 　そのとおり（民法262条の2第2項）。本件裁判は、ＡとＤのみを当事者とする手続であるところ、他の共有者から「異議あり」となった以上は、その者を含めた全体的な紛争の解決を図るべしという趣旨である。なお、設問は他の共有者が共有物分割の請求をした事案であるが、遺産分割の請求があったときも結論に相違はない。

**A 11** ○ 　そのとおり。相続開始の時から10年を経過した後であれば、請求することができる（民法262条の2第3項）。Ｅの相続分が法定相続分に固定される（特別受益等の主張ができなくなる）ためである。

> **One Point♦ 異議の届出**
>
> 　本問において、Ｄから遺産分割の請求および異議の届出があったときは、裁判所は、持分取得の裁判をすることができません（前問の解説参照）。この場合は、ＤＥ間でなお遺産分割が可能であり、Ｅの持分が固定できないためです。

**A 12** ✗ 　以下の段取りを踏むことにより、売却することができる（民法262条の3第1項）。①Ａ（ＢでもＣでもよい）が、裁判所に請求して、所在不明のＤ以外の共有者の全員が特定の者（例　Ｅ）にその持分の全部を譲渡することを停止条件として、Ｄの持分をＥに譲渡する権限をＡに対して付与する旨の裁判を得る、②Ａが①の権限を行使して、ＢＣと共同して、甲土地の全部をＥに売却する。

> **One Point♦ 代金支払請求権**
>
> 　本問の場合、所在等不明共有者のＤは、譲渡をした共有者に対し、甲土地の時価相当額を、Ｄの持分に応じて按分した額の支払を請求することができます（民法262条の3第3項）。

**A 13** ✗ 　相続開始の時から10年を経過した後であれば、裁判所は、本問の裁判をすることができる（民法262条の3第2項）。

> **One Point♦ 異議の届出**
>
> 　所在等不明共有者の持分を譲渡する権限付与の裁判には、所在等不明共有者の持分取得の裁判と相違して、異議の届出の仕組みは存在しません（民法262条の2第2項、Q10参照）。権限付与の裁判では、他の共有者（ＢＤ）全員が自己の持分を特定の者に譲渡することが停止条件となっているので、ＢＤが譲渡を望まないときは、裁判を得たＡもその権限を行使することができません。このため、異議の届出の仕組み自体を要しないのです。

Part
2

物

権

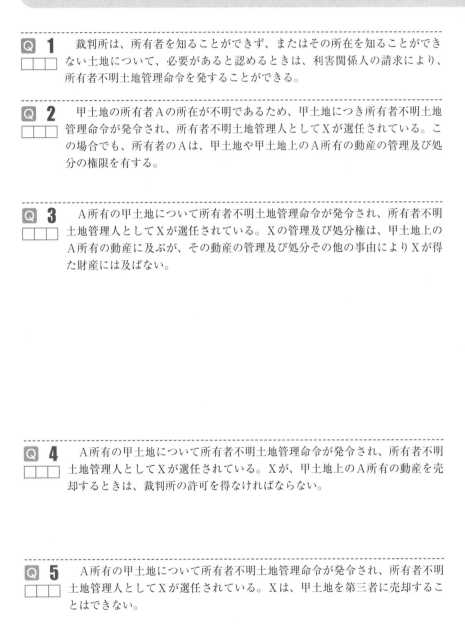

Q **1**  裁判所は、所有者を知ることができず、またはその所在を知ることができ
ない土地について、必要があると認めるときは、利害関係人の請求により、
所有者不明土地管理命令を発することができる。

Q **2**  甲土地の所有者Aの所在が不明であるため、甲土地につき所有者不明土
管理命令が発令され、所有者不明土地管理人としてXが選任されている。こ
の場合でも、所有者のAは、甲土地や甲土地上のA所有の動産の管理及び処
分の権限を有する。

Q **3**  A所有の甲土地について所有者不明土地管理命令が発令され、所有者不明
土地管理人としてXが選任されている。Xの管理及び処分権は、甲土地上の
A所有の動産に及ぶが、その動産の管理及び処分その他の事由によりXが得
た財産には及ばない。

Q **4**  A所有の甲土地について所有者不明土地管理命令が発令され、所有者不明
土地管理人としてXが選任されている。Xが、甲土地上のA所有の動産を売
却するときは、裁判所の許可を得なければならない。

Q **5**  A所有の甲土地について所有者不明土地管理命令が発令され、所有者不明
土地管理人としてXが選任されている。Xは、甲土地を第三者に売却するこ
とはできない。

----

**A 1** ◯    そのとおり。ここに、所有者不明とは、所有者そのものの不明、または所有者の所在の不明を意味する。また、この命令においては、所有者不明土地管理人が選任される（民法264条の2第1項）。

----

**A 2** ✗    Aは、甲土地やその所有する動産の管理・処分権を有しない。所在等が不明な者に管理・処分を期待することができないからである。この場合、所有者不明土地等の管理および処分をする権限は、所有者不明土地管理人のXに「専属」するのである（民法264条の3第1項）。

----

**A 3** ✗    最後の記述が誤り。A所有の動産の管理・処分等によりXが得た財産（売却代金など）にも、Xの管理・処分権が及ぶ（民法264条の3第1項）。

> 🐕 **One Point ◆ 所有者不明土地等**
>
> 　所有者不明土地管理命令が発令されたときは、次の権利が、所有者不明土地管理人に「専属」します。
> 　　1　土地、土地上の動産の管理および処分をする権利
> 　　2　土地、土地上の動産の管理および処分その他の事由により所有者不明土地管理人が得た財産の管理および処分をする権利
> 　民法は、上記1の土地・動産、2の財産を総称して、「所有者不明土地等」と命名しています（民法264条の3第1項カッコ書）。

----

**A 4** ◯    そのとおり。所有者不明土地管理人は、①保存行為、②所有者不明土地等の性質を変えない範囲内における利用・改良行為をする権限を有するが、その範囲を超える行為（処分行為など）をするときは、裁判所の許可を要する（民法264条の3第2項）。また、これにより得られた売却代金は、所有者不明土地管理人の管理・処分権の対象となる（前問の解説参照）。

----

**A 5** ✗    裁判所の許可があれば、甲土地を売却することもできる。この場合、所有者不明土地管理人の権限は、土地の売却代金にも及ぶ（前々問の解説参照）。

Q 6 　　所有者不明土地管理人が、裁判所の許可を得ることなく、所有者不明土地
□□□　等を処分したときは、その許可がないことをもって、善意の第三者に対抗す
　　　ることができない。

Q 7 　　所有者不明土地管理人は、所有者不明土地等の所有者のために、善良な管
□□□　理者の注意をもって、その権限を行使しなければならない。

Q 8 　　所有者不明土地管理命令が発せられたときは、所有者不明土地等に関する
□□□　訴えについては、所有者不明土地管理人が原告または被告となる。

Q 9 　　A所有の甲土地に所有者不明土地管理命令が発令され、所有者不明土地管
□□□　理人としてXが選任されている。甲土地上に第三者が所有する乙動産がある
　　　ときは、Xは、裁判所の許可を得て、乙動産を処分することができる。

Q 10 　　所有者不明土地管理人は、所有者不明土地等から裁判所が定める額の費用
□□□　の前払および報酬を受けることができる。

**A 6** ◯　そのとおり（民法264条の3第2項ただし書）。第三者の保護要件は善意であれば足り、無過失までは要しないことに注意しよう。所有者不明土地管理人の権限が強いので（なにしろ「専属」である）、第三者の保護が手厚いのである（その権限を信頼したくなるのももっともだということ）。

**A 7** ◯　所有者不明土地管理人は、善管注意義務を負う（民法264条の5第1項）。

> 🐕 **One Point✦ 共有者の数名が行方不明の場合**
>
> 数人の者の共有持分を対象として所有者不明土地管理命令が発せられたときは、所有者不明土地管理人は、行方不明者全員のために、誠実かつ公平にその権限を行使することを要します（民法264条の5第2項）。

**A 8** ◯　そのとおり（民法264条の4）。所有者の所在等が不明であり、所有者不明土地等の管理・処分権が、所有者不明土地管理人に「専属」なのであるから、これは当然のハナシ。

**A 9** ✗　第三者が所有する乙動産には、所有者不明土地管理命令の効力が及ばないため、Xは乙動産を処分することができない。この場合、Xは、自らを原告として乙動産の所有者に対し乙動産の撤去を求める訴訟を提起すべきである（民法264条の4参照）。

**A 10** ◯　そのとおり（民法264条の7第1項）。報酬を受けることが権利であり、この点、無報酬を原則とする不在者の財産管理人と相違する。民法29条2項と比較しておこう。

> 🐕 **One Point✦ 所有者不明土地管理人の辞任**
>
> 所有者不明土地管理人は、正当な事由があるときは、裁判所の許可を得て、辞任することができます（民法264条の6第2項）。

Part 2

物権

--------------------------------------------------

**Q 1**　所有者による土地の管理が不適当であることによって他人の権利が侵害されている場合であっても、その土地の所有者の所在等が判明しているときは、裁判所は、管理不全土地管理命令を発することができない。

--------------------------------------------------

**Q 2**　A所有の甲土地について管理不全土地管理命令が発せられ、管理不全土地管理人としてXが選任されたときは、Aは、甲土地及び甲土地上に存在するA所有の乙動産を管理、処分することができなくなる。

--------------------------------------------------

**Q 3**　管理不全土地管理人が、裁判所の許可を得ることなく、第三者との間で、その権限の範囲を超える行為をしたときは、その許可がないことをもって、善意であるが過失のある第三者に対抗することができない。

--------------------------------------------------

**Q 4**　その所在が判明しているA所有の甲土地について管理不全土地管理命令が発せられ、管理不全土地管理人としてXが選任されている。Xが甲土地を売却する場合、裁判所は、Aの同意がなければ、その許可をすることができない。

--------------------------------------------------

**Q 5**　管理不全土地管理命令が発せられた場合には、管理不全土地等に関する訴えについては、管理不全土地管理人が原告または被告となる。

**A 1** ✘ 　管理不全土地管理命令は、所有者不明土地管理命令と相違して、所有者が判明している場合にも発せられる（民法264条の9第1項参照）。たとえば、所有者が遠方にいて、その土地の管理に無関心であるようなケースである。

---

**A 2** ✘ 　所有者のＡも、管理および処分の権限を有する。管理不全土地管理命令は、対象の土地の所有者の所在等が判明しているときでも発せられることから、土地の管理・処分権は、管理不全土地管理人に専属するものとはされていない。民法264条の3第1項と264条の10第1項の規定ぶりを比較してみよう。

---

**A 3** ✘ 　第三者の保護要件は善意・無過失であり、過失のある第三者に対しては、許可がないことをもって対抗することができる（民法264条の10第2項ただし書）。第三者の保護要件が所有者不明土地管理人のケースと相違するので、注意を要する（民法264条の3第2項ただし書参照）。管理不全土地管理人の権限はやや弱いので（専属しない）、第三者の保護要件は一段キビしくなるのである。

**リンク➤** Section 3 **Q** 6

---

**A 4** ◯ 　そのとおり（民法264条の10第3項）。管理不全土地管理命令は、所有者が判明しているときも発せられることから、その所有者の意向を無視して土地そのものの処分を許可することはできないのである。

---

**A 5** ✘ 　そのような規定は存在しない。この場合、所有者自らが原告または被告となることができる。管理不全土地管理命令は、所有者が判明している場合にも発せられるからである。この点も所有者不明土地管理命令との相違点であり、注意を要する。

**リンク➤** Section 3 **Q** 8

## Section 1 　添　付

---

**Q 1** 無権原者が他人の土地に立木を植栽したときは、土地の所有者がその立木
☐☐☐ の所有権を取得する。

---

**Q 2** 地上権者が土地に立木を植栽したときは、立木の所有権は地上権者が取得
☐☐☐ する。

---

**Q 3** 建物の賃借人が賃貸人の承諾を得て建物に増築を行ったときは、増築部分
☐☐☐ が建物の構成部分となっていても、増築部分の所有権は賃借人が取得する。

---

**Q 4** 所有者の異なる数個の動産が付合して、損傷しなければ分離することがで
☐☐☐ きなくなったときは、その合成物は、各動産の所有者が、付合の時における
価格の割合に応じて共有する。

---

**Q 5** 加工者が他人の動産に工作を加えて加工物を作成したときは、加工物の価
☐☐☐ 格が材料の価格を著しく超えるときでも、加工物の所有権は材料の所有者に
帰属する。

---

**Q 6** 他人の動産の加工者が材料の一部を提供した場合、その価格に工作によっ
☐☐☐ て生じた価格を加えたものが他人の材料の価格を超えるときは、加工者がそ
の加工物の所有権を取得する。

---

**Q 7** 建築途中の未だ独立の不動産に至らない建前に第三者が材料を提供して建
☐☐☐ 物を完成させた場合に、第三者が提供した材料の価格に工作によって生じた
価格を加えたものが建前の価格を超えるときは、建物の所有権は建物を完成
させた第三者に帰属する。

**A 1** ◯　　そのとおり。立木の所有権は、土地の所有権に付合する（民法242条）。

> 🐕 **One Point ◆ 立木の収去を請求できるか？**
>
> 　土地の所有者は、勝手に木を植えた無権原者に立木の収去を請求することはできません。立木の所有権は、土地所有者のものになっていますから、自分の所有物を他人に収去させることはできないのです。

**A 2** ◯　　そのとおり。権原のある者が植えた立木は、土地に付合しない（民法242条ただし書）。

**A 3** ✕　　増築部分の所有権は賃貸人が取得する。本問は、強い付合の事案である（前問は弱い付合の事案）。

**A 4** ✕　　その合成物の所有権は、原則として主たる動産の所有者に帰属する（民法243条前段）。なお、付合した動産につき主従の区別をすることができないときは、本問のとおりの結論となる（民法244条）。

**A 5** ✕　　加工物の価格が材料の価格を著しく超えるときは、加工者がその加工物の所有権を取得する（民法246条1項ただし書）。

**A 6** ◯　　そのとおり（民法246条2項）。

**A 7** ◯　　そのとおり（最判昭54.1.25）。本事例は、加工の規定の民法246条2項を適用するのである。

**Q 8** A所有の甲動産とB所有の乙動産が付合して、損傷しなければ分離のできない丙動産となった場合において、甲動産が主たる動産であったときは、乙動産に設定されていた質権は消滅する。

**Q 9** 互いに主従の関係にないA所有の甲建物と乙建物が工事によって一棟の丙建物となったときは、甲建物に設定されていた抵当権は消滅する。

**Q 10** 付合、混和または加工に係る規定の適用によって損失を受けた者は、不当利得の規定に従って、その償金を請求することができる。

**A 8** ◯　　そのとおり（民法247条1項）。

> 🐕 **One Point ◆ 主従の区別がつかないときは？**
>
> 　甲動産と乙動産の主従の区別がつかないときは、丙動産はAとBが共有
> し、また、甲動産と乙動産に設定されていた第三者の権利も、それぞれの持
> 分の上に存続することになります（民法247条2項）。

**A 9** ✕　　甲建物に設定されていた抵当権は、丙建物のうち、甲建物の価格
の割合に応じた持分を目的とするものとして存続する（最判平
6.1.25)。

**A 10** ◯　　そのとおり（民法248条）。

# Section 2 用益権

## 1 地上権、永小作権

**Q 1** 他人の土地で耕作をするため、または竹木を所有するために、地上権を設定することができる。

**Q 2** 地上権の設定契約では、地代を定めることを要する。

**Q 3** 賃借権の設定契約では、賃料を定めることを要する。

**Q 4** 永小作権の設定契約では、小作料を定めることを要する。

**Q 5** 地上権者は、地上権設定者の承諾を得ることなく、自由に地上権を譲渡することができる。

**Q 6** 賃借人は、賃貸人の承諾を得なければ、賃借権を譲渡または転貸することができない。

**Q 7** 地上権者と地上権設定者は、地上権の譲渡を禁止する特約をすることができ、さらにその旨の登記をすることにより第三者に対抗することができる。

**Q 8** 永小作権の当事者は、永小作権の譲渡や賃貸を禁止する特約をすることができ、さらにその旨の登記をすることにより第三者に対抗することができる。

**Q 9** 賃貸借の当事者が、賃借権を譲渡または転貸することができる旨の特約をしたときは、その特約を登記することができる。

**Q 10** 地上権者は、特約がなくても、地上権設定者に対して地上権の設定登記を請求することができる。

**A 1** ✗ 　耕作をするために地上権を設定することはできない。工作物または竹木を所有するために、地上権を設定できる（民法265条）。なお、耕作をするための用益物権は、永小作権である（民法270条）。

**A 2** ✗ 　地代を定めることを要しない。地代は、地上権の要素ではなく、民法は無償の地上権を原則としている。

**A 3** ◯ 　賃料は賃貸借の要素である（民法601条）。

**A 4** ◯ 　そのとおり（民法270条）。

**A 5** ◯ 　地上権は物権であるから、自由に処分できる。

**A 6** ◯ 　そのとおり（民法612条1項）。

**A 7** ✗ 　本問の特約をすることができるが、登記はできない。

**A 8** ◯ 　そのとおり（民法272条ただし書、不動産登記法79条3号）。特約を登記できる点が急所である。なお、登記記録には、「特約　譲渡、賃貸することができない」と登記される。

**A 9** ◯ 　そのとおり（不動産登記法81条3号）。登記記録には「特約　譲渡、転貸ができる」と登記される。

**A 10** ◯ 　地上権は物権であるから、地上権者は、当然に登記請求権を有する（物権的登記請求権）。

**Q 11** 賃借人は、特約がなくても、賃貸人に対して賃借権の設定登記を請求することができる。

**Q 12** 地上権設定者は、地上権者に対して、目的土地の使用収益に必要な修繕義務を負う。

**Q 13** 賃貸人は、賃借人に対して、賃貸目的物の使用収益に必要な修繕義務を負う。

**Q 14** 存続期間を「永久」とする地上権を設定することができる。

**Q 15** 永小作権の存続期間は20年であり、これより長い期間を定めたときでも、その期間は20年となる。

**Q 16** 地上権を時効によって取得することはできるが、不動産賃借権を時効によって取得することはできない。

**Q 17** 工作物または竹木を所有するために、区分地上権を設定することができる。

## ❷ 地役権

**Q 18** 昆虫採集のために地役権を設定することができる。

**Q 19** すでに地役権が設定されている承役地の上に、別の要役地のために同一内容の地役権を重ねて設定することができる。

**A 11** ✗ 賃借人は、特約がなければ、登記請求権を有しない。

**A 12** ✗ 地上権設定者には、修繕義務はない。

**A 13** ◯ そのとおり（民法606条1項）。

**A 14** ◯ 地上権の存続期間には、制限がない。

 **One Point✦ 賃借権の存続期間**

　民法上、賃借権の存続期間は、50年を超えることができません。たとえ50年より長い期間を定めても、50年に短縮されてしまいます（民法604条1項）。

**A 15** ✗ 永小作権の存続期間は20年以上50年以下であり、これより長い期間を定めたときでも、その期間は50年となる（民法278条1項）。

**A 16** ✗ 地上権も不動産賃借権も、時効によって取得することができる。

**A 17** ✗ 竹木所有の区分地上権は不可。工作物を所有するために、区分地上権を設定することができる（民法269条の2第1項前段）。

**A 18** ✗ 昆虫採集のために地役権を設定することはできない。地役権は、要役地の便益のための物権であり、地役権者の個人的趣味のための物権ではない。

**A 19** ◯ 地役権の二重設定は可能である。

**One Point✦ 地役権と二重設定**

　地役権は、地上権などの他の用益権と違って、承役地を占有する権利ではありません。このため、地役権の二重設定も可能です。

**Q 20** 地役権者は、承役地の占有を侵害する者に対して、返還請求を求めることができる。

**Q 21** 要役地の所有権とは別に、地役権のみを譲渡することはできない。

**Q 22** 「要役地の所有権が移転したときは地役権が消滅する」との定めをすることができ、その旨の登記をすることができる。

**Q 23** 要役地のために地役権設定登記がされている場合に、要役地の所有権を譲り受けた者は、要役地の所有権移転登記のほか、地役権の移転登記をしなければ、地役権の取得を第三者に対抗することができない。

**Q 24** 登記されていない通行地役権の承役地である甲土地が譲渡された場合において、譲渡の時に、地役権者が継続的に甲土地を通路として使用していることが物理的状況から明らかであり、かつ、譲受人がそのことを認識していたか、または認識できたときは、地役権者は、譲受人が地役権の設定の事実を知らなかったとしても、登記なくして、承役地の譲受人に地役権を対抗することができる。

**Q 25** 地役権者が、承役地の譲受人に登記なくして地役権を対抗できるときは、地役権者は、譲受人に対して地役権の設定登記手続を請求することができる。

**Q 26** 要役地が共有であるときは、各共有者は、単独で、承役地の所有者に対して地役権の設定登記手続を請求することができる。

**Q 27** 要役地の共有者の1人は、その有する要役地の持分について地役権を消滅させることができる。

**Q 28** 地役権は継続的に行使され、かつ外形上認識することができるものに限って、時効によって取得することができる。

**A 20** ✕　返還請求を求めることはできない。地役権は、もともと占有を伴わない権利だからである。

---

**A 21** 〇　そのとおり（民法281条2項）。また、地役権のみを他の権利の目的とすることもできない。

> 🐕 **One Point ◆ 地役権は土地に付着した権利**
>
> 　地役権は、要役地の所有権に従たるものとして、所有権とともに移転し、または要役地に設定した抵当権などの権利の目的となります（民法281条1項）。これを、地役権の付従性といいます。

---

**A 22** 〇　そのとおり。また、本問の定めは、地役権の任意的登記事項のひとつである（民法281条1項ただし書、不動産登記法80条1項3号）。

---

**A 23** ✕　地役権の移転登記なるものはナイ。要役地の所有権を譲り受けた者は、要役地の所有権移転登記をしたときは、地役権の取得を第三者に対抗することができる。

---

**A 24** 〇　そのとおり（最判平10.2.13）。設問の場合、承役地の譲受人は、地役権の登記がないことを主張するについて正当な利益のある第三者に当たらず、地役権者は、登記のない地役権を承役地の譲受人に対抗できる。重要判例である。

---

**A 25** 〇　そのとおり（最判平10.12.18）。この場合、譲受人は、登記手続に応じる義務を負う。前問とセットで覚えておこう。

---

**A 26** 〇　地役権の登記手続を請求することは、要役地の共有者の保存行為である。

---

**A 27** ✕　共有者の1人は、その持分につき地役権を消滅させることはできない（民法282条1項）。

---

**A 28** 〇　そのとおり（民法283条）。ここに「継続」とは、要役地の所有者が自ら通路を開設することを意味している（最判昭30.12.26）。

**Q 29** 土地の共有者の1人が通行地役権を時効によって取得したときは、その者のみが地役権者となる。

**Q 30** 甲土地を共有する者が乙土地上に地役権を時効取得しようとしているときは、乙土地の所有者が甲土地の各共有者に対して時効の更新の手続をとらなければ、時効の更新は、その効力を生じない。

**Q 31** 要役地が共有である場合に、共有者の1人が地役権の消滅時効の更新の手続をとったときでも、その時効の更新の効果は、他の共有者には及ばない。

**Q 32** 地役権者がその権利の一部を行使しないときは、地役権はその部分のみが時効によって消滅する。

**Q 33** 承役地の所有者が地役権の行使のための工作物の設置やその修繕義務を負担するときは、その者は、いつでも地役権に必要な土地の部分の所有権を放棄することにより、修繕義務を免れることができる。

---

**A 29** ✗ 　　土地の共有者の1人が通行地役権を時効によって取得したときは、他の共有者も地役権を取得する（民法284条1項）。

> 🐕 **One Point ◆ 要役地が共有の場合の地役権の覚え方**
>
> 　要役地が共有であるときは、共有者の1人のみが地役権者という事態はあり得ません。

---

**A 30** ◯ 　　そのとおり（民法284条2項）。

---

**A 31** ✗ 　　時効の更新の効果は、他の共有者にも及ぶ（民法292条）。時効の完成猶予・更新の相対効の原則（民法153条）の例外である。

---

**A 32** ◯ 　　たとえば幅5メートルの通路のうち1メートルの部分のみ、時効により通行地役権が消滅するというケースがあり得る（民法293条）。

---

**A 33** ◯ 　　そのとおり（民法287条）。なお、承役地の所有者が負担する地役権の行使のための工作物の設置や修繕義務は、地役権の登記の登記事項である（民法286条、不動産登記法80条1項3号）。

## Section 3 相隣関係

### 1 囲繞地通行権

Q 1　他の土地に囲まれて公道に通じない土地（以下、袋地）の所有者は、所有
□□□　権の登記がなければ、その土地を囲んでいる他の土地を通行することができ
ない。

Q 2　袋地の所有者は、囲繞地通行権を有するときは、隣地の所有者との間で地
□□□　役権を設定することはできない。

Q 3　囲繞地通行権を有する袋地の所有者は、公道に至るために必要であり、か
□□□　つ、他の土地のために損害が最も少ない場所を通行しなければならない。

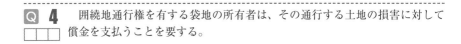

Q 4　囲繞地通行権を有する袋地の所有者は、その通行する土地の損害に対して
□□□　償金を支払うことを要する。

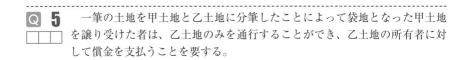

Q 5　一筆の土地を甲土地と乙土地に分筆したことによって袋地となった甲土地
□□□　を譲り受けた者は、乙土地のみを通行することができ、乙土地の所有者に対
して償金を支払うことを要する。

**A 1** ✗ 　袋地の所有者は、所有権の登記がなくても、その土地を囲んでいる他の土地を通行することができる。

**A 2** ✗ 　囲繞地通行権を有するときでも、地役権を設定できる。なお、地役権を設定したときは、囲繞地通行権は消滅する。

**A 3** ○ 　そのとおり（民法211条1項）。なお、通行権を有する者は、必要があれば、通路を開設することもできる（同条2項）。

> 🐕 **One Point◆ 自動車の通行のための通行権**
>
> 　自動車で通行することを前提として、囲繞地通行権が認められることもあります（最判平18.3.16）。

**A 4** ○ 　そのとおり（民法212条本文）。囲繞地通行権を有する者は、償金を支払うのが原則である。なお、通路開設のために生じた損害に対するものを除いて、1年ごとにその償金を支払うこともできる（同条ただし書）。

**A 5** ✗ 　最後の一文が誤り。償金を支払うことを要しない（民法213条1項後段）。分筆により袋地が生じたときは、前問の例外となる。

> 🐕 **One Point◆ 乙土地が譲渡されたら通行権はどうなるか？**
>
> 　本問のケースで、その後、乙土地が譲渡されても、民法213条の無償の通行権は消滅しません（最判平2.11.20）。判例は、囲繞地通行権は人に対する権利ではなく、土地自体に生じた物権的権利と考えています。

## 2 設備の設置権等

---

**Q 6** ☐☐☐ 　甲土地の所有者Aは、Bが所有する乙土地に設備を設置しなければ、電気やガス等の継続的給付を受けることができないときは、継続的給付を受けるために必要な範囲内で、乙土地に設備を設置することができる。

---

**Q 7** ☐☐☐ 　甲土地の所有者Aが、継続的給付を受けるため、Bが所有する乙土地に設備を設置するときは、Aは、設備を設置した後遅滞なく、設置の目的、場所及び方法をBに通知しなければならない。

---

**Q 8** ☐☐☐ 　甲土地の所有者Aが、継続的給付を受けるため、Bが所有する乙土地に設備を設置するときは、その土地の損害（土地への立入りによるものを除く。）に対して償金を支払うことを要するが、1年ごとにその償金を支払うこともできる。

---

**Q 9** ☐☐☐ 　甲土地の所有者Aが、継続的給付を受けるため、Bが所有する設備を使用するときは、その設備の使用を開始するために生じた損害に対して償金を支払わなければならないが、1年ごとにその償金を支払うこともできる。

---

**Q 10** ☐☐☐ 　Aが自己所有の一筆の土地を甲土地と乙土地に分筆し、乙土地をBに譲渡したことにより、甲土地が他の土地に設備を設置しなければ継続的給付を受けることができない状態となったときは、Aは、継続的給付を受けるため乙土地のみに設備を設置することができ、その設置による損害に対し、Bに償金を支払うことを要しない。

**A 6** ◯  そのとおり（民法213条の2第1項）。Aは、自らの基本的な生活インフラを確保するため、他人であるBに負担を求めることができる。なお、設備の設置のほか、継続的給付を受けるため、必要な範囲内で他人所有の設備を使用することもできる。

> 🐕 **One Point ◆ 継続的給付**
>
> 民法は、電気、ガスまたは水道水の供給その他これらに類する継続的給付を、まとめて「継続的給付」と命名しています（民法213条の2第1項カッコ書）。

**A 7** ✗  「設備を設置した後遅滞なく」の部分が誤り。設備の設置や使用に係る通知は、あらかじめしなければならない（民法213条の2第3項）。また、乙土地の所有者Bのほか、乙土地を現に使用している者（地上権者など）がいるときは、その双方に事前の通知を要する。

**A 8** ◯  そのとおり（民法213条の2第5項ただし書）。これは、継続的な土地の使用料のことであり、1年ごとに支払うこともできる（1年分をまとめて年に1回の支払でオッケーということ）。土地に生じる損害を年払いとするのは、囲繞地通行権の場合と同じ発想によるものである。

**リンク ➡ Q 4**

**A 9** ✗  最後の記述が蛇足。本問は、継続的な使用料の類ではなく、使用開始の際に生じた一回こっきりの損害のハナシなので、それに対する償金は一括払いのみである（民法213条の2第6項）。なお、Aには、利益を受ける割合に応じて、その後の設備使用に係る修繕や維持などに要する費用負担も生じる（同条7項）。

**A 10** ◯  そのとおり（民法213条の3第1項）。囲繞地通行権の場合とハナシは同じと理解しておこう。

**リンク ➡ Q 5**

## ③ 隣地の使用

---

**Q 11** 土地の所有者は、隣地の竹木の枝が境界線を越えるときは、その竹木の所有者に、その枝を切除させることができる。

---

**Q 12** 乙土地の竹木の枝が境界線を越えている場合において、数人がその竹木を共有しているときは、各共有者は、他の共有者の同意を得なければ、その竹木の枝を切り取ることができない。

---

**Q 13** Bが所有する乙土地の竹木が甲土地との境界線を越えている場合において、甲土地の所有者のAが、Bに枝を切除するよう催告したにもかかわらず、Bが相当の期間内に切除しないときは、Aは、その枝を切り取ることができる。

---

**Q 14** 甲土地の所有者Aは、隣地の竹木の枝が境界線を越えている場合において、その竹木の所有者を知ることができないときは、Aは、裁判所に請求しなければ、その枝を切り取ることができない。

---

**Q 15** 乙土地の竹木の根が境界線を越えるときは、隣地の甲土地の所有者は、その根を切り取ることができる。

---

**Q 16** 土地の所有者は、境界付近において建物を修繕するため必要な範囲内で、隣地を使用することができる。

**A 11**  ◯  そのとおり。竹木の枝が越境しているときは、お隣さんに「枝を切ってください」と請求するのが原則である（民法233条1項）。

**A 12**  ✕  各共有者が、その枝を切り取ることができる（民法233条2項）。枝の越境状態を速やかに解消するため、共有物の顕著な変更行為（共有者全員の一致を要する）の例外を定めたものである。

**A 13**  ◯  Bが非協力的なときは、Aは、自ら枝を切除することができる（民法233条3項1号）。

**A 14**  ✕  竹木の所有者を知ることができず、またはその所在を知ることができないときは、Aは、自らその枝を切除することができる（民法233条3項2号）。前問と本問のほか、急迫の事情があるときも、Aは、越境する隣地の竹木の枝を切除することができる（同項3号）。

**A 15**  ◯  竹木の根（タケノコ）は、甲土地の所有者が自ら切り取ってかまわない（民法233条4項）。竹木の根は、甲土地の所有権の一部となっているためである。

**A 16**  ◯  そのとおり（民法209条1項1号）。土地の所有者は、設問の場合を含めて、次の3つのケースで、隣地を使用することができる。
    1  境界またはその付近における障壁、建物その他の工作物の築造、収去または修繕
    2  境界標の調査または境界に関する測量
    3  枝の切取り

Part
2

物

権

**Q 17** 　甲土地の所有者のAは、Bが所有する乙土地との境界付近において建物を築造するため乙土地を使用するときは、あらかじめ、その目的、日時、場所及び方法をBに通知しなければならないが、あらかじめ通知することが困難なときは、使用を開始した後、遅滞なく通知すれば足りる。

**A 17** ◯  そのとおり。事前の通知を要するのが原則であるが、それが困難
なときは、使用開始後、遅滞なく通知すればよい（民法209条3項）。
なお、地上権者など、乙土地を現に使用している者がいるときは、
Bのほか、その者にも通知を要する。

---

🐕 **One Point ◆ 設備の設置と事前の通知**

継続的給付を受けるための設備の設置等のために他の土地を使用するとき
も、本問の事前の通知を要します（民法213条の2第4項、209条3項）。
このため、土地の所有者が、他の土地への設備の設置または他人の設備を使
用するときは、設置等をすることについての事前通知と、設置工事等のため
に他の土地を使用する際の事前通知の双方を要することとなります（双方を
1通にまとめて通知してもオッケー）。

 **Q 7**

# Section 4 混 同

---

**Q 1** 　地上権者がその土地の所有権を取得したときは、地上権は、混同によって消滅する。

---

**Q 2** 　地上権者がその土地の所有権を取得したときは、その地上権を目的とする抵当権が設定されているときでも、地上権は、混同によって消滅する。

---

**Q 3** 　地上権者がその土地の所有権を取得したときでも、地上権の後順位で第三者のために抵当権が設定されているときは、地上権は消滅しない。

---

**Q 4** 　乙区1番で抵当権の設定登記がされている土地に、2番で設定登記を受けた地上権者が、その土地の所有権を取得したときは、地上権は消滅しない。

---

**Q 5** 　甲土地の所有者が乙区1番でAのために抵当権を設定し、2番でBのために抵当権を設定した後、Aが甲土地の所有権を取得したときは、Aの1番抵当権は消滅しない。

---

**Q 6** 　甲土地の所有者が乙区1番でAのために抵当権を設定し、2番でBのために抵当権を設定した後、Bが甲土地の所有権を取得したときは、Bの2番抵当権は消滅しない。

---

**Q 7** 　甲土地の所有者Aが、乙区1番で抵当権者をB、債務者をAとする1番抵当権を設定した後、BがAを単独で相続したときは、たとえ後順位で抵当権の設定登記がされていても、Bの1番抵当権は消滅する。

176

**A 1** ◯  そのとおり（民法179条1項本文）。所有者と、地上権者が同じ人となったときは、地上権のほうが消滅する。

------------------------------------------------------------

**A 2** ✗  地上権は消滅しない（民法179条1項ただし書）。混同で地上権が消滅してしまうと、それを目的とする抵当権もモトを絶たれて消滅してしまうので、混同は生じない。

------------------------------------------------------------

**A 3** ◯  そのとおり（民法179条1項ただし書）。後日の競売を想定したとき、抵当権に対抗できる地上権を消すことはできない。本問も混同の例外である。

------------------------------------------------------------

**A 4** ✗  地上権は混同によって消滅する（民法179条1項本文）。抵当権に後れる地上権を存続させる実益はない。

------------------------------------------------------------

**A 5** ◯  そのとおり（民法179条1項ただし書）。後順位抵当権が混同を妨げている。後日、競売となったとき、1番抵当権者には、その被担保債権の優先弁済を受ける利益があるためである。

------------------------------------------------------------

**A 6** ✗  Bの2番抵当権は混同によって消滅する（民法179条1項本文）。先順位抵当権は、混同を妨げない。

------------------------------------------------------------

**A 7** ◯  そのとおり。本事案では、抵当権の被担保債権が混同により消滅している。そのため、たとえ後順位抵当権が存在しても、1番抵当権は付従性により消滅する（民法520条本文　債権混同）。

Part**3**

# 担保物権

# Chapter 1 | 抵当権 Ⅰ

## Section 1 抵当権の効力

### ❶ 抵当権の設定

**Q 1**　抵当権者は、抵当不動産の使用収益権を有しない。

**Q 2**　債務者以外の第三者が所有する不動産にも、抵当権を設定することができる。

**Q 3**　地上権に抵当権を設定することはできるが、永小作権に抵当権を設定することはできない。

**Q 4**　賃借権に抵当権を設定することはできない。

**Q 5**　物の引渡請求権のような非金銭債権を被担保債権として、抵当権を設定することはできない。

**Q 6**　将来、保証人が主たる債務者に対して取得する可能性のある求償債権を被担保債権として、抵当権を設定することはできない。

### ❷ 抵当権の効力の及ぶ範囲

**Q 7**　土地に設定した抵当権の効力は、その土地の上の建物には及ばない。

**Q 8**　立木には抵当権の効力が及ばないとする特約をすることができる。

**A 1** ○ 抵当権は、目的物の占有を伴わない権利である（民法369条1項）。

**A 2** ○ そのとおり。これを物上保証という。

**A 3** ✗ 地上権および永小作権に抵当権を設定することができる（民法369条2項）。

**A 4** ○ 抵当権は、債権をその目的とすることができない。

**A 5** ✗ 非金銭債権を被担保債権として、抵当権を設定することができる。

**A 6** ✗ 保証人が将来取得する可能性のある求償債権を被担保債権として、抵当権を設定できる。将来債権を被担保債権とする事案の代表例である。

**A 7** ○ そのとおり（民法370条）。

**A 8** ○ そのとおり（民法370条ただし書）。なお、これは抵当権のほか、質権や根抵当権においても登記事項となる。

Q **9** 抵当権設定後に、抵当不動産に付合した物には抵当権の効力は及ばない。

Q **10** 抵当権設定時に存在する従物には、抵当権の効力が及ぶ。

Q **11** ガソリンスタンド用建物に抵当権を設定した場合、抵当権の設定当時から存在している地下タンク、ノンスペース型計量機、洗車機等の設備には、抵当権の効力は及ばない。

Q **12** 借地上の建物に設定した抵当権の効力は、借地権である土地の賃借権にも及ぶ。

Q **13** 抵当権の被担保債権に債務不履行があったかどうかを問わず、果実には、抵当権の効力が及ぶ。

**A 9** ✗ 抵当権の効力が及ぶ。

 **One Point ◆ 抵当権と付合物**

　石垣や立木が付合物の代表例です。この付合物には、その付合の時期を問わず抵当権の効力が及びます。

**A 10** ○ そのとおり（大判昭5.12.18）。

 **One Point ◆ 従物の注意点**

　従物といえるためには、従物が主物と同じ所有者の物であることを要します。所有者が異なるときは、従物にはならないので注意しましょう。

**Part 3 担保物権**

**A 11** ✗ 抵当権の効力が及ぶ（最判平2.4.19）。本問の設備は、いずれも建物の従物である。

 **One Point ◆ 従物の代表例**

　本問のほかに、建物の畳や障子、ふすま、石灯籠や取り外しのできる庭石などが従物です。

**A 12** ○ そのとおり（最判昭40.5.4）。

 **One Point ◆ 抵当権と従たる権利**

　建物の抵当権の効力は、従たる権利である土地の賃借権にも及びますが、土地所有者の承諾がなければ、買受人は競売による土地の賃借権の取得を土地所有者に対抗できません。そこで、この場合、その承諾に代わる裁判所の許可という仕組みが存在します（借地借家法20条）。

**A 13** ✗ 抵当権の被担保債権に債務不履行があったときは、その後に生じた果実に抵当権の効力が及ぶ（民法371条）。

# Section 2 物上代位

**Q 1**　抵当権者は、抵当権の被担保債権につき債務不履行があったときは、その後に発生する賃料債権に対して物上代位をすることができる。

**Q 2**　敷金が交付された賃貸借契約に基づく賃料債権を抵当権者が物上代位により差し押さえた場合において、賃貸借契約が終了し、目的物が明け渡されたときは、賃料債権は敷金の充当によりその限度で当然に消滅する。

**Q 3**　抵当権者が、賃料や保険金等債務者が受け取るべき金銭その他の物に対して物上代位するためには、その払渡しまたは引渡しの前に差押えをすることを要する。

**Q 4**　抵当権者は、他の債権者の債権差押事件に配当要求をすることによっても、物上代位による優先弁済を受けることができる。

**Q 5**　甲建物に抵当権設定登記をした後、抵当権設定者が甲建物を賃貸し、その賃料債権を第三者に譲渡した。この場合において、譲渡人である設定者が債権譲渡につき確定日付のある証書によって通知をしたときは、抵当権者は賃料債権を差し押さえて物上代位権を行使することはできない。

**Q 6**　物上代位の目的となる債権に対する転付命令が第三債務者に送達される時までに抵当権者が差押えをしなかったときでも、抵当権者は、その債権を差し押さえて物上代位権を行使することができる。

**Q 7**　抵当権者が物上代位権を行使して賃料債権を差し押さえた後は、抵当不動産の賃借人は、抵当権設定登記の後に賃貸人に対して取得した債権を自働債権とする賃料債権との相殺をもって、抵当権者に対抗することができない。

**Q 8**　抵当権者は、抵当不動産の賃借人を所有者と同視することを相当とする場合を除いて、賃借人が取得する転貸賃料債権に物上代位権を行使することができない。

**A 1** ○ 法定果実にも抵当権の効力が及ぶため、賃料に物上代位できる（民法371条）。

**A 2** ○ そのとおり（最判平14.3.28）。敷金（賃貸人の有する担保）による充当が抵当権者に優先するわけである。

**A 3** ○ そのとおり（民法372条、304条1項）。なお、差押えは抵当権者自らがすることを要する（最判平10.1.30参照）。

**A 4** ✗ 配当要求によって優先弁済を受けることはできない（最判平13.10.25）。抵当権者は、自ら差し押さえることを要するのである。

**A 5** ✗ 譲渡人が確定日付による債権譲渡の通知をした後でも、抵当権者は、賃料債権に物上代位できる（最判平10.1.30）。

> **One Point◆ 抵当権設定登記**
>
> 本問の急所は、抵当権の設定の登記と債権譲渡の通知の前後です。抵当権の登記により、抵当権者の物上代位への期待が公示されているものとみることができますから、登記が先行している以上、抵当権者の物上代位が優先することとなります。

**A 6** ✗ 物上代位できない（最判平14.3.12）。抵当権者は、転付命令が第三債務者に送達される時までに差押えをすることを要する。

**A 7** ○ そのとおり（最判平13.3.13）。本問の事案も、**抵当権設定登記の後に取得した反対債権**、という部分が急所である。

**A 8** ○ そのとおり（最判平12.4.14）。原則として、転貸賃料債権への物上代位はできない。しかし、その例外があるというように理解すればよい。

# Section **3**　抵当権の侵害

## **1** 妨害排除請求と損害賠償請求

**Q 1** 更地に抵当権を設定した後、設定者が土地上に建物を建築することは、抵当権の侵害に当たる。

**Q 2** 山林に抵当権を設定した者が通常の用法の範囲内で山林を伐採しているときは、抵当権者は、その伐採の禁止を求めることができない。

**Q 3** 山林に抵当権を設定した者が通常の用法の範囲を超えて不当に山林を伐採しているときでも、山林の価値が被担保債権を弁済するのに十分であるときは、抵当権者は伐採した材木の搬出の禁止を請求することができない。

**Q 4** 抵当権者は、抵当権の侵害があったときでも、抵当権の目的物の価格が被担保債権を弁済するのに十分であるときは、損害賠償請求をすることができない。

**Q 5** 山林の抵当権者は、抵当権設定者が不当に伐採して搬出した材木を、抵当権者自身に引き渡すことを請求することができる。

**Q 6** 山林に抵当権を設定して登記をした後、第三者が自己の山林と過失なく誤信して伐採しているときは、抵当権者はその伐採の禁止を請求することができない。

**Q 7** 第三者が抵当権の目的物を損傷したことにより、抵当権者に損害が生じたときでも、その第三者に故意または過失がないときは、抵当権者は損害賠償を請求することはできない。

**Q 8** 抵当権の侵害により損害が生じた場合において、侵害した者に故意または過失があるときは、抵当権者は、被担保債権の弁済期の到来後であれば、抵当権の実行前でも、不法行為を理由とする損害賠償を請求することができる。

**Q 9** 債務者が担保の目的物を損傷させたときは、債務者は期限の利益を失う。

**A 1** ✗ 建物の建築は土地の通常の使用にすぎず、抵当権の侵害に当たらない。

**A 2** ◯ そのとおり。目的物の使用収益を設定者に任せることが、抵当権の本質である。

**A 3** ✗ 抵当権は不可分性を有するので、設定者が不当に山林を伐採しているときは、担保価値が十分であっても、抵当権者は搬出の禁止を請求できる。本事案は、通常の用法の範囲を超える不当な伐採であることが、前問と相違する。

**A 4** ◯ そのとおり（大判昭3.8.1）。抵当権者に損害が生じていないからである。

**A 5** ✗ 抵当権者自らに引き渡せと請求することはできない。元の場所に戻せと請求できるだけである。抵当権は、目的不動産の占有を内容としない権利だからである。

**A 6** ✗ 抵当権者は、伐採の禁止を請求できる。故意や過失のない相手方に対しても、抵当権の効力そのものに基づいて物権的妨害排除請求権を行使できる。

**A 7** ◯ カネの問題は、不法行為を理由とすることとなる。したがって、故意・過失のない相手への請求は不可である。

**A 8** ◯ いくらで競売できるか（これにより抵当権者の損害額が定まる）、やってみなければわからない段階だが、その見込額に基づく請求を裁判所は認めたのである（大判昭7.5.27）。

**A 9** ◯ そのとおり（民法137条2号）。

## 2 第三者の占有と抵当権の侵害

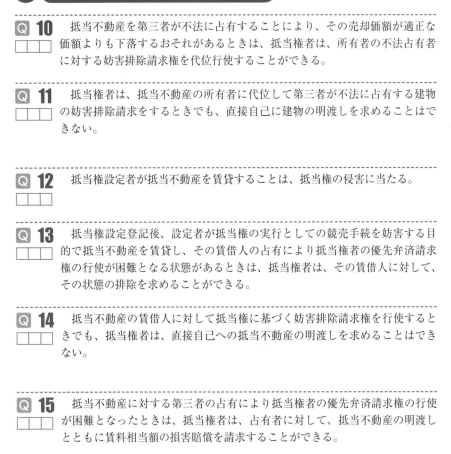

**Q 10** 抵当不動産を第三者が不法に占有することにより、その売却価額が適正な価額よりも下落するおそれがあるときは、抵当権者は、所有者の不法占有者に対する妨害排除請求権を代位行使することができる。

**Q 11** 抵当権者は、抵当不動産の所有者に代位して第三者が不法に占有する建物の妨害排除請求をするときでも、直接自己に建物の明渡しを求めることはできない。

**Q 12** 抵当権設定者が抵当不動産を賃貸することは、抵当権の侵害に当たる。

**Q 13** 抵当権設定登記後、設定者が抵当権の実行としての競売手続を妨害する目的で抵当不動産を賃貸し、その賃借人の占有により抵当権者の優先弁済請求権の行使が困難となる状態があるときは、抵当権者は、その賃借人に対して、その状態の排除を求めることができる。

**Q 14** 抵当不動産の賃借人に対して抵当権に基づく妨害排除請求権を行使するときでも、抵当権者は、直接自己への抵当不動産の明渡しを求めることはできない。

**Q 15** 抵当不動産に対する第三者の占有により抵当権者の優先弁済請求権の行使が困難となったときは、抵当権者は、占有者に対して、抵当不動産の明渡しとともに賃料相当額の損害賠償を請求することができる。

**A 10** ○　そのとおり（最判平11.11.24）。本事案は、第三者の不法占有の
ケースである。

**A 11** ✕　抵当権者は、抵当不動産の所有者に代位して第三者が不法に占有
する建物の妨害排除請求をするときは、所有者のために建物を管理
することを目的として、直接自己に建物の明渡しを求めることがで
きる（最判平11.11.24）。

**A 12** ✕　抵当権の侵害に当たらない。不動産の使用収益権は設定者にある
から、その賃貸は、目的物の通常の使用にすぎない。

**A 13** ○　そのとおり（最判平17.3.10）。前問と異なり、本問の賃貸は、抵
当権の侵害を目的としており、もはや目的物の通常の使用とはいえ
ない。

**A 14** ✕　抵当不動産の賃借人に対して抵当権に基づく妨害排除請求権を行
使するにあたって、抵当不動産の所有者に抵当不動産を適切に維持
管理することが期待できないときは、抵当権者は、直接自己への抵
当不動産の明渡しを求めることができる（最判平17.3.10）。

**A 15** ✕　賃料相当額の損害賠償を請求することはできない（最判平
17.3.10）。

 **One Point ◆ 占有者への損害賠償**

「抵当権者は、抵当不動産に対する第三者の占有により賃料相当額の損害
を被るものではない」として、判例は、損害賠償については否定していま
す。抵当権は占有を伴う権利ではなく、したがって、抵当権者にはもともと
抵当不動産の賃貸権限がないためです。

### 急所 1 物上代位の重要判例

物上代位に関する重要な判例をピックアップします。

1 物上代位と債権譲渡

抵当権者は、抵当権設定登記後に、物上代位の目的債権が譲渡されて第三者に対する対抗要件が備えられた後でも、自ら目的債権を差し押さえて物上代位権を行使することができる（最判平10.1.30）。

2 物上代位と先取特権

動産売買の先取特権者は、物上代位の目的債権が譲渡され、第三者に対する対抗要件が備えられた後においては、目的債権を差し押さえて物上代位権を行使することはできない（最判平17.2.22）。

3 物上代位と相殺

抵当権者が物上代位権を行使して賃料債権を差し押さえた後は、抵当不動産の賃借人は、抵当権設定登記の後に賃貸人に対して取得した債権を自働債権とする賃料債権との相殺をもって、抵当権者に対抗することができない（最判平13.3.13）。

4 物上代位と転貸賃料

法人格の濫用、または抵当不動産の賃借人を所有者と同視することを相当とする場合を除き、抵当権者は賃借人が取得する転貸賃料債権につき物上代位権を行使することができない（最判平12.4.14）。

5 物上代位と敷金

敷金が授受された建物の賃貸借契約に係る未払の賃料債権を、当該建物の抵当権者が物上代位権を行使して差し押さえた場合において、賃貸借契約が終了して当該建物が明け渡されたときは、当該建物の未払の賃料債権は、敷金の充当によりその限度で当然に消滅する（最判平14.3.28）。

## 急|所|2| 抵当権の侵害

抵当権の侵害に関する重要判例をピックアップします。

1  抵当不動産の第三者の不法占有（最判平11.11.24）

第三者が抵当不動産を不法に占有することにより、抵当不動産の交換価値の実現が妨げられ、抵当権者の優先弁済請求権の行使が困難となるような状態があるときは、抵当権者は、民法423条の法意に従い、所有者の不法占有者に対する妨害排除請求権を代位行使し、直接抵当権者に建物を明け渡すよう求めることができる。

2  占有権原の設定を受けた第三者による抵当不動産の占有（最判平17.3.10）

①  抵当権設定登記後に抵当不動産に賃借権の設定を受けた者でも、この賃貸借契約に競売手続を妨害する目的が認められ、これにより抵当不動産の優先弁済権の行使が困難となったときは、抵当権者は、抵当権に基づく妨害排除請求として、賃借人に対して、この状態の排除を求めることができる。

②  ①の請求をするにあたり、抵当不動産の所有者に抵当不動産を適切に維持管理することを期待できないときは、抵当権者は、賃借人に対して、直接自己への抵当不動産の明渡しを求めることができる。

---

 **One Point◆ 賃料相当額の損害金の請求は可能か？**

抵当権者は、第三者がする抵当不動産の占有により賃料額相当の損害を被るものではないため、これに対して損害賠償の請求をすることはできないとしています（最判平17.3.10）。

もともと抵当権者には使用収益権がなく、上記判例の明渡請求の結果として抵当権者が建物の占有をすることができたのも、所有者に代わって建物の維持管理をするためにすぎないからです。

# Section 4 法定地上権、抵当権と賃貸借

## 1 法定地上権

**Q 1** 抵当権者と設定者の間で法定地上権を成立させない旨の特約をしたときは、法定地上権の成立要件を満たすときであっても、法定地上権は成立しない。

**Q 2** 更地に抵当権を設定した後、設定者がその土地上に建物を建築した場合、抵当権者があらかじめ建物の築造を承諾していたときは、法定地上権が成立する。

**Q 3** 債務者が自己所有の土地に1番抵当権を設定した後、土地上に建物を建築し、さらにその土地に2番抵当権を設定した。その後、2番抵当権が実行されたときは、法定地上権が成立する。

**Q 4** 同一の所有者に属する土地と建物のうち土地のみに抵当権を設定した後、所有者が建物を再築したときは、再築後の新建物のために法定地上権が成立する。

**Q 5** 所有者が土地および地上建物に共同抵当権を設定した後に建物が取り壊されて、土地上に新たな建物が築造されたが、抵当権者はその新建物に抵当権を設定しなかった。その後、土地の抵当権が実行されたときは、新建物のために法定地上権が成立する。

**Q 6** 抵当権設定時に土地と建物が同一の所有者に属していたが、建物の登記名義が前主のままであり、土地の所有者への所有権移転登記をしていなかったときは、法定地上権は成立しない。

**Q 7** 抵当権設定当時、土地と建物の所有者が同一であれば、その後、所有者が建物を第三者に譲渡したときでも、法定地上権が成立する。

**A 1** ✗　特約は無効であり、法定地上権は成立する（大判明41.5.11）

**A 2** ✗　抵当権者の承諾の有無にかかわりなく、法定地上権は成立しない（最判昭36.2.10）。承諾の有無という主観的事情により法定地上権の成否を判断することとなると、法的安定性が害されるからである。

**A 3** ✗　法定地上権は成立しない（最判昭47.11.2）。2番抵当権設定時には、法定地上権の成立要件を満たしている。しかし、更地に抵当権を設定した1番抵当権者の利益を優先すべきなのである。

**A 4** ○　旧建物のために成立した範囲内で、法定地上権が成立する（最判昭52.10.11）。

**A 5** ✗　本問も建物の再築の事案であるが、土地と建物の共同抵当である点が前問と相違する。本問では、特段の事情のない限り、法定地上権は成立しない（最判平9.2.14）。

>  **One Point** ◆ **共同抵当の場合の建物の再築**
>
> 本問の判例の要旨は、次のとおりです。
> 　新建物の所有者が土地の所有者と同一であり、かつ、新建物が建築された時点での土地の抵当権者が新建物について土地の抵当権と同順位の共同抵当権の設定を受けたなどの特段の事情のない限り、新建物のために法定地上権は成立しません（最判平9.2.14）。

**A 6** ✗　法定地上権が成立する（最判昭48.9.18）。法定地上権は、抵当権の設定時に土地と建物の所有者が同一であれば成立し、その登記名義の同一までは要しない。

**A 7** ○　そのとおり（大判大12.12.14）。法定地上権の成否は、抵当権設定時の事情により決する。

Q 8 　抵当権を設定した時に土地と建物の所有者が異なるときは、その後、抵当権を実行するまでの間に土地と建物の所有者が同一人に帰属したとしても、法定地上権は成立しない。

Q 9 　甲土地上の乙建物に1番抵当権を設定した時点で土地と建物の所有者が異なっていたときは、その後、乙建物に2番抵当権を設定した時点で土地と建物の所有者が同一人に帰属していた場合でも、建物のために法定地上権は成立しない。

Q 10 　土地に1番抵当権を設定した時点で土地と建物の所有者が異なっていたときは、その後、土地に2番抵当権を設定した時点で土地と建物が同一人に帰属していた場合でも、建物のために法定地上権は成立しない。

Q 11 　更地であるA所有の甲土地にBのために第1順位の抵当権を設定した後、Aが甲土地上に乙建物を建築し、甲土地にCのために第2順位の抵当権を設定するとともに、Cの抵当権を先順位とする順位変更をした。その後、Cが抵当権を実行したときは、乙建物について法定地上権が成立する。

Q 12 　土地に1番抵当権を設定した時点で土地と建物の所有者が異なっていたが、土地に2番抵当権を設定した時点で土地と建物が同一人に帰属したときは、その後、1番抵当権が解除により消滅した場合でも、建物について法定地上権は成立しない。

Q 13 　A所有の甲土地上にAB共有の建物がある場合に、Aが甲土地に抵当権を設定し、その後、抵当権が実行されたときは、法定地上権が成立する。

Q 14 　AB共有の甲土地のA持分に抵当権を設定した当時、甲土地上にA所有の乙建物があった場合において、その後、抵当権が実行されたときは、乙建物のために法定地上権が成立する。

Q 15 　AB共有の甲土地のA持分に抵当権を設定した当時、甲土地上にABが共有する乙建物があった場合において、その後、抵当権が実行されたときは、乙建物のために法定地上権が成立する。

**A 8** ◯  そのとおり（最判昭44.2.14）。前問と異なり、抵当権設定時に法定地上権成立の要件を満たしていない事案である。

**A 9** ✕  法定地上権が成立する（大判昭14.7.26）。本問は、2番抵当権を基準として法定地上権が成立している。乙建物の1番抵当権者にとって法定地上権の成立は大歓迎であり、その存在への考慮を要しないのである。

**A 10** ◯  そのとおり（最判平2.1.22）。法定地上権の成立は、土地の抵当権者には不利である。そこで、本問では、2番抵当権を基準とすることはできず、1番抵当権者の利益のために法定地上権は成立しない。

> 🐕 **One Point**✦ 前問との相違
>
> 本問と前問の相違点は、建物の抵当権か土地の抵当権かということです。法定地上権が成立すると建物の抵当権者に有利ですから、判例も前問のケースでは法定地上権の成立を認めています。

**A 11** ✕  順位変更は、法定地上権の成否に影響がない。このため、第1順位の抵当権について法定地上権の成立要件を満たさない本問の事実関係の下では、順位変更後も法定地上権は成立しない（最判平4.4.7）。

**A 12** ✕  法定地上権が成立する（最判平19.7.6）。1番抵当権は解除の遡及効により、もともとなかったものと判断すればよい。

**A 13** ◯  建物共有の事案では、共有者の一方の関与により法定地上権が成立する（最判昭46.12.21）。

**A 14** ✕  土地共有の事案では、共有者の一方の関与のみでは、法定地上権は成立しない（最判昭29.12.23）。

**A 15** ✕  法定地上権は成立しない（最判平6.4.7）。建物と土地の双方が共有の場合、土地を基準に判断する。

Part
3

担保物権

**Q 16** 同一人所有の土地と建物の双方に抵当権を設定し、その後、抵当権の実行により、土地と建物の所有者が異なることとなっても、建物のために法定地上権は成立しない。

**Q 17** 法定地上権が成立した場合に、その存続期間につき当事者間で協議が調わなかったときは、その存続期間は30年となる。

**Q 18** 競売によって建物の所有権と法定地上権を取得した者は、建物の登記名義を有していれば、その後、その土地を譲り受けた第三者に法定地上権を対抗することができる。

**Q 19** 法定地上権の登記は、裁判所書記官の嘱託によって行う。

## 2 一括競売

**Q 20** 更地の所有者が土地に抵当権を設定した後、建物を建築したときは、抵当権者は、土地とともにその建物を競売することができる。

**Q 21** 更地の抵当権者が、土地とその土地上の建物を一括して競売したときは、抵当権者は、土地と建物の双方の競売代金から優先弁済を受けることができる。

**A 16** ✗　民法388条は「土地または建物につき抵当権が設定され」と規定しているが、土地と建物の双方に抵当権を設定したときでも、法定地上権は成立する（最判昭37.9.4）。

**A 17** ◯　法定地上権は建物所有のための地上権だから、借地借家法の適用がある（借地借家法3条）。

**A 18** ◯　そのとおり。法定地上権には、借地借家法の適用がある（前問参照）。このため、土地に地上権の登記がなくても、買受人名義の建物の登記があれば、法定地上権（借地権）を第三者に対抗することができる（最判昭63.1.26、借地借家法10条1項）。

**A 19** ✗　法定地上権の登記は、当事者の申請によってする。なお、登記原因は「年月日法定地上権設定」、その日付は買受人の代金納付の日である。

 **One Point◆ 法定地上権の登記と借地借家法**

　前問は建物の登記、本問は土地の登記のハナシです（地上権は土地に設定するモノ）。土地の法定地上権の登記は当事者の申請によるので、競売という事情が絡むとスンナリ登記できるとは限りません。ですが、建物の買受人への所有権移転登記は、裁判所書記官が嘱託で行います。このため、建物の競売により法定地上権が成立するときは、法定地上権の登記がなくても借地借家法上の対抗要件が備わる仕組みとなっています。

**A 20** ◯　そのとおり（民法389条1項本文　一括競売）。

**One Point◆ 一括競売は義務か？**

　一括競売は、土地の抵当権者の権利であって義務ではありません。このため、抵当権者は、土地だけ競売することもできるし、一括競売を申し立てることもできます。

**A 21** ✗　抵当権者が優先弁済を受けることができるのは、土地の競売代金だけである（民法389条1項ただし書）。

## ③ 抵当権と賃貸借

**Q 22** 　抵当権に後れる賃貸借により抵当権の目的である建物を競売手続の開始前
□□□ から使用する者（以下、抵当建物使用者）は、建物の競売の買受人の買受け
　　　　の時から6か月を経過するまでは、建物を買受人に引き渡すことを要しない。

**Q 23** 　土地に抵当権を設定した後にその土地を賃借した者は、競売手続の開始前
□□□ から土地を使用しているときであっても、抵当権の実行による競売で土地を
　　　　買い受けた者から引渡しを求められたときは、これを拒むことができない。

**Q 24** 　抵当建物使用者は、建物の引渡しを猶予される間は、建物の買受人に対し
□□□ て賃料を支払う義務を負う。

**Q 25** 　買受人が、抵当建物使用者に対して、相当の期間を定めて1か月分以上の
□□□ 建物の使用の対価の支払を催告し、その期間内に履行がないときは、買受人
　　　　は、直ちに建物の引渡しを求めることができる。

**Q 26** 　登記をした賃貸借は、その登記の前に登記をしたすべての抵当権者が賃貸
□□□ 借に対抗力を与えることに同意をしたときは、その同意の登記がなくても、
　　　　抵当権者に対抗することができる。

**Q 27** 　登記をした賃借権につき、先順位抵当権者のうちの一部の者が同意をし、
□□□ その同意の登記をした場合でも、その同意をした抵当権者に賃借権を対抗す
　　　　ることはできない。

**Q 28** 　抵当権者が賃借権を優先させる同意をするためには、その抵当権を目的と
□□□ する権利を有する者その他抵当権者の同意によって不利益を受ける者の承諾
　　　　を得なければならない。

**A 22** ◯ 　そのとおり（民法395条1項）。「買受けの時から6か月」という期間も、正確に覚えておこう。

**A 23** ◯ 　そのとおり。民法395条の引渡しの猶予の仕組みは、抵当権の目的が建物であるときのハナシである。

**A 24** ✕ 　抵当建物使用者は、建物の買受人に対し、賃料ではなく建物の使用の対価を支払う義務を負う（民法395条2項参照）。

>  **One Point ◆ 建物の使用の対価**
>
> 　抵当建物使用者は、6か月間引渡しを猶予されますが、その間タダで建物を使っていいわけじゃありません。そのため、その対価を支払うことを要しますが、買受人との間に賃貸借契約は存在しないので、これは賃料ではないのです。

**A 25** ◯ 　そのとおり（民法395条2項）。催告にもかかわらず、建物の使用の対価の支払いがないときは、買受人は、すぐに立ち退き請求をすることができる。

**A 26** ✕ 　同意の登記を要する（民法387条1項）。

**A 27** ◯ 　そのとおり。一部の抵当権者の同意では足りない（民法387条1項）。

**A 28** ◯ 　そのとおり（民法387条2項）。

# Chapter 1

# 抵当権 I ②

急|所 法定地上権

法定地上権の成立要件は、次のとおりである。
1 抵当権設定時に土地の上に建物が存在すること
2 抵当権設定時に土地と建物が同一の所有者に属すること
3 土地と建物の一方または双方に抵当権が設定されたこと
4 競売によって土地と建物の所有者が異なるに至ること

以下、法定地上権についての主な重要判例をピックアップします。

1 更地に抵当権を設定した後、土地の所有者が建物を建築した場合、法定地上権は成立しない（最判昭36.2.10）。

2 抵当権設定時に土地と建物が存在しており、土地だけに抵当権を設定した後、建物が取り壊され新建物が再築された場合、新建物のために法定地上権が成立する（最判昭52.10.11）。

 **One Point ◆ 共同抵当の場合の建物滅失と新建物の再築**

　所有者が土地および建物に共同抵当権を設定した後、建物が取り壊され、土地上に新たな建物を建築した場合、新建物の所有者が土地の所有者と同一であり、かつ、新建物が建築された時点での土地の抵当権者が新建物について土地の抵当権と同順位の抵当権の設定を受けたなどの特段の事情のない限り、新建物のために法定地上権は成立しません（最判平9.2.14）。

3 抵当権設定時に土地と建物が同一の所有者に属していたが、建物の登記は前主の名義のままだった場合でも、法定地上権が成立する（最判昭53.9.29）。

4　抵当権設定時に土地と建物が同一の所有者に属していたが、後に建物また
は土地が譲渡され、土地と建物の所有者を異にするに至った場合でも、法定
地上権が成立する（最判昭37.9.4）。

5　借地人が自己所有の建物に抵当権を設定後、土地所有者が借地人から建物
を買い受けた場合でも、法定地上権は成立しない（最判昭44.2.14）。

6　A所有の甲土地上にB所有の建物があり、Aは甲土地にXのために1番抵
当権を設定した。その後、AがBから建物を譲り受け、甲土地にYのために
2番抵当権を設定した。後日、抵当権が実行されても、法定地上権は成立し
ない（最判平2.1.22）。

7　A所有の甲土地上にB所有の乙建物があり、乙建物を目的としてXが1番
抵当権の設定を受けた。その後、BがAから甲土地を譲り受け、乙建物を目
的として、Yが2番抵当権の設定を受けた。後日、抵当権が実行されたとき
は、法定地上権が成立する（大判昭14.7.26）。

8　AB共有の土地上に、AB共有の建物がある。土地のA持分に抵当権が設
定され、抵当権が実行された場合でも、法定地上権は成立しない（最判平
6.4.7）。

## Section **1** 共同抵当

### 1 共同抵当

**Q 1** 同一の債権を担保するために複数の不動産に抵当権を設定したときは、法律上当然に共同抵当権が成立する。

**Q 2** 抵当権者が、共同抵当の目的である債務者所有の甲土地および乙土地を同時に競売したときは、抵当権者は、それぞれの不動産から任意の金額の配当を受けることができる。

**Q 3** 債務者Aは、自己所有の甲土地（3000万円）と乙土地（1500万円）に、Xのために共同抵当権を設定した。Xの債権額は3000万円である。抵当権者Xが、甲土地と乙土地を同時に競売したときは、Xは、甲土地から2000万円、乙土地から1000万円の配当を受ける。

**Q 4** 債務者所有の甲土地および乙土地に共同抵当権の設定を受けた抵当権者は、甲土地または乙土地の一方に後順位抵当権者がいるときは、甲土地と乙土地を同時に競売しなければならない。

**Q 5** 共同抵当の目的である債務者所有の甲土地および乙土地のうち、甲土地のみを競売した場合、甲土地に後順位抵当権者がいるときは、抵当権者は、甲土地の売却代金から債権の全額の優先弁済を受けることはできない。

**Q 6** 債務者所有の甲土地と乙土地を目的として、Xが第1順位の共同抵当権の設定を受けている。Xが甲土地のみを競売し、債権全額の優先弁済を受けたときは、甲土地の後順位抵当権者は、同時配当の場合にXが乙土地から弁済を受ける金額を限度として、Xに代位して乙土地の抵当権を行使することができる。

**Q 7** 債務者所有の甲土地と物上保証人所有の乙土地を目的として、Xが第1順位の共同抵当権の設定を受けている。Xが甲土地のみを競売し、債権の全額の優先弁済を受けたときは、甲土地の後順位抵当権者は、民法392条2項によりXに代位して乙土地の抵当権を行使することができる。

**A 1** ◯ 　そのとおり。一つの債権を、複数の不動産が担保するという関係
が生じる。

---

**A 2** ✕ 　本問は、同時配当の事案である。同時配当では、抵当権者は、各
不動産の価額に応じて、その債権の負担を按分した金額の配当を受
ける（民法392条1項）。

---

**A 3** ◯ 　そのとおり（民法392条1項）。債権額3000万円を、甲土地と乙土
地の価格の割合（2対1）で按分するのである。

---

**A 4** ✕ 　同時に競売せずともよい。後順位抵当権者がいるときでも、先順
位の抵当権者は、甲土地または乙土地のみを競売できる。

---

**A 5** ✕ 　甲土地に後順位抵当権者がいるときでも、抵当権者は、甲土地の
売却代金から債権の全額の優先弁済を受けることができる（民法
392条2項前段）。

---

**A 6** ◯ 　そのとおり。本問の仕組みを、民法392条2項の代位という。

> 🐕 **One Point◆ 代位は次順位の抵当権者に限られるのか？**
>
> 民法392条2項には、次順位の抵当権者が代位できると書いてあります。
> しかし、後順位抵当権者であれば、次順位の者には限られず、たとえば次々
> 順位の抵当権者も、本項により代位できます（大判大11.2.13）。

---

**A 7** ✕ 　土地の一方が物上保証人所有なので、甲土地の後順位抵当権者は、
民法392条2項によりXに代位することはできない（最判昭
61.4.18）。

**Q 8** 同一の物上保証人所有の甲土地と乙土地を目的として、Xが第1順位の共同抵当権の設定を受けている。Xが甲土地のみを競売して債権の全額の弁済を受けたときは、甲土地の後順位抵当権者は、民法392条2項によりXに代位して乙土地の抵当権を行使することができる。

**Q 9** 債務者所有の甲土地と乙土地にXが共同抵当権を有している場合に、甲土地に後順位抵当権者がいるときは、Xは乙土地の抵当権を放棄することはできない。

**Q 10** 債務者所有の甲土地と乙土地にXが第1順位の共同抵当権の設定を受け、甲土地には第2順位でYが抵当権の設定を受けている。この場合に、Xが乙土地の抵当権を放棄したときは、Xは、放棄がなければYが乙土地から代位することができた金額を限度として、甲土地の売却代金につきYに優先することができない。

**Q 11** 債務者所有の甲土地と物上保証人所有の乙土地を目的として、Xが第1順位で共同抵当権を有し、乙土地には第2順位でYが抵当権を有している。Xが乙土地の抵当権を実行し、債権全額の優先弁済を受けたときは、Yは、物上保証人が取得した甲土地のXの1番抵当権から優先して弁済を受けることができる。

# ② 弁済による代位その他

**Q 12** 債務者のために弁済をした者は、債権者に代位する。

**Q 13** 弁済をするについて正当な利益を有する者は、債権譲渡の規定に従った対抗要件を備えなければ、弁済による代位を債務者に対抗することができない。

**A 8** ◯　そのとおり（最判平4.11.6）。

> 🐕 **One Point ♦ 民法392条**
>
> 　民法392条2項が適用となるのは、共同抵当の目的不動産がいずれも債務者所有である場合と、同一の物上保証人所有の場合です。

**A 9** ✗　甲土地に後順位抵当権者がいるときでも、Xは乙土地の抵当権を放棄できる。

**A 10** ◯　そのとおり。Yの乙土地への代位の期待は、保護に値するのである（大判昭11.7.14）。

**A 11** ◯　そのとおり（最判昭53.7.4）。なお、Yが優先権を行使するにつき、登記や差押えを必要としない。

> 🐕 **One Point ♦ 法定代位と物上代位**
>
> 　物上保証人は、弁済による代位で甲土地の1番抵当権を取得します。そして、物上保証人が取得した甲土地の1番抵当権を乙土地の価値変形物とみて、Yは、それに物上代位するかのように優先できるというのが判例の理屈です。

**A 12** ◯　そのとおり（民法499条）。そして、債務者のために弁済をした者は、担保権など債権者に属した一切の権利を行使することができる（民法501条1項）。弁済者の求償権の実現を実質的に確保する趣旨である。

**A 13** ✗　対抗要件を備えなくても対抗できる。対抗要件を要するのは、弁済をするについて正当な利益を有しない者である（民法500条）。

**Q 14** 抵当不動産の第三取得者が債務者のために弁済をした場合に、他に保証人がいるときは、第三取得者は保証人に対して弁済した金額の全額につき債権者に代位することができる。

**Q 15** 保証人が債務者に代わってその全額を弁済した場合において、抵当権の目的である不動産を取得した第三取得者がいるときは、保証人は、その全額について第三取得者に対し、債権者に代位することができる。

**Q 16** 物上保証人の1人が債務の全額を弁済したときは、各不動産の価格に応じて、他の物上保証人に対して債権者に代位することができる。

**Q 17** 物上保証人から抵当不動産を譲り受けたAが、債務者のために債務の全額を弁済した場合であっても、Aは、他の物上保証人に対して債権者に代位することができない。

**Q 18** AがBに対して有する貸金債権を担保するためにB所有の不動産に抵当権の設定の登記をしている場合において、保証人のCが債権の一部について代位弁済をしたときは、Cは、単独で抵当権を実行することができる。

**Q 19** AがBに対して有する貸金債権を担保するためにB所有の甲土地に抵当権の設定の登記をしている場合において、保証人のCが債権の一部について代位弁済をした。後日、抵当権の実行により甲土地が競売されたときは、AとCは、その債権額の割合に応じて甲土地の売却代金から配当を受ける。

**Q 20** AがBに対して有する売買代金債権を担保するためにB所有の甲土地に抵当権の設定の登記をしている場合において、保証人のCが債権の一部について代位弁済をした。Cは、Bの債務不履行を理由に売買契約を解除することができる。

**Q 21** Aは、Bに対する債権を担保するためにB所有の甲土地に抵当権の設定を受け、また、Cを保証人とする保証契約を締結している。Aが甲土地の抵当権を放棄し、これについて合理的な理由がないときは、Cは、抵当権の消滅によって償還を受けることができなくなる限度において、その責任を免れる。

**Q 22** Aは、債務者B所有の甲土地と物上保証人C所有の乙土地に共同抵当権の設定を受けている。Aが甲土地の抵当権を故意に放棄し、そのことに合理的な理由がない場合であっても、Cから乙土地を譲り受けたDは、Aに対して、甲土地の抵当権の放棄による免責の効果を主張することができない。

**A 14** ✕ 　第三取得者は、保証人および物上保証人に対して債権者に代位することができない（民法501条3項1号）。

**A 15** ◯ 　そのとおり。保証人は、第三取得者に対し、債権者に代位することができる（民法501条1項）。

**A 16** ◯ 　そのとおり（民法501条3項3号）。

**A 17** ✕ 　設問のＡは物上保証人とみなされるので、代位することができる（民法501条3項5号、同項3号）。また、第三取得者から担保の目的財産を譲り受けた者も第三取得者とみなされ、弁済による代位のルールが適用となる。

**A 18** ✕ 　単独ではできない。Ａの同意を得て、共同で抵当権を実行することを要する（民法502条1項）。抵当権者が、第三者の弁済により抵当権の実行の時期を選択する利益を失うことは不当だからである。なお、Ａは、単独で抵当権を実行することができる（民法502条2項）。

**A 19** ✕ 　Ａが配当において優先する（民法502条3項）。元来の抵当権者はＡであり、Ｃは、その求償権を保全する限度で権利を有するにすぎないからである。

**A 20** ✕ 　代位弁済によって契約上の地位が移転することはないため、解除できない。Ａのみが解除権を有する（民法502条4項）。

**A 21** ◯ 　そのとおり。抵当権者が、弁済をするについて正当な利益を有する者（代位権者）の代位弁済への期待を踏みにじったときは、代位権者は、これにより償還を受けることができなくなる限度において免責される（民法504条1項前段）。

**A 22** ✕ 　物上保証人から不動産を譲り受けた者も、免責を主張することができる（民法504条1項後段）。

**Q 1**　転抵当権を設定している場合、原抵当権者は、その被担保債権の額が転抵当権者の被担保債権の額を超えないときでも、原抵当権を実行することができる。

**Q 2**　抵当権者が、転抵当の設定を抵当権設定者に通知したときは、主たる債務者、保証人および抵当権設定者に転抵当を対抗することができる。

**Q 3**　主たる債務者が転抵当権の設定の通知を受けたときは、転抵当権者の承諾を得ないでした弁済は、転抵当権者に対抗することができない。

**Q 4**　元本確定前の根抵当権の債務者が、転抵当を設定した旨の通知を受けたときは、転抵当権者の承諾を得ないでした弁済は、転抵当権者に対抗することができない。

**Q 5**　1番抵当権者が、3番抵当権者にその順位を譲渡したときは、両者は同順位となり、それぞれの配当の合計額を債権額の割合に応じて按分する。

**Q 6**　抵当権の順位は、各抵当権者の合意のほか、利害関係を有する者があるときは、その承諾を得なければ変更することができない。

**Q 7**　抵当権の順位の変更は、その登記をしなければ、その効力を生じない。

**A 1** ✗ 　原抵当権者が抵当権を実行するときは、その被担保債権の額が転抵当権者の被担保債権の額を超えるときに限る（大決昭7.8.29）。

**A 2** ✗ 　設定者への通知は無意味である。転抵当を含む抵当権の処分を設定者等に対抗するためには、主たる債務者への通知を要する（民法377条1項）。

**A 3** ◯ 　そのとおり（民法377条2項）。なお、本問と前問の結論は、転抵当のほか抵当権の処分に共通する。

**A 4** ✗ 　転抵当権者に対抗することができる（民法398条の11第2項）。確定前の根抵当の被担保債権は生まれては消えるのが当然であるから、民法377条2項の規定は適用がない。

**A 5** ✗ 　1番抵当権者と3番抵当権者の配当額の合計額から、3番抵当権者が優先して弁済を受ける。同順位となるのは、順位放棄のケースである。

**A 6** ◯ 　そのとおり（民法374条1項）。本問の利害関係を有する者とは、順位が下がる抵当権を目的とする権利（転抵当など）を有する者を意味する。

**A 7** ◯ 　そのとおり（民法374条2項）。これは、登記が実体上の効力発生の要件になるということである。

Part 3

担保物権

# Section 3　抵当権消滅請求その他

## 1　抵当権消滅請求、代価弁済

**Q 1**　抵当不動産の第三取得者は、抵当権消滅請求をすることができる。

**Q 2**　相続によって抵当不動産の所有権を取得した者は、抵当権消滅請求をすることができる。

**Q 3**　抵当不動産の地上権を取得した者は、抵当権消滅請求をすることができる。

**Q 4**　抵当不動産につき所有権または地上権を買い受けた第三者が、抵当権者の請求に応じて、抵当権者にその代価を弁済したときは、抵当権はその第三者のために消滅する。

**Q 5**　主たる債務者は抵当権消滅請求をすることができないが、保証人は抵当権消滅請求をすることができる。

**Q 6**　抵当権の被担保債権の保証人が抵当不動産を買い受けた場合に、抵当権者の請求に応じてその代価を弁済したときは、抵当権は消滅する。

**Q 7**　停止条件付第三取得者は、その条件成否が未定である間は抵当権消滅請求をすることはできないが、解除条件付第三取得者は抵当権消滅請求をすることができる。

**Q 8**　抵当不動産の共有持分の第三取得者は、抵当権消滅請求をすることができない。

**A 1** ◯ 　そのとおり（民法379条）。

> 🐕 **One Point◆ 用語の確認**
>
> 　抵当不動産の第三取得者とは、債務者から抵当権の目的となっている不動産の所有権を取得した者のことをいいます（民法501条3項1号）。取得原因の有償、無償は問わないので、売買はもちろん贈与で取得した者も抵当権消滅請求をすることができます。

**A 2** ✕ 　抵当権消滅請求をすることができない。相続人は、抵当権設定者の地位を包括承継しているからである。

**A 3** ✕ 　地上権の取得者からの抵当権消滅請求という仕組みは、存在しない。

**A 4** ◯ 　前問と異なり、代価弁済は所有権、地上権の買受人からすることができる（民法378条）。

**A 5** ✕ 　主たる債務者はもちろんのこと、保証人も抵当権消滅請求をすることができない（民法380条）。いずれも被担保債権の全額の弁済義務を負う者だからである。

**A 6** ◯ 　代価弁済は、保証人もすることができる。

**A 7** ◯ 　そのとおり（民法381条）。民法381条の反対解釈である。

**A 8** ◯ 　そのとおり（最判平9.6.5参照）。共有持分を競売してもたいした値はつかず、抵当権者を害することとなるからである。

**Q 9** 抵当不動産の第三取得者は、抵当権者が抵当権の実行としての競売による差押えを申し立てる前に、抵当権消滅請求をしなければならない。

**Q 10** 抵当不動産の第三取得者は、抵当権者の一部に対してのみ抵当権消滅請求をすることができる。

**Q 11** 抵当不動産の第三取得者が抵当権消滅請求をするときは、登記のあるすべての抵当権者に対して所定の書面を送付しなければならないが、登記のない抵当権者に対しては送付することを要しない。

## 2 抵当権のその他の問題点

**Q 12** 買い受けた不動産に契約の内容に適合しない抵当権の登記があるときは、買主は、抵当権消滅請求の手続が終わるまで、その代金の支払を拒むことができる。

**Q 13** 抵当不動産の第三取得者は、抵当権の実行としての競売において買受人となることができる。

**Q 14** 抵当不動産が競売された場合において、第三取得者が抵当不動産に必要費または有益費を支出していたときは、抵当不動産の代価から、他の債権者に優先して費用の償還を受けることができる。

**Q 15** 第三取得者が抵当不動産に必要費を支出していたにもかかわらず、競売代金が抵当権者に交付されたことによりその償還を受けられなかったときは、第三取得者は、費用の償還を請求することができない。

**Q 16** 抵当権は債務者および抵当権設定者に対しては、その担保する債権と同時でなければ、時効によって消滅しない。

**Q 17** 抵当権者は、他に一般債権者がいるときは、抵当不動産以外の債務者の一般財産を差し押さえることはできない。

**A 9**　✕　差押えの申立て前ではない。正しくは、抵当権の実行としての競売による**差押えの効力が発生する前**、である（民法382条）。

**A 10**　✕　民法383条の「各債権者」とは、抵当権者全員を意味する。一部の抵当権のみ消すという仕組みは存在しない。

**A 11**　◯　そのとおり（民法383条参照）。登記をした抵当権者に通知をすればよい。

**A 12**　◯　そのとおり（民法577条1項）。売買契約上、買主には代金支払義務が生じるが、その義務を拒絶できる数少ない例外規定のひとつである。

**A 13**　◯　そのとおり（民法390条）。なお、物上保証人も買受けをすることができるが、債務者は買受人になることができない（民事執行法68条）。

**A 14**　◯　そのとおり（民法391条）。抵当不動産の代価から、最初に第三取得者が費用の償還を受け、その残額が抵当権者等の配分分となる。

**A 15**　✕　第三取得者は、不当利得として**抵当権者**に費用の償還を請求することができる（最判昭48.7.12）。

**A 16**　◯　そのとおり（民法396条）。

**A 17**　✕　他に一般債権者がいるときでも、債務者の一般財産の差押えは可能である。なお、この場合、抵当権者は、抵当不動産の代価から弁済を受けない債権の部分についてのみ、一般財産から弁済を受けることができる。

# Chapter 3 | 根抵当権

## Section 1 　根抵当権の本質

### 1 　根抵当権の本質

**Q 1** 　一定の範囲に属する不特定の債権を極度額の限度で担保するために、抵当権を設定することができる。

**Q 2** 　設定時に被担保債権が存在しなくても、根抵当権を設定することができる。

**Q 3** 　元本確定前の根抵当権の債権の範囲に属する債権を第三者に譲渡しても、根抵当権は移転しない。

**Q 4** 　元本確定前の根抵当権の債権の範囲に属する債権につき、債務者の交替による更改があったときは、その当事者は、根抵当権を更改後の債務に移すことができる。

**Q 5** 　根抵当権者と債務者との間に生じるすべての債権を担保するための根抵当権を設定することができる。

**Q 6** 　根抵当権は、確定した元本のほか利息や損害金についても、満期となった最後の2年分に限定されることなく、極度額を限度としてその全額を担保する。

**Q 7** 　手形上または小切手上の請求権を根抵当権の担保すべき債権とすることができるが、電子記録債権を根抵当権の担保すべき債権とすることはできない。

**Q 8** 　手形上の債権を担保する根抵当権の債務者が破産手続開始の決定を受けたときは、その後に取得した手形債権については、根抵当権者がその事実を知らないで取得したものであっても、根抵当権を行使することができない。

**A 1** ○ これを根抵当権という（民法398条の2第1項）。

**A 2** ○ 元本確定前の根抵当権には、付従性がない。

**A 3** ○ そのとおり（民法398条の7第1項前段）。元本確定前の根根抵当権には随伴性もない。なお、債権譲渡のほか代位弁済があったときも、根抵当権は代位弁済者に移転しない（同項後段）。

**A 4** ✕ 更改後の債務に根抵当権を移すことはできない（民法398条の7第4項）。抵当権を更改後の債務に移すことができるとする民法518条1項の規定は、確定前の根抵当には適用がない。

**A 5** ✕ 包括根抵当は禁止されている（民法398条の2第2項参照）。

**A 6** ○ 根抵当権は、極度額までは利息や損害金を何年分でも担保する（民法398条の3第1項）。

**A 7** ✕ 最後の記述が誤り。手形上の請求権、小切手上の請求権はもとより、電子記録債権も根抵当権の担保すべき債権とすることができる（民法398条の2第3項）。

**A 8** ✕ 根抵当権者が債務者の破産の事実を知らないで取得した手形については、根抵当権を行使できる（民法398条の3第2項）。

## ② 根抵当権の変更

**Q 9**　根抵当権の債権の範囲は元本の確定前に限り変更することができるが、債務者は元本の確定後でも変更することができる。

**Q 10**　根抵当権の極度額は、元本の確定前に限り、変更することができる。

**Q 11**　根抵当権の債権の範囲を変更する場合に、後順位の抵当権者などの利害関係を有する者がいるときは、その者の承諾を得なければならない。

**Q 12**　根抵当権の極度額を変更する場合に、利害関係を有する者がいるときは、その者の承諾を得なければならない。

**Q 13**　元本の確定前に根抵当権の債務者をAからBに変更したときは、債務者の変更後に債権の範囲に属する取引によってBが負担した債務は根抵当権によって担保されるが、変更前にBが根抵当権者に負担していた債務については、債権の範囲に属するものであっても根抵当権によって担保されない。

**Q 14**　元本の確定前に根抵当権の債務者をAからBに変更し、Aが根抵当権者に対して負担している債務をBが引き受けたときは、その引き受けた債務は根抵当権によって担保される。

**Q 15**　根抵当権の債権の範囲または債務者を変更したときでも、元本の確定前に変更の登記をしなかったときは、その変更をしなかったものとみなされる。

**A 9** ✗ 根抵当権の債権の範囲および債務者は、いずれも元本の確定前に限り変更できる（民法398条の4第1項）。

> 🐕 **One Point ◆ 変更契約の当事者**
>
> 債権の範囲および債務者の変更は、根抵当権者と設定者との契約によるので、債務者の意思とは無関係に変更できます。債務者と設定者が異なる事案では、その変更契約の当事者に注意を要します。

**A 10** ✗ 根抵当権の極度額は、元本の確定前後を問わず、変更できる（民法398条の5参照）。

**A 11** ✗ 優先弁済の枠の大きさを変えるものではないので、後順位抵当権者等の承諾を要しない（民法398条の4第2項）。なお、債務者を変更するときも結論は同じである（債権の範囲と債務者の変更は、同一の条文が規定する）。

**A 12** ◯ 優先弁済の枠の大きさを変更するケースであるから、利害関係人の承諾を要する（民法398条の5）。

> 🐕 **One Point ◆ 利害関係人とは？**
>
> 利害関係人とは、当事者以外の第三者で、ある行為をすることによって不利益を受ける者のことをいいます。この利害関係人は、特に不動産登記法で重要となってきます。よく頭に入れておきましょう。

**A 13** ✗ 変更後にBが負担する債務はもとより、変更前にBが負担していた債務も根抵当権によって担保される。

**A 14** ✗ 根抵当権によって担保されない。引き受けた債務を根抵当権によって担保させるためには、それを債権の範囲に加える変更登記をすることを要する。

**A 15** ◯ そのとおり（民法398条の4第3項）。根抵当権は、登記との結びつきが強いカタチで規定されている。

## ③ 根抵当権の処分、全部譲渡

**Q 16** 根抵当権者は、元本の確定前には、その根抵当権を他の債権の担保とすることはできない。

**Q 17** 元本の確定前の根抵当権は、順位の譲渡や順位の放棄をすることはできず、また、先順位の抵当権から順位の譲渡や順位の放棄を受けることもできない。

**Q 18** 根抵当権者は、元本の確定前に限り、根抵当権設定者の承諾を得て根抵当権の全部を譲り渡すことができる。

**Q 19** 根抵当権者Xが Y に根抵当権の全部を譲渡するとともに、債権の範囲に属する債権を Y に譲渡したときは、その債権は全部譲渡後の根抵当権によって担保される。

**Q 20** 元本の確定前に根抵当権者がその根抵当権を譲り渡す場合に、根抵当権に転抵当が設定されているときは、設定者の承諾のほか、転抵当権者の承諾を得なければならない。

**A 16** ✕　転抵当は、元本の確定前でもすることができる（民法398条の11第1項ただし書）。

 **One Point ◆ 極度額と転抵当**

極度額の変更と転抵当は、元本の確定の前後を問わずすることができます。

 Ｑ 10

**A 17** ✕　後半の記述が誤り。確定前の根抵当でも、先順位の抵当権から順位譲渡、順位放棄を受けることはできる。前半の記述は正しい（民法398条の11第１項本文）。

**A 18** ◯　そのとおり。急所は、設定者の承諾を要することである（民法398条の12第1項　全部譲渡）。

**A 19** ✕　担保されない。この債権を根抵当権によって担保させるためには、それを債権の範囲に加える変更の登記をすることを要する。

 Ｑ 14

**A 20** ✕　転抵当権者の承諾を要しない。

 **One Point ◆ 転抵当権者の承諾**

根抵当権の譲渡には、全部譲渡のほか、分割譲渡と一部譲渡のパターンがあります。このうち、転抵当権者の承諾を要するのは、分割譲渡です（民法398条の12第3項）。その理由は、分割して譲り渡すほうの根抵当権については、転抵当権が消滅するからです。

# Section 2  共同根抵当

## 1 共同根抵当

**Q 1**　共同根抵当権が成立するためには、その設定と同時に共同担保である旨の登記をしなければならない。

**Q 2**　共同担保の関係にない複数の根抵当権であっても、共同担保である旨の登記を追加することにより、共同根抵当とすることができる。

**Q 3**　甲土地に設定されている根抵当権と同一の債権を担保するために、乙土地に共同根抵当権を追加設定するときは、その双方の根抵当権の根抵当権者の表示のほか、極度額、債権の範囲、債務者が一致していなければならない。

**Q 4**　甲土地および乙土地に共同根抵当権が設定されている場合に、その根抵当権の債権の範囲を変更したときは、甲土地についてその旨の登記をすれば、乙土地の根抵当権についても変更をしたものとみなされる。

## 2 共有根抵当権

**Q 5**　元本確定前の根抵当権は、数人が共有する場合であっても、その持分は登記されない。

**Q 6**　根抵当権の共有者は、その債権額の割合に応じて弁済を受けるが、元本の確定後に、これと異なる割合を定めたときは、その定めに従う。

**Q 7**　根抵当権の共有者の1人は、元本の確定の前後を問わず、他の共有者の同意および設定者の承諾を得て、その権利を第三者に譲り渡すことができる。

----

**A 1** ◯ 　そのとおり。共同根抵当は、その旨の登記をすることによって効力が生じる（民法398条の16）。

**リンク** Chapter 2 Section 2 **Q** 7

----

**A 2** ✕ 　設定後の別々の根抵当権を共同根抵当とする仕組みは、存在しない。また、本問とは逆に、共同根抵当を各別の根抵当とすることもできない。

----

**A 3** ◯ 　そのとおり。同一の債権を担保する根抵当権でなければ、これを既存の根抵当権と共同担保の関係とすることができないのである。

----

**A 4** ✕ 　甲土地および乙土地について登記をしなければ、債権の範囲の変更の効力を生じない（民法398条の17第1項）。

> **One Point ◆ 共同根抵当権の変更**
>
> 　共同根抵当権について、債権の範囲、債務者、極度額を変更したとき、または、全部譲渡、分割譲渡、一部譲渡をしたときは、すべての不動産にその登記をしなければ効力を生じません（民法398条の17第1項）。

----

**A 5** ◯ 　特定債権との結びつきがない根抵当権においては、その共有者間の持分を観念できないためである。

----

**A 6** ✕ 　「元本の確定後に」という部分が誤り。本問の定めを優先の定めというが、優先の定めは、元本の確定前に定めることを要する（民法398条の14第1項ただし書）。

----

**A 7** ✕ 　「元本の確定の前後を問わず」の部分が誤り。正しくは、元本の確定前に限る（民法398条の14第2項）。なお、この場合、設定者の承諾のほか、他の共有者の同意を要する点が急所である。

**Q 8** 元本確定前において、根抵当権の共有者の1人は、その権利の全部を譲渡することはできるが、その権利の一部譲渡または分割譲渡をすることはできない。

**Q 9** 元本の確定前において、根抵当権の共有者は、全員が共同してその根抵当権の全部譲渡、一部譲渡、分割譲渡のいずれもすることができる。

**A 8** ◯   共有者の1人からの一部譲渡や分割譲渡を認めると、法律関係がややこしくなるからである（民法398条の14第2項、398条の12第1項）。

**A 9** ◯   共有者全員がするときは、何でもござれである。

## ① 元本の確定

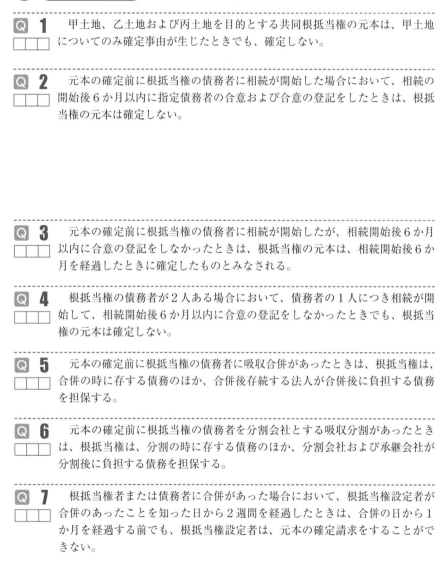

**Q 1** 甲土地、乙土地および丙土地を目的とする共同根抵当権の元本は、甲土地
についてのみ確定事由が生じたときでも、確定しない。

**Q 2** 元本の確定前に根抵当権の債務者に相続が開始した場合において、相続の
開始後6か月以内に指定債務者の合意および合意の登記をしたときは、根抵
当権の元本は確定しない。

**Q 3** 元本の確定前に根抵当権の債務者に相続が開始したが、相続開始後6か月
以内に合意の登記をしなかったときは、根抵当権の元本は、相続開始後6か
月を経過したときに確定したものとみなされる。

**Q 4** 根抵当権の債務者が2人ある場合において、債務者の1人につき相続が開
始して、相続開始後6か月以内に合意の登記をしなかったときでも、根抵当
権の元本は確定しない。

**Q 5** 元本の確定前に根抵当権の債務者に吸収合併があったときは、根抵当権は、
合併の時に存する債務のほか、合併後存続する法人が合併後に負担する債務
を担保する。

**Q 6** 元本の確定前に根抵当権の債務者を分割会社とする吸収分割があったとき
は、根抵当権は、分割の時に存する債務のほか、分割会社および承継会社が
分割後に負担する債務を担保する。

**Q 7** 根抵当権者または債務者に合併があった場合において、根抵当権設定者が
合併のあったことを知った日から2週間を経過したときは、合併の日から1
か月を経過する前でも、根抵当権設定者は、元本の確定請求をすることがで
きない。

**A 1** **✕** 　　共同根抵当権の元本は、1個の不動産についてのみ確定事由が生じたときでも、すべて確定する（民法398条の17第2項）。

**A 2** **〇** 　　そのとおり（民法398条の8第2項・4項参照）。なお、合意の当事者は、根抵当権者と設定者である。

> **One Point ◆ 根抵当権と相続**
>
> 　根抵当権者または債務者に相続が開始したときは、根抵当権の元本は原則として確定する方向で進んでいきます。このため、確定させたくないときは、合意の登記を要するという仕組みとなっています。

**A 3** **✕** 　　根抵当権の元本は、**相続開始の時に確定したものとみなされる**（民法398条の8第4項）。

**A 4** **〇** 　　根抵当権の債務者が複数いる場合、その全員につき元本の確定事由が生じない限り、根抵当権は全体として確定しない。

**A 5** **〇** 　　そのとおり（民法398条の9第2項）。根抵当権者または債務者に合併があったときは、原則として根抵当権の元本は確定しない。

**A 6** **〇** 　　そのとおり（民法398条の10第2項）。

**A 7** **〇** 　　そのとおり（民法398条の9第5項）。確定請求できる期間には制限がある。

**Q 8** 　根抵当権者に合併があった場合でも、債務者が根抵当権設定者であるときは、根抵当権設定者は、元本の確定請求をすることができない。

**Q 9** 　根抵当権者または債務者に合併があった場合において、根抵当権設定者が適法に元本の確定請求をしたときは、根抵当権の元本は、その請求の時から2週間を経過することによって確定する。

**Q 10** 　根抵当権の設定の時から3年を経過したため、根抵当権設定者が、元本の確定請求をしたときは、根抵当権の元本は、その請求の時から2週間を経過することによって確定する。

**Q 11** 　確定期日の定めがない場合、根抵当権者は、根抵当権設定の時から3年を経過しなければ、元本の確定請求をすることができない。

**Q 12** 　確定期日の定めがない場合において、根抵当権者が元本の確定請求をしたときは、根抵当権の元本は、その請求の時から2週間を経過することによって確定する。

**Q 13** 　根抵当権の元本の確定期日は、これを定めた日または変更の日から10年以内でなければならない。

**Q 14** 　元本の確定期日を変更した場合でも、その変更前の期日よりも前に登記をしなかったときは、根抵当権の元本は、変更前の期日に確定する。

**A 8** ✗ 　確定請求できる。なお、債務者に合併があったときに、その債務者が根抵当権設定者であるときは、その設定者は、元本の確定請求をすることができない（民法398条の9第3項ただし書、2項）。ここは間違えやすいところなので、条文をていねいに確認しよう。

---

**A 9** ✗ 　合併の時に確定したものとみなされる（民法398条の9第4項）。請求の時から2週間の経過で確定するのではない。

> **One Point ◆ 会社分割**
>
> Q7〜9の結論は、会社分割のケースにもそのまま当てはまります。民法398条の10第3項で、合併の規定（民法398条の9第3〜5項）をサクッと準用しているからです。

---

**A 10** ○ 　そのとおり（民法398条の19第1項後段）。根抵当権者の不測の損害を防ぐため、2週間の期間を置いたのである。

---

**A 11** ✗ 　根抵当権者は、いつでも確定請求できる（民法398条の19第2項）。設定の時から3年の経過を要するのは、設定者からする確定請求である（民法398条の19第1項前段、前問参照）。

> **One Point ◆ 根抵当権者、設定者からの確定請求**
>
> 根抵当権者または設定者からする元本確定請求は、いずれも確定期日の定めがあるときはすることができません（民法398条の19第3項）。

---

**A 12** ✗ 　根抵当権者が確定請求をしたときは、根抵当権の元本は、その請求の時に確定する（民法398条の19第2項後段）。根抵当権者自らが確定請求したのだから、2週間の期間を置くことを要しないのである。

---

**A 13** ✗ 　10年ではなく5年以内である（民法398条の6第3項）。

---

**A 14** ○ 　そのとおり（民法398条の6第4項）。

**Q 15** 根抵当権者が抵当不動産の競売を申し立てたことにより、競売手続の開始があったときは根抵当権の元本は確定するが、物上代位による差押えをしたときは、根抵当権の元本は確定しない。

**Q 16** 根抵当権者が抵当不動産に対して競売手続が開始したことを知ったときは、根抵当権の元本は、根抵当権者がその事実を知った時から2週間を経過したときに確定する。

**Q 17** 根抵当権の債務者または根抵当権設定者が破産手続開始の決定を受けたときは、根抵当権の元本は確定する。

**Q 18** 根抵当権設定者が破産手続開始の決定を受けたときは、根抵当権の元本は、根抵当権者がその事実を知った時から2週間を経過したときに確定する。

**Q 19** 根抵当権者が抵当不動産の競売を申し立てて、競売手続が開始した後、その申立てを取り下げたときは、根抵当権の元本は確定しなかったものとみなされる。

**Q 20** 根抵当権者が抵当不動産に対する競売手続の開始があったことを知ったことにより根抵当権の元本が確定したときでも、その後、差押えの効力が消滅したときは、元本は確定しなかったものとみなされる。

**A 15** ✕ 　後半の記述が誤り。物上代位による差押えをしたときも、根抵当権の元本は確定する（民法398条の20第1項1号）。なお、本問のほか、担保不動産収益執行の申立てをして、その開始決定があったたときも根抵当権の元本は確定する。

**A 16** ◯ 　そのとおり（民法398条の20第1項3号）。知ってから2週間の経過で確定する点が急所である。根抵当権者自ら競売を申し立てたケースではないので、いきなり確定すると根抵当権者に不測の損害が生じるためである。

**A 17** ◯ 　そのとおり（民法398条の20第1項4号）。

**A 18** ✕ 　根抵当権の元本は、破産手続の開始決定の時に確定する。

**A 19** ✕ 　その申立てを取り下げたときでも、根抵当権の元本は確定しなかったものとみなされない。つまり、元本確定の効果は覆ることはなく、根抵当権の元本は確定したままである。

**A 20** ◯ 　そのとおり（民法398条の20第2項本文）。元本確定の効果が消滅する。

---

 **One Point◆ 3号確定、4号確定と逆転ホームラン**

　3号確定または4号確定により根抵当権の元本が確定したときは、その効果が覆ることがあります。もともと、これらは根抵当権者自らの意思によって元本が確定したものではないためです。

Part
3

担保物権

**Q 21** 根抵当権者が抵当不動産に対する競売手続の開始があったことを知ったことにより根抵当権の元本が確定した場合において、その後、差押えの効力が消滅したときでも、元本が確定したものとして根抵当権を取得した第三者があるときは、根抵当権の元本の確定の効果は消滅しない。

**Q 22** 根抵当権を目的とする転抵当権者が、抵当不動産の競売を申し立て、その開始決定があったときは、根抵当権の元本は、競売の申立ての時に確定する。

**Q 23** 共有根抵当の共有者の一人が抵当不動産の競売を申し立て、その開始決定があったときは、根抵当権の元本は、競売の申立ての時に確定する。

## ② 根抵当権の減額請求、消滅請求

**Q 24** 元本の確定の前後を問わず、根抵当権設定者は、根抵当権の極度額を現に存する債務の額と以後2年間に生ずべき利息や損害金等を加えた額に減額することを請求することができる。

**Q 25** 根抵当権の極度額の減額請求は、根抵当権の設定者のほか、債務者もすることができる。

**Q 26** 元本の確定後において、現に存する債務の額が極度額を超えるときは、一定の者は、極度額に相当する金額を払渡しまたは供託して、その根抵当権の消滅請求をすることができる。

**Q 27** 根抵当権の消滅請求は、物上保証人や抵当不動産の第三取得者のほか、抵当不動産につき地上権、永小作権、対抗力のある賃借権を取得した者もすることができる。

**A 21** ◯　そのとおり。本問の場合、第三者の権利を保護するため、根抵当権の元本は確定したままとなる（民法398条の20第2項ただし書）。再逆転ホームランである。

---

> 🐕 **One Point◆ 再逆転ホームランと不動産登記手続**
>
> 本問のように、元本が確定したものとして権利を取得した第三者がいる場合で、第三者の権利の取得の登記と併せて申請するときは、根抵当権の元本の確定の登記を根抵当権者が単独で申請することができます（不動産登記法93条ただし書）。

---

**A 22** ✗　根抵当権の元本は、根抵当権者が抵当不動産に対する競売手続の開始があったことを知った時から2週間を経過したときに確定する（民法398条の20第1項3号、先例平9.7.31-1301）。本問は、3号確定のケースである。

---

**A 23** ◯　そのとおり（民法398条の20第1項1号、先例平9.7.31-1301）。本問は、1号確定のケースである。

---

**A 24** ✗　極度額の減額請求をすることができるのは、元本確定後に限る（民法398条の21第1項）。極度額の変更と、本問の減額請求を混同しないように注意しよう。

**リンク** Section1 **Q** 10

---

**A 25** ✗　債務者からの請求は認められない（民法398条の21第1項参照）。

---

**A 26** ◯　そのとおり（民法398条の22第1項）。前々問の極度額の減額請求、本問の根抵当権消滅請求のいずれも、根抵当権の元本確定後に限りすることができる制度である。

---

**A 27** ◯　そのとおり（民法398条の22第1項）。

**Q 28** 債務者や保証人は、根抵当権の消滅請求をすることができない。

☐☐☐

**A 28** ◯ 　債務者や保証人は全額の債務を負担しているため、極度額の支払いだけで根抵当権の消滅を請求することはできない（民法398条の22第3項、380条）。

---

🐕 **One Point◆ 根抵当権消滅請求と抵当権消滅請求**

　本問のほか、停止条件付第三取得者で条件成否未定の間の者も、根抵当権消滅請求をすることができません（民法398条の22第3項、381条）。誰が請求できるのか、抵当権消滅請求とよく比較しておきましょう。

---

リンク➡ Chapter 2 Section 3 Q 1〜8

Part
3

担保物権

**急|所** 元本確定事由のまとめ

　根抵当権の元本確定事由と確定の時期を正確に理解しよう。

1　確定期日を定めた場合（民法398条の6）

**　確定期日の到来をもって確定する。**

2　根抵当権者または債務者に相続が開始したが、相続開始後6か月以内に指定根抵当権者または指定債務者の合意の登記をしなかったとき（民法398条の8）

**　根抵当権の元本は、相続開始の時に確定したものとみなされる。**

3　根抵当権者または債務者に合併または会社分割があった場合で、根抵当権設定者が元本の確定請求をした場合（民法398条の9、10）

**　根抵当権の元本は、合併または会社分割の時に確定したものとみなされる。**

4　確定期日の定めがない場合に設定から3年経過した後、根抵当権設定者が元本確定請求をしたとき（民法398条の19第1項）

**　根抵当権の元本は、請求の時から2週間を経過したときに確定する。**

5　確定期日の定めがない場合に根抵当権者が元本確定請求をしたとき（民法398条の19第2項）

**　根抵当権の元本は、請求の時に確定する。**

6　根抵当権者が抵当不動産につき競売、担保不動産収益執行、物上代位による差押えの申立てをしたとき（民法398条の20第1項1号）

**　根抵当権の元本は、申立ての時に確定する。ただし、競売手続、担保不動産収益執行手続の開始、または差押えがあったときに限る。**

7　根抵当権者が抵当不動産に対して滞納処分による差押えをしたとき（民法398条の20第1項2号）
　　根抵当権の元本は、差押えの時に確定する。

8　抵当不動産に対する競売手続の開始、滞納処分による差押えがあったことを根抵当権者が知ったとき（民法398条の20第1項3号）
　　根抵当権の元本は、根抵当権者が競売手続の開始等を知った時から2週間を経過したときに確定する。

9　債務者または根抵当権設定者が破産手続開始の決定を受けたとき（民法398条の20第1項4号）
　　根抵当権の元本は、破産手続開始決定の時に確定する。

# Chapter 4 | 質　権

## Section 1　動産質、不動産質

### ① 質権全般

**Q 1**　質権は、債務者または債務者以外の第三者の物を目的として設定すること
ができる。

**Q 2**　質権は、動産や不動産をその目的として設定することができるが、権利を
目的として設定することはできない。

**Q 3**　質権の設定は、債権者にその目的物を引き渡すことによって、その効力を
生じる。

**Q 4**　質権設定者は、弁済期の前後を問わず、その契約において、質権者に弁済
として質物の所有権を取得させることを約することができない。

**Q 5**　質権は、元本、利息、違約金、質権の実行の費用、質物の保存の費用およ
び債務の不履行または質物の隠れた瑕疵によって生じた損害の賠償を担保し、
設定行為で別段の定めをすることはできない。

### ② 動産質、不動産質

**Q 6**　動産質権の設定は、占有改定による引渡しによってはその効力を生じない
が、不動産質権の設定は、占有改定による引渡しによってもその効力を生じ
る。

**A 1** ◯　そのとおり（民法342条）。

**A 2** ✕　質権は、動産や不動産、権利を目的として設定することができる。

 **One Point◆ 質権の目的**

質権は、譲り渡すことができない物をその目的とすることができません（民法343条）。そのため、譲渡できる物であれば、債権を目的として質権を設定することもできます。

**A 3** ◯　質権の設定は、要物契約である（民法344条）。

**A 4** ✕　弁済期の前後を問わず、という部分が誤りである。弁済期後の流質契約は禁止されていない（民法349条参照）。なお、流質とは、債務者が弁済をしない場合に、質物の所有権を質権者が取得することをいう。

**A 5** ✕　最後の一文が誤り。質権の優先弁済の範囲につき、別段の定めをすることができる（民法346条ただし書）。

**A 6** ✕　動産質権および不動産質権の設定は、いずれも占有改定による引渡しによってはその効力を生じない（民法345条参照）。

 **One Point◆ 質権設定の急所**

質権設定の「引渡し」には、占有改定を含みません。

**Q 7** 同一の動産には、複数の者に対して質権を設定することはできない。
□□□

---

**Q 8** 不動産質権は、目的不動産に質権を設定した旨の登記をしたときは、引渡
□□□ しを受けなくても成立する。

---

**Q 9** 債務者が、第三者から賃借している動産を自己の所有物として質入れした
□□□ 場合に、質入れを受けた者が善意無過失で現実にその質物の引渡しを受けた
ときは、その者は質権を即時取得することができる。

---

**Q 10** 動産質権者が質物の引渡しを受けた後、それを質権設定者に返還したとき
□□□ でも質権は消滅しないが、質権は第三者に対する対抗力を失う。

---

**Q 11** 不動産質権者が目的不動産の引渡しを受けて質権設定の登記をした後は、
□□□ 目的物を設定者に返還したときでも、質権は消滅せず、その対抗力も失わな
い。

---

**Q 12** 動産質権者が目的物の占有を奪われたときは、その者に対して、質権に基
□□□ づいて質物の返還を請求することができる。

---

**Q 13** 質権者が質物を駅に置き忘れたが、それを拾得した者が質権設定者である
□□□ 所有者の元に返還したときは、質権者は、所有者に対して質権に基づいて質
物の返還を請求することができる。

---

**Q 14** 不動産質権者は、設定行為に別段の定めがない限り、不動産の管理費用等
□□□ を負担し、被担保債権の利息を請求することができる。

**A 7** ✗ 　指図による占有移転の方法により、複数の者に対して、同一の動産に質権を設定することができる。

> 🐕 **One Point ◆ 指図による占有移転と不動産質**
>
> 　動産質と同じく、指図による占有移転の方法を使えば、他人に賃貸中の不動産でも、質権を設定することができます。

**A 8** ✗ 　不動産を引き渡さなければ、不動産質権は成立しない（民法344条）。不動産質も要物性をその本質とするから、登記だけをしてもその登記は中身のない無効なものとなる。

**A 9** ◯ 　質権も即時取得できる（民法192条）。

**A 10** ◯ 　そのとおり（大判大5.12.25）。本問のケースでは、質権は対抗力のない質権となるのである。

**A 11** ◯ 　不動産質権の場合、質権者がいったん引渡しを受けた質物を設定者に返還しても、その登記があれば、質権の効力になんの影響もないのである（大判大5.12.25）。

**A 12** ✗ 　動産質権者が目的物の占有を奪われたときは、その者に対して、**占有回収の訴えによってのみ**、その返還を請求することができる（民法353条）。

> 🐕 **One Point ◆ 動産質権の対抗力**
>
> 　動産質権の対抗要件は、質物の占有です（民法352条）。そのため、質物の占有を失ってしまうと、第三者に対しては、質権に基づいてそれを返してくれとはいえなくなってしまいます。

**A 13** ◯ 　対抗力のない質権であっても、設定契約の当事者には、これを主張することができる。

**A 14** ✗ 　最後の一文が誤り。不動産質権者は、別段の定めがない限り、利息の請求ができない（民法357条、358条、359条）。なお、質権者が管理費用等を負担する点は正しい。

**Q 15** 不動産質権者は、使用収益をしない旨の特約をすることができ、その登記をすることによって第三者に対抗することができる。

**Q 16** 不動産質権者は設定者の承諾を得ることなく質権の目的不動産を第三者に賃貸することができるが、動産質権者は設定者の承諾がなければ質物を第三者に賃貸することができない。

**Q 17** 動産質権者が、設定者の承諾を得ることなく質物を第三者に賃貸したときは、質権は消滅する。

**Q 18** 不動産質権の存続期間は20年を超えることができず、これより長い期間を定めたときでも、存続期間は20年となる。

**Q 19** 不動産質権の存続期間が経過し、その更新もないときは、質権は消滅するが、債権者はその優先弁済権は失わない。

**A 15** ◯ そのとおり。使用収益をしない旨の特約のほか、管理費用等を負担しない、利息を請求できる旨の特約も登記することができる（民法359条、不動産登記法95条1項6号）。

---

**A 16** ◯ 前半、後半ともに正しい。不動産質権の場合、質権者に使用収益権があるから、設定者の承諾を要しない（民法356条）。一方、動産質権の場合、質物を賃貸するには、設定者の承諾を要する（民法350条、298条2項）。

---

**A 17** ✕ 当然に消滅するのではない。動産質権者が、無断で質物を賃貸したときは、設定者は、質権の消滅を請求できる（民法350条、298条3項）。

---

**A 18** ✕ 不動産質権の存続期間は10年を超えることができず、これより長い期間を定めたときでも、存続期間は10年となる（民法360条1項）。

---

**A 19** ✕ 質権は消滅し、債権者はその優先弁済権も失う。

Part
3

担保物権

Q **1** 　債権に質権を設定したときは、質権設定者が第三債務者に質権を設定したことを通知するかまたは第三債務者がこれを承諾しなければ、質権者は、質権の設定を第三債務者に対抗することができない。

Q **2** 　契約書が作成されている金銭債権を目的とする質権の設定は、その契約書を交付しなければ、その効力を生じない。

Q **3** 　指図証券を目的とする質権の設定は、その証券に裏書をして質権者に交付しなければ、その効力を生じない。

Q **4** 　金銭債権の質権者は、被担保債権および質権の目的債権の弁済期の双方が到来したときは、その債権を直接に取り立てることができる。

Q **5** 　質権の目的である金銭債権の弁済期が、質権者の被担保債権の弁済期よりも先に到来するときは、質権者は、民事執行法の手続によらなければ取り立てをすることができない。

Q **6** 　動産の引渡しを目的とする債権の質権者が、弁済期後に第三債務者からその動産の直接の引渡しを受けたときは、以後、質権者は弁済として受けた動産の上に質権を有する。

Q **7** 　質権者は、自己の責任で、質物について転質をすることができる。

Q **8** 　質権者は、責任転質をしたことによって生じた損失については、不可抗力によるものであっても、その責任を負う。

**A 1** ○ そのとおり。債権譲渡の対抗要件の仕組み（民法467条）が、質権の設定に準用されている（民法364条）。

**A 2** ✗ 債権質に要物性はない。

**A 3** ○ そのとおり（民法520条の7、520条の2）。

**A 4** ○ 質権者は、質権を設定した債権の取立権を有する（民法366条1項）。この直接取立権が、債権質の強力な効力である。

**A 5** ✗ 本問の場合、質権者は、第三債務者にその弁済すべき金額を供託させることができる（民法366条3項前段）。その後、質権者は、自らの債権の弁済期の到来を待って、供託金を還付できる。

**A 6** ○ そのとおり（民法366条4項）。つまり、質権者は、その動産を競売できるのである。

**A 7** ○ これを、責任転質という（民法348条前段）。

**A 8** ○ そのとおり（民法348条後段）。

Part
3

担保物権

# Chapter 5 留置権

## 1 留置権の性質

**Q 1** 留置権者が目的物の占有を失ったときは、留置権は消滅しないが、第三者に対して留置権を対抗することができなくなる。

**Q 2** 留置権者が目的物の占有を奪われたときでも、占有回収の訴えにより、現実に目的物の占有を回復したときは、留置権を主張することができる。

**Q 3** 留置権には物上代位性がないが、優先弁済権はある。

**Q 4** 留置権には優先弁済権がないため、留置物につき競売の申立てをすることもできない。

**Q 5** 留置権者は、留置権による競売が行われたときは、その換価金を留置することはできない。

**Q 6** 留置権者は、留置物から生じる果実を収取して、他の債権者に先立ってこれを自己の債権の弁済に充当することができる。

**Q 7** 留置権者は、被担保債権の全額の弁済を受けるまで、目的物の全部を留置することができる。

**Q 8** 留置権者が、留置物の一部を債務者に引き渡したときでも、留置権者は、被担保債権の全額の弁済を受けるまで、留置物の残部を留置することができる。

**A 1** ✗ 　留置権者が目的物の占有を失ったときは、留置権は消滅する。留置権は、目的物の占有が権利の存続要件である。動産質権は、目的物の占有が第三者対抗要件だったこととと比較しよう。

**リンク** **Chapter 4 Section 1** **Q** **10〜12**

**A 2** ◯ 　そのとおり（民法203条ただし書参照）。

**A 3** ✗ 　留置権には、物上代位性も優先弁済権もない。

**A 4** ✗ 　前問のとおり留置権には優先弁済権がないが、目的物の競売はできる。

**A 5** ✗ 　競売後の換価金にも留置権の性質が及ぶため、これを留置することができる（最判平23.12.15）。

**A 6** ◯ 　留置権者には、目的物を競売した場合の優先弁済権はないが、果実に対する優先弁済権はある（民法297条1項）。

> **One Point♦ 果実収取権**
>
> 　留置物から生じる果実は少額であることが多いから、果実については他の債権者に優先することができます。

**A 7** ◯ 　そのとおり。留置権には不可分性がある（民法296条）。不可分性は、すべての担保物権に共通する性格である。

**A 8** ◯ 　そのとおり。留置権の不可分性についての判例である（最判平3.7.16）。

## ② 留置権の成立

Q **9** 留置権は、被担保債権が弁済期にないときは成立しない。

☐☐☐

Q **10** 不動産の二重譲渡があった場合において、第二の買主が先に登記を備えたときは、第二の買主からの不動産の明渡請求に対して、第一の買主は、売主への損害賠償請求権に基づいて不動産を留置することができる。

☐☐☐

Q **11** 他人所有の不動産の買主は、所有者からの不動産の明渡請求に対して、売主への債務不履行による損害賠償請求権を被担保債権とする留置権を主張して、不動産の明渡しを拒むことができる。

☐☐☐

Q **12** 不動産の買主が売主への売買代金を支払わないまま、その不動産を第三者に転売したときは、第三者からの不動産の引渡の請求に対して、売主は、未払いの売買代金債権に基づいて、不動産を留置することができる。

☐☐☐

Q **13** 譲渡担保権者が譲渡担保権を実行して、譲渡担保の目的不動産を第三者に譲渡した場合、第三者からの明渡請求に対して、譲渡担保権設定者は、譲渡担保権者に対する清算金支払請求権に基づいて、不動産を留置することができる。

☐☐☐

Q **14** 占有が不法行為によって始まったときは、留置権は成立しない。

☐☐☐

Q **15** 賃料不払いにより建物の賃貸借契約を解除された賃借人が、占有権原のないことを知りながら引き続き建物を占有している場合において、解除後に建物に有益費を支出したときは、この有益費の償還請求権に基づいて建物を留置することができる。

☐☐☐

Q **16** 賃貸借契約中に支出した必要費の償還請求権に基づいて、賃貸借契約の解除後も引き続き建物を留置している留置権者が、解除後にさらに必要費を支出したときでも、解除後の必要費の償還請求権のために留置権を主張することはできない。

☐☐☐

**A 9** ◯ 　そのとおり。被担保債権が弁済期にあることが、留置権の成立要件のひとつである（民法295条1項）。留置権は、目的物の占有により、被担保債権の弁済を心理的に強制することに意義があるからである。

**A 10** ✕ 　二重譲渡の事案では、留置権は成立しない（最判昭43.11.21）。不動産を留置しても、売主に対して心理的に損害賠償の支払を強制する関係にないのである。

**A 11** ✕ 　他人物売買の事案においても、留置権は成立しない（最判昭51.6.17）。前問と同じく、不動産を留置しても、売主の損害賠償の支払を心理的に強制することにはならないからである。

**A 12** ◯ 　売主→買主→第三者と転売されたケースでは、売主は、留置権を主張して目的物の引渡しを拒絶できる（最判昭47.11.16）。売主→買主への売買代金請求権と、第三者→売主への引渡請求権がちゃんと向かい合っているため、物と債権の牽連性アリ、である。

**A 13** ◯ 　そのとおり（最判平9.4.11）。設定者→譲渡担保権者→第三者へと不動産の所有権が移転したケースである。このため、前問と同様の結論となる。

**A 14** ◯ 　そのとおり（民法295条2項）。不法行為による占有者は保護に値しないのである。

**A 15** ✕ 　解除後に支出した有益費の償還請求権に基づいて建物を留置することはできない（最判昭46.7.16、民法295条2項類推適用）。自らを不法占拠者と知っている以上、占有が不法行為によって始まったのと同視できるからである。

**A 16** ✕ 　本問の留置権者は、解除後も留置権という本権に基づく占有をしている。このため、解除後の必要費の償還請求権のためにも留置権を主張できる（最判昭33.1.17）。

**Q 17** 賃貸借契約の解除前に支出した有益費の償還請求権に基づいて建物を留置している留置権者は、建物の使用が留置物の保存行為に当たるとしても、その使用による利益を、不当利得として建物の所有者に返還しなければならない。

**Q 18** 借地権者が、建物買取請求権を行使したことにより取得した売買代金債権に基づいて建物を留置するときは、その反射的効果として敷地も留置することができるが、その賃料相当額は不当利得として土地所有者に返還しなければならない。

**Q 19** 家屋の賃借人は、造作買取代金債権に基づいて、その造作とともに建物を留置することができる。

**Q 20** 賃借人は、賃貸人に対する敷金返還請求権に基づいて、賃貸建物を留置することができる。

## ③ 留置権の主張

**Q 21** 留置権の行使は、被担保債権の消滅時効の進行を妨げない。

**Q 22** 留置権者が目的物の返還を求める訴訟を提起された場合に、裁判上留置権を主張したときは、裁判所は、原告の請求を棄却する。

## ④ 留置権者の義務

**Q 23** 留置権者は、善良な管理者の注意をもって、留置物を占有しなければならない。

**Q 24** 留置権者は、物の保存に必要な使用をする場合を除いて、債務者の承諾を得なければ、留置物を使用し、賃貸し、または担保に供することができない。

**A 17** ◯　そのとおり（大判昭10.5.13）。もともと賃料を支払って住んでいた賃借人が、留置権があるからといって、契約終了後はタダで住んでいいというわけにはいかないのである。

**A 18** ◯　そのとおり（大判昭18.2.18）。本事例では、建物に関する債権を根拠に土地を留置できる。ただし、タダで土地を留置できるわけではないので、地代相当額を不当利得として返還することとなるのである。

**A 19** ✗　造作自体の留置はできるが、建物の留置はできない（最判昭29.1.14）。造作に関する債権で建物を留置するのは、お門違いというわけである。

**A 20** ✗　留置できない（最判昭49.9.2）。賃借人の家屋明渡債務は、賃貸人の敷金返還債務に対し先履行の関係にある。このため、建物を明け渡さなければ敷金返還請求権は発生せず、そもそも留置権も成立しない。

**A 21** ◯　そのとおり（民法300条）。目的物を留置しているだけでは、債権の消滅時効は更新されない。

**A 22** ✗　裁判所は、引換給付判決をする。なお、訴訟上、同時履行の抗弁権が主張された場合も同じである。

**A 23** ◯　留置権者には、善管注意義務がある（民法298条1項）。

**A 24** ◯　そのとおり（民法298条2項）。留置権者は、債務者の所有物を勝手に賃貸などすることはできない。ただし、保存に必要な行為であれば、債務者の承諾を要しない。

**Q 25** 船舶を留置している留置権者が、その船舶を航行させることは、それがたとえ遠方への航行であっても、留置物の保存に必要な使用に当たる。

**Q 26** 留置権者が善管注意義務に違反したとき、または、債務者に無断で留置物を賃貸等したときでも、債務者からの留置権消滅請求がない限り、当然には留置権は消滅しない。

**Q 27** 留置権者が、債務者に無断で留置物を第三者に賃貸したときでも、債務者に損害が生じていないときは、債務者は留置権の消滅を請求することができない。

**Q 28** 留置権者が債務者から留置物の使用について承諾を受けていたときでも、その後に、留置物の所有権を譲り受けて対抗要件を備えた新所有者に対しては、その承諾の効果は及ばないから、新所有者は、留置権者に対して、目的物の使用を理由として留置権の消滅請求をすることができる。

**Q 29** 債務者は、相当の担保を提供して、留置権の消滅を請求することができる。

**Q 30** 質権の債務者は、相当の担保を提供して、質権の消滅を請求することができる。

**A 25** ✗　　遠方への航行は、留置物の保存に必要な使用とはいえない（最判
昭30.3.4）。

--------------------------------------------------------

**A 26** ○　　当然には留置権は消滅せず、債務者が消滅請求をしたときに、留
置権が消滅する（民法298条3項）。

>  **One Point◆ 質権への準用**
>
> 　民法の350条は、この298条をはじめ、留置権のいくつかの規定を質権に
> 準用しています。どの条文を準用しているのかは、ちゃんと確認しておきま
> しょう。

**リンク** Chapter 4 Section 1 **Q** 16、17

Part
3

担
保
物
権

--------------------------------------------------------

**A 27** ✗　　損害が生じていなくても、債務者は、留置権の消滅を請求できる
（最判昭38.5.31）。この消滅請求は、留置権者の義務違反へのペナル
ティであるから、損害の有無や違反行為が終了したかどうかなどを
問わずすることができる。

--------------------------------------------------------

**A 28** ✗　　新所有者は、留置権者に対して、留置権の消滅請求をすることが
できない（最判平9.7.3）。前所有者から留置物の使用の承諾を受け
ていた留置権者の利益を保護する趣旨である。

--------------------------------------------------------

**A 29** ○　　そのとおり（民法301条）。留置権の成立当初から、被担保債権の
額と目的物の価格が釣り合わないことがよくあるためである。

--------------------------------------------------------

**A 30** ✗　　質権の債務者は、相当の担保を提供して、質権の消滅を請求する
ことはできない。民法350条は、前問の民法301条を準用していな
い。

## 急所 1 留置権の成立要件と重要判例

留置権の成立要件は、次のとおりである（民法295条1項、2項）。
1 他人の物を占有すること
2 他人の物に関して生じた債権を有すること
3 債権が弁済期にあること
4 占有が不法行為によって始まったものではないこと

　留置権の成立要件のうち「2　物に関して生じた債権」に関する重要判例を
ピックアップします。

1　二重譲渡の事例
　　不動産が二重譲渡され、第二の買主が先に所有権移転登記を備えたため、
第一の買主に対して、所有権に基づく不動産の明渡しを請求した場合、第一
の買主は、売主に対する損害賠償請求権を被担保債権とする留置権を主張し
て、明渡しを拒むことはできない（最判昭43.11.21）。

2　他人物売買の事例
　　他人物売買の買主が、その目的物の所有者から返還請求を受けた場合、買
主は、売主の債務不履行による損害賠償請求権を被担保債権とする留置権を
主張して、目的物の返還請求を拒むことはできない（最判昭51.6.17）。

3　転売事例
　　不動産の買主が、売買代金を支払わないままこれを第三者に譲渡した場
合、売主は、第三者からの不動産の引渡請求に対して、買主に対する売買代
金請求権を被担保債権として、留置権を主張することができる（最判昭
47.11.16）。

## 急所|2| 留置権の性質

　担保物権の性質として挙げられる①付従性、②随伴性、③不可分性、④物上代位性、⑤優先弁済権のうち、留置権には、④と⑤が存在しない。

1　④の物上代位について

　　留置権は、物を留め置くだけの権利であるため、物上代位性がない。留置物の価値変形物を留め置くことは不可能といえるからである。

2　⑤の優先弁済権について

　　留置権者は、目的物の競売を申し立てることはできるが、その代価に対する優先権を有しない。なお、留置物から生じる果実については優先権を有することにも注意しよう。

 **One Point◆ 担保物権の性質**

　　上記で掲げた担保物権の５つの性質は、抵当権、質権、先取特権にはすべて備わっています。ただし、元本確定前の根抵当権には、①の付従性と②の随伴性は存在しません。

# Chapter 6 先取特権

## 1 一般の先取特権

**Q 1** 退職金については、雇用関係の先取特権は成立しない。

**Q 2** パートタイムで働いている者が会社からその賃金の支払いを受けていないときは、雇用関係の先取特権が成立する。

**Q 3** 一般の先取特権が競合するときは、①共益の費用、②雇用関係、③日用品の供給、④葬式の費用、の順序で優先弁済を受ける。

**Q 4** 雇用関係の先取特権と特別の先取特権が競合するときは、特別の先取特権が優先する。

**Q 5** 共益費用の先取特権は、その利益を受けた特別の先取特権者に対しても優先する。

**Q 6** 一般の先取特権者は、債務者の不動産にその登記をしなければ、特別の担保を持たない債権者に優先することができない。

**Q 7** 一般の先取特権者は、債務者の不動産に先取特権保存の登記をしなくても、登記をした抵当権者またはその不動産の所有権を取得して登記をした第三者に対抗することができる。

## 2 動産の先取特権

**Q 8** 不動産賃貸の先取特権は、未払いの賃料債務のほか賃貸借関係から生じた賃借人の債務について、賃借人の動産の上に成立する。

**Q 9** 賃借人が建物に持ち込んだ金銭や有価証券には、不動産賃貸の先取特権の効力は及ばない。

**A 1** ✗ 　退職金でも、その支払基準および実情に照らして給料の後払いの
性格が認められるものについては、雇用関係の先取特権が成立する
（最判昭44.9.2）。

**A 2** ◯ 　そのとおり。パートタイムのバイト代も、雇用関係によって生じ
た債権である（最判昭47.9.7）。

**A 3** ✗ 　一般の先取特権が競合するときは、①共益の費用、②雇用関係、
③葬式の費用、④日用品の供給、の順序で優先弁済を受ける（民法
329条1項、306条）。

**A 4** ◯ 　そのとおり（民法329条2項本文）。特別の先取特権者は、目的物
が特定されているため、その目的物についての効力が強いのである。

**A 5** ◯ 　共益費用は、すべての債権者にとってプラスとなる費用だから、
その利益を受けた特別の先取特権者にも優先する（民法329条2項た
だし書）。

**A 6** ✗ 　一般の先取特権者は、登記がなくても、無担保の債権者（一般債
権者）に優先する（民法336条本文）。

**A 7** ✗ 　一般の先取特権者も、その登記がなければ、抵当権者等の登記を
した第三者には勝てない（民法336条ただし書）。

**A 8** ◯ 　そのとおり（民法312条）。

**A 9** ✗ 　賃借人が建物に持ち込んだ金銭や有価証券にも、不動産賃貸の先
取特権の効力が及ぶ（大判大3.7.4）。

Q **10** 賃借人が第三者の所有する物を賃貸建物に持ち込んでいた場合に、賃貸人
□□□ がその動産を賃借人の所有物であると過失なく誤信したときは、その動産に
不動産賃貸の先取特権の効力が及ぶ。

Q **11** 動産の保存の先取特権者が数人あるときは、前の保存者が後の保存者に優
□□□ 先する。

Q **12** 不動産賃貸の先取特権者は、その債権を取得した時において動産の売買の
□□□ 先取特権者があることを知っていたときでも、その者に対して優先権を行使
することができる。

Q **13** 不動産賃貸の先取特権者は、自己のために動産を保存した先取特権者に対
□□□ しては、優先権を行使することができない。

Q **14** 同一の動産の上に質権と不動産賃貸の先取特権が競合するときは、不動産
□□□ 賃貸の先取特権者が優先して弁済を受ける。

Q **15** 債務者が先取特権の目的である動産を第三者に譲渡して引き渡したときで
□□□ も、先取特権者は、その動産に対して先取特権を行使することができる。

Q **16** 動産の先取特権者は、債務者がその目的物を第三者に譲渡したときでも、
□□□ 債務者が取得する売買代金債権に物上代位することができる。

**A 10** ◯  そのとおり（民法319条、192条）。民法319条が即時取得に関する民法192条から195条の規定を準用している。

**A 11** ✕  後の保存者が前の保存者に優先する（民法330条1項後段）。後の者は前の者のためにも保存行為をしたといえるため、後の者が優先するのである。

**A 12** ✕  本問の場合、不動産賃貸の先取特権者は、動産売買の先取特権者に優先できない（民法330条2項前段）。知っていて優先するのは、厚かましいといえるからである。

**A 13** ◯  そのとおり（民法330条2項後段）。本問は、前問と異なり、不動産賃貸の先取特権者の善意、悪意とは無関係である。

**A 14** ✕  同一の動産の上に質権と不動産賃貸の先取特権が競合するときは、**動産質権者は第1順位の先取特権者と同一の権利を有する**（民法334条）。そのため、動産質権者と不動産賃貸の先取特権者は、それぞれの債権額に応じて配当を受けることとなる。

**A 15** ✕  先取特権を行使することができない（民法333条）。動産の先取特権は、外部からはその存在がまったく見えないから、取引の安全を優先するのである。

> 🐕 **One Point ◆ 民法333条の引渡しには占有改定を含むか？**
>
> 第三取得者が占有改定による引渡しを受けたにとどまるときでも、また、第三取得者が先取特権の存在につき悪意であっても、先取特権者はその引き渡された動産に対して先取特権を行使することができない点にも注意しておきましょう。

**A 16** ◯  そのとおり。債務者が先取特権の目的動産を第三者に譲渡してしまうと、先取特権者はその動産を競売することはできない。しかし、その売買代金債権を差し押さえて、物上代位することはできるのである（民法304条）。

**Q 17** 動産の先取特権者は、物上代位の目的債権を債務者が譲渡して対抗要件を備えた後でも、その債権を差し押さえて物上代位権を行使することができる。

## ③ 不動産の先取特権

**Q 18** 不動産保存の先取特権は、不動産の修繕費用のほか、不動産に関する権利を保存するために要した費用についても成立する。

**Q 19** 不動産保存の先取特権の効力を保存するためには、保存行為が完了した後直ちにその登記をしなければならない。

**Q 20** 不動産工事の先取特権の効力を保存するためには、工事が完了した後遅滞なく、その工事に要した費用の額を登記しなければならない。

**Q 21** 不動産の売買の先取特権の効力を保存するためには、売買契約の前に、不動産の代価又はその利息の弁済がされていない旨を登記しなければならない。

**Q 22** 同一の不動産につき特別の先取特権が互いに競合するときは、①不動産保存の先取特権、②不動産売買の先取特権、③不動産工事の先取特権の順序で優先弁済を受ける。

**Q 23** 同一の不動産について順次売買があったときの売主相互間の不動産売買の先取特権の優先権の順位は、売買の前後による。

**Q 24** 適法に登記をした不動産保存、不動産工事または不動産売買の先取特権は、先順位の抵当権に優先する。

**A 17** ✗ 　動産の先取特権者は、物上代位の目的債権を債務者が譲渡して対抗要件を備えた後は、その債権を差し押さえて物上代位権を行使することはできない（最判平17.2.22）。

> **One Point ◆ 抵当権と比較**
>
> 　抵当権の物上代位で学習したリンク先の判例とよく比較しておきましょう。抵当権と異なり、動産の先取特権には公示方法がないことから、両者で結論に相違があります。

🔗 **リンク** **Chapter 1 Section 2** **Q** 5

**A 18** ◯ 　そのとおり（民法326条）。権利を保存したときにも、不動産保存の先取特権が発生する。

**A 19** ◯ 　保存行為完了後直ちに登記をすることを要する（民法337条）。不動産の先取特権は、その登記をすべき時期をよく覚えておこう。

**A 20** ✗ 　**工事を始める前に**その費用の予算額を登記しなければならない（民法338条1項前段）。

**A 21** ✗ 　売買契約と同時に登記しなければならない（民法340条）。

**A 22** ✗ 　不動産の先取特権が競合するときは、①不動産保存の先取特権、②**不動産工事の先取特権**、③**不動産売買の先取特権**の順序で優先弁済を受ける（民法331条1項、325条）。

**A 23** ◯ 　そのとおり（民法331条2項）。先の売買による先取特権が、後のものに優先するのである。

**A 24** ✗ 　適法に登記をした不動産保存または不動産工事の先取特権は、先順位の抵当権に優先する（民法339条）。不動産登記は早い者勝ちというオキテを破る権利は、不動産保存と不動産工事の先取特権であり、不動産売買の先取特権はこれに含まれない。

**Q 25** 同一の不動産につき、雇用関係の先取特権、不動産売買の先取特権、抵当権が競合するときは、それらの者の優先順位は、登記の前後による。

**Q 26** 不動産の先取特権の登記がされている不動産の所有権を取得した第三者は、先取特権の消滅を請求することはできない。

**A 25** ◯ 一般の先取特権、不動産売買の先取特権は、早い者勝ちのオキテを破らない。すなわち、抵当権との優先順位は、登記の前後により決する。

**A 26** ✕ 第三取得者は、先取特権の消滅請求をすることができる（民法341条、379条）。

---

 **One Point◆ 抵当権消滅請求の準用**

　民法341条には、性質に反しない限り抵当権の規定を準用すると書いてあります。そのため、不動産の先取特権にも抵当権消滅請求の規定が準用されます。また、不動産質権にも、抵当権消滅請求の規定の準用があります（民法361条）。

Part
3

担保物権

# Chapter 7 譲渡担保等

## 1 譲渡担保の基本

**Q 1** 譲渡担保は、不動産のほか、動産や債権を目的として設定することができる。

**Q 2** 動産を目的とする譲渡担保は、譲渡担保の設定者が目的物を譲渡担保権者に占有改定によって引渡しをしたときでも、その効力を生じる。

**Q 3** 抵当権の設定された不動産につき譲渡担保の設定を受けた譲渡担保権者は、第三取得者として抵当権消滅請求をすることができる。

**Q 4** 自己所有の土地に譲渡担保権を設定した者は、その土地を占有する不法占有者に対して、その明渡しを請求することができる。

**Q 5** 譲渡担保権者は、譲渡担保の目的物の価値変形物に対して物上代位権を行使することができない。

**Q 6** 借地上の建物に譲渡担保権を設定したときでも、譲渡担保権の効力は借地権である土地の賃借権には及ばない。

**Q 7** 不動産に譲渡担保権を設定して譲渡担保権者名義に所有権の移転登記をした後、弁済により譲渡担保権が消滅した場合において、譲渡担保権者がその不動産を第三者に譲渡したときは、その第三者が背信的悪意者でない限り、設定者は、登記がなければその第三者に所有権を対抗することができない。

**A 1** ◯　譲渡できるものであれば、これを譲渡担保に供することができると解してよい。

---

**A 2** ◯　譲渡担保は、占有改定による引渡しによっても設定可能である。

---

**A 3** ✕　譲渡担保権者は、譲渡担保権を実行して確定的に所有権を取得しない限り、抵当権消滅請求をすることができない（最判平7.11.10）。

> 🐕 **One Point◆ 抵当権消滅請求**
>
> 抵当権消滅請求をすることができない事例として、本問の判例もよく覚えておくとよいでしょう。

**リンク** Chapter 2 Section 3 **Q** 1〜8

---

**A 4** ◯　譲渡担保の設定により、土地の所有権は譲渡担保権者に移転するが、設定者は、債務を弁済すれば完全な所有権を回復できる地位にあるため、明渡しを請求できる（最判昭57.9.28）。

---

**A 5** ✕　物上代位できる（最判平11.5.17、最決平22.12.2）。譲渡担保権も優先弁済権を有する担保物権であるため、物上代位性を有するのである。

---

**A 6** ✕　借地上の建物に設定した譲渡担保権の効力は、建物に従たる権利の土地の賃借権にも及ぶ（最判昭51.9.21）。このあたりは、抵当権と同じように考えればよい。

---

**A 7** ◯　そのとおり。弁済による譲渡担保の目的不動産の所有権の復帰は、その旨の登記をしなければ第三者に対抗できない（最判昭62.11.12）。

> 🐕 **One Point◆ 対抗関係**
>
> 譲渡担保権設定者と弁済後の第三者とは、民法177条の対抗関係に立ちます。弁済による抵当権の消滅は、登記なくして第三者に対抗できることと比較しておいてください。

**リンク** Part 2 Chapter 1 Section 2 **Q** 26

**Q 8**　根抵当権者が、その目的である不動産につき譲渡担保権を取得し、譲渡担保を登記原因とする所有権移転登記をしたときは、根抵当権は混同によって消滅する。

**Q 9**　譲渡担保権者のAが、その目的である甲土地に設定された先順位の抵当権の被担保債権を代位弁済したことによって取得する求償権は、当然に、譲渡担保権の被担保債権となる。

## ② 譲渡担保の応用

**Q 10**　譲渡担保権の債務者は、弁済期を経過した後でも、譲渡担保権者が譲渡担保を実行するまでは、債務の全額を弁済して目的物を取り戻すことができる。

**Q 11**　譲渡担保権者が被担保債権の弁済期後に目的不動産を譲渡したときは、譲渡担保を設定した債務者は、譲受人が背信的悪意者に当たるときでも、債務の全額を弁済して目的不動産を受け戻すことができない。

**Q 12**　譲渡担保権の設定者は、被担保債権の弁済期後に受戻権を放棄して、譲渡担保権者に対して清算金の支払を請求することはできない。

**Q 13**　同一の動産に重ねて譲渡担保権が設定されている場合、後順位の譲渡担保権者は自ら譲渡担保権を実行することはできない。

**A 8** ✗ 　譲渡担保による所有権の移転は確定的なものではないため、根抵当権は混同によって消滅しない（最決平17.11.11）。

**A 9** ✗ 　設定契約に特別の定めがない限り、当然には譲渡担保権の被担保債権とならない（最判昭61.7.15）。先順位の抵当権の負担は当初から分かりきったことであり、また、Ａは、代位弁済により先順位抵当権に代位できるので、求償権が譲渡担保権の被担保債権とならなくても、特に不利益とならないからである。

**A 10** ◯ 　そのとおり。これを受戻権という（最判昭57.1.22、最判昭62.2.12）。

**A 11** ◯ 　そのとおり（最判平6.2.22）。弁済期後に譲渡担保の目的物が第三者に譲渡されると、受戻権が消滅する。このことは、譲受人が背信的悪意者であっても相違しない。

**A 12** ◯ 　そのとおり（最判平8.11.22）。清算金支払請求権は、譲渡担保権者が譲渡担保を実行する場合に設定者に生じる権利である。設定者が受戻権を放棄しても、譲渡担保の実行前に清算金の支払請求をすることができるわけではない。

> 🐕 **One Point◆ 譲渡担保と留置権**
>
> 　譲渡担保の設定者は、譲渡担保の目的不動産の所有権を取得した第三者からの引渡しの請求に対して、清算金支払請求権に基づいて目的不動産を留置することができます（最判平9.4.11）。リンク先に戻って復習しておいてください。

**リンク ➡** Chapter 5 **Q** 13

**A 13** ◯ 　そのとおり（最判平18.7.20）。譲渡担保の実行は、譲渡担保権者自らの手続による。そのため、後順位の動産譲渡担保権者による実行を認めると、先順位の譲渡担保権者の優先弁済の利益が害されることとなるからである。

**Q 14** 構成部分が変動する集合動産を目的として、譲渡担保を設定することはできない。

**Q 15** 集合動産を目的として譲渡担保権を設定するときは、担保の目的となる動産の範囲の特定を要しない。

**Q 16** 集合動産譲渡担保の設定者が、譲渡担保の目的である動産を売却したときは、それが通常の営業の範囲を超える売却であっても、買主は、目的物の所有権を取得することができる。

**Q 17** 動産の先取特権の目的である動産が占有改定の方法によって、集合動産譲渡担保の構成部分となった場合において、先取特権者がその動産の競売を申し立てたときは、譲渡担保権者は、その動産についても引渡しを受けたものとして譲渡担保権を主張することができる。

**Q 18** 将来発生すべき債権を目的として譲渡担保権を設定することはできない。

**Q 19** 将来発生すべき債権を目的として譲渡担保権を設定した場合において、譲渡担保権の目的である債権が将来発生したときは、譲渡担保権者は、当然に、その債権を担保の目的で取得することができる。

**A 14** ✕　構成部分が変動する集合動産でも、その種類、所在場所、量的範囲を指定するなどの方法により目的物の範囲が特定できるときは、1個の集合物を目的として譲渡担保を設定することができる（最判昭54.2.15）。

**A 15** ✕　特定を要する（最判昭54.2.15、前問の解説参照）。なお、家財一切と定めただけでは、特定方式として不十分とする判例もある（最判昭57.10.14）。

**A 16** ✕　通常の営業の範囲を超える売却であるときは、原則として、買主は、目的物の所有権を取得できない（最判平18.7.20）。なお、通常の営業の範囲内での売却であれば、買主は所有権を取得できる。

**A 17** ◯　そのとおり（最判昭62.11.10）。先取特権者は、債務者がその目的動産を第三者に譲渡したときは、先取特権を行使できない（民法333条）。譲渡担保の設定も上記の「譲渡」に含まれるのである。

**リンク** Chapter 6 **Q** 15

**A 18** ✕　将来債権を目的とする譲渡担保権の設定も可能である（最判平19.2.15参照）。

**A 19** ◯　そのとおり。譲渡担保権設定者等の特段の行為を要することなく、債権の発生により、譲渡担保権者は当然に債権を取得する（最判平19.2.15）。

Part
3

担保物権

Part**4**

# 債　権

# Chapter 1 | 売 買

## Section 1　担保責任

### 1　売主の担保責任

**Q 1**　他人の権利を売買の目的としたときは、売主は、その権利を取得して買主に移転する義務を負う。

**Q 2**　Aが、Bとの間で、C所有の甲土地を売却する旨の契約を締結したときは、特約がない限り、AB間の売買契約成立の日に、甲土地の所有権がCからBに移転する。

**Q 3**　引き渡された売買の目的物が、種類、品質または数量に関して契約の内容に適合しないものである場合において、売主に責めに帰することができる事由があるときは、買主は、売主に対し、これによって生じた損害の賠償を請求することができる。

**Q 4**　引き渡された売買の目的物が、種類、品質または数量に関して契約の内容に適合しないものである場合であっても、売主に責めに帰すべき事由がなければ、買主は、契約の解除をすることができない。

**Q 5**　引き渡された売買の目的物が、種類、品質または数量に関して契約の内容に適合しないものであるときは、その不適合が買主の責めに帰すべき事由によるものである場合であっても、買主は、売主に対し、履行の追完を請求することができる。

**Q 6**　引き渡された売買の目的物が種類、品質または数量に関して契約の内容に適合しないものである場合において、買主が履行の追完として代替物の引渡しを請求したときは、売主は、これと異なる方法による履行の追完をすることはできない。

Ⓐ 1 　◯　　そのとおり。他人物売買も有効であり、この場合、売主は本問の
義務を負う（民法561条）。

----------------------------------------------------------------

Ⓐ 2 　✕　　売主ＡがＣから甲土地を譲り受けたときに所有権がＡに移転し、
同時に、Ｂに移転する。Ｃ→Ａ、Ａ→Ｂの２つの物権変動が同時に
生じるのである。

----------------------------------------------------------------

Ⓐ 3 　◯　　そのとおり。売買にも、債務不履行の一般則が適用となるため、
売主に責めに帰することができる事由があれば、損害賠償を請求で
きる（民法564条、415条1項）。

----------------------------------------------------------------

Ⓐ 4 　✕　　解除にも一般則が適用される。このため、買主は、売主に帰責事
由がないときでも、自らに帰責事由がない限り、契約を解除できる
（民法564条、541条、542条）。

----------------------------------------------------------------

Ⓐ 5 　✕　　追完請求できない（民法562条2項）。たとえば、目的物の品質の
劣化につき、買主に帰責事由がある場合、その劣化のリスクは、買
主自身が負うべきである。

> 🐕 **One Point ◆ 履行の追完請求**
>
> 　履行の追完請求とは、次のうちのいずれかの請求のことです（民法562条
> 1項本文）。
> 　1　目的物の修補
> 　2　代替物の引渡し（代替物がないときは不可）
> 　3　不足分の引渡し（数量の不足の場合）

----------------------------------------------------------------

Ⓐ 6 　✕　　買主に不相当な負担を課するものでなければ、別の方法による追
完（例　修補）をすることもできる（民法562条1項ただし書）。

Q 7 　引き渡された売買の目的物が、種類、品質または数量に関して契約の内容に適合しないものである場合でも、買主は、売主に責めに帰すべき事由がなければ、代金の減額を請求することができない。

---

Q 8 　引き渡された売買の目的物が、種類、品質または数量に関して契約の内容に適合しないものである場合でも、その不適合が買主の責めに帰すべき事由によるものであるときは、買主は、代金の減額を請求することができない。

---

Q 9 　引き渡された売買の目的物に、種類、品質または数量に関する契約不適合があった場合において、履行の追完が不能であるときは、買主は、履行の追完の催告をすることなく、直ちに代金の減額を請求することができる。

---

Q 10 　売主が買主に移転した権利が契約の内容に適合しないものであるときは、買主は、売主に対して、履行の追完を請求することができるが、代金の減額を請求することはできない。

---

Q 11 　売主は、担保責任を負わない旨の特約をすることができない。

---

Q 12 　売主が、数量に関して契約の内容に適合しない目的物を買主に引き渡した場合において、買主が、その不適合を知った時から1年以内にその旨を売主に通知しないときは、買主は、その不適合を理由として履行の追完の請求や代金の減額の請求などをすることができない。

**A 7** ✖ 　売主に帰責事由がなくても、代金の減額を請求することができる（民法563条参照）。この点、解除の仕組みに同じである。代金の減額請求には、契約の一部解除の実質があるからである。

**A 8** ⭕ 　そのとおり（民法563条3項）。これも、解除に同じである（民法543条参照）。

**A 9** ⭕ 　そのとおり。履行の追完が不能であれば、無催告で減額請求できるのは当たり前のハナシである（民法563条2項1号）。

---

> 🐕 **One Point ◆ 代金減額請求**
>
> 　次の場合、買主は、履行の追完の催告をすることなく、代金の減額を請求できます（民法563条2項）。
> 1　履行の追完が不能であるとき
> 2　売主が履行の追完を拒絶する意思を明確に表示したとき
> 3　契約の性質または当事者の意思表示により、特定の日時または一定の期間内に履行をしなければ契約をした目的を達することができない場合において、売主が履行の追完をしないでその時期を経過したとき
> 4　1～3の場合のほか、買主が催告をしても履行の追完を受ける見込みがないことが明らかであるとき

**A 10** ✖ 　履行の追完請求はもちろん、代金減額請求もできる（民法565条）。ついでにいうと、損害賠償の請求（売主の帰責事由を要する）や契約の解除もできる。この点、物の契約不適合と権利の契約不適合で取扱いが異なることはない。

**A 11** ✖ 　特約をすることはできる。なお、その場合であっても、知りながら告げなかった事実および自ら第三者のために設定し、または第三者に譲り渡した権利については、その責任を免れることができない（民法572条）。

**A 12** ✖ 　数量の契約不適合の場合、本問のような1年の期間の制限はナイ（民法566条本文参照）。数量不足は、時の経過によって曖昧さが生じることが考えにくいため、その期間制限は、債権の消滅時効に関する一般則に従えば足りる。このことは、権利の契約不適合も同じである。

**Q 13** 　売主が種類または品質に関して契約の内容に適合しない目的物を買主に引き渡した場合において、買主が、その不適合を知った時から1年以内にその旨を売主に通知しなかったときは、売主が引渡しの時にその不適合を知っていた場合であっても、買主は、その不適合を理由として担保責任を追求することができない。

**Q 14** 　競売の買受人は、競売の目的物の種類または品質に関する不適合を理由として、債務者に対し、契約の解除をし、または代金の減額を請求することができる。

**Q 15** 　買い受けた不動産に抵当権が存していたため、買主が費用を支出してその不動産の所有権を保存したときは、それが契約の内容に適合する場合であっても、買主は、売主に対して、その費用の償還を請求することができる。

## ❷ 危険負担、危険の移転

**Q 16** 　Aは、Bに対して、その所有する甲建物を売却したが、その引渡しの前に、当事者双方の責めに帰することができない事由によって、甲建物が滅失したときは、買主のBは、Aに甲建物の引渡しを請求することはできない。

**Q 17** 　Aは、Bに対して、その所有する甲建物を売却したが、その引渡しの前に、当事者双方の責めに帰することができない事由によって、甲建物が滅失したときは、Bは、Aからの代金の支払の請求を拒むことができない。

**A 13** ✗ 売主が悪意・重過失の場合、買主が通知を欠いても、担保責任を追求できる（民法566条ただし書）。悪意・重過失の売主が、買主が通知を欠いたことを主張して免責を受けるのは適切ではないためである。

**A 14** ✗ 契約の解除または代金の減額請求のいずれもすることができない（民法568条4項）。競売物件は、市価よりも安価であることがふつうであるため、買受人は、その種類や品質について口出しをすべきではないのである。

> **One Point ◆ 競売における担保責任**
>
> 目的物の数量不足や競売の対象となった権利の不適合については、買受人は、債務者等に対し、担保責任（契約の解除、代金減額請求）を問うことができます（民法568条1～3項）。その詳細は、民法568条をご確認ください。

**A 15** ✗ 抵当権、先取特権、質権の存在が、契約の内容に適合しない場合に限り請求できる（民法570条）。契約の内容に適合しているのであれば（例 抵当権付ということで安く買いたたいた場合）、買主自らがその負担を負うべきである。

**A 16** ◯ 不可能なことは請求できない（民法412条の2第1項）。当たり前のハナシである。このため、本事案では、買主の建物引渡請求権は消滅する。

**A 17** ✗ 拒絶できる（民法536条1項）。帰責事由のない買主が、すでに滅失した建物の代金を支払ういわれはないのである。

> **One Point ◆ 買主の対抗手段**
>
> 本事案において、買主のBには帰責事由がありませんから、契約を解除して、債務そのものをナシにすることもできます（民法542条、543条）。

**Q 18**  Aは、Bに対して、その所有する甲建物を売却したが、その引渡しの前に、Bの責めに帰すべき事由によって、甲建物が滅失したときは、Bは、Aからの代金の支払の請求を拒むことができない。

**Q 19**  種類債権は、債務者が物の給付をするのに必要な行為を完了し、または債権者の同意を得てその給付すべき物を指定したときに特定する。

**Q 20**  Aが自己所有の甲建物をBに売却し、その引渡しの後に、甲建物が当事者双方の責めに帰することができない事由によって滅失したときは、Bは、Aに対し、その滅失を理由に担保責任を問うことができる。

**Q 21**  売主が契約の内容に適合する目的物をもって、その引渡しの債務の履行を提供したにもかかわらず、買主が、その履行を受けることを拒んだ場合、その履行の提供があった時に、買主に危険が移転する。

**A 18** ○ そのとおり（民法536条2項前段）。また、この場合、Bに帰責事由があるため、B自ら契約を解除してその債務を免れることもできない（民法543条）。なお、本事案において、Aが自己の債務を免れたことにより利益を得たときは（例　保険金を得た）、これをBに償還することを要する（民法536条2項後段）。

**A 19** ○ そのとおり（民法401条2項）。持参債務であれば、債権者の現在の住所で物の給付をするのに必要な行為を完了したときに特定する。取立債務であれば、債務者が履行の準備をし、給付すべき物を分離して、それを債権者に通知したときに特定する。

> **One Point◆ 持参債務、取立債務**
>
> 　持参債務とは、債務者が債権者のもとへ届ける債務のことをいいます。民法上、債務の弁済は、持参債務を原則とします（民法484条1項後段）。一方、取立債務とは、債権者が債務者のもとに目的物を取りにいく債務のことをいいます。

**A 20** ✕ 担保責任（履行の追完請求、代金減額請求、損害賠償の請求、契約の解除）を問うことはできない（民法567条1項前段）。また、代金の支払を拒むこともできない（同項後段）。引渡しにより、危険が買主に移転するためである。

**A 21** ○ そのとおり（民法567条2項）。買主の受領遅滞のケースでは、履行の提供により危険が買主に移転する。このため、それ以後に、当事者双方の責めに帰することができない事由により目的物が滅失・損傷したときは、買主は、売主に担保責任を問うことができず、代金の支払を拒むこともできない。

# Section 2  手付その他

## ① 手 付

**Q 1**
手付を交付した売買契約につき、売主が履行に着手した後は、買主は手付を放棄して売買契約を解除することはできない。

**Q 2**
解約手付を交付した売買契約につき、売主が履行に着手した後は、買主がいまだ履行に着手していなくても、売主は手付の倍額を償還して売買契約を解除することはできない。

**Q 3**
売主が手付の倍額を償還して売買契約を解除するためには、買主に対して、手付の倍額を償還する旨を告げその受領を催告すれば足りる。

**Q 4**
手付による解除をした場合で、なお損害があるときは、解除をした当事者は相手方に対して損害賠償を請求することができる。

**Q 5**
手付を交付した売買契約でも、相手方に債務不履行があるときは、債務不履行を理由に契約を解除することができる。

**Q 6**
手付を交付した売買契約につき、買主が代金を支払わないため、売主が債務不履行を理由に契約を解除した場合、売主は、手付を返還することを要しない。

**Q 7**
売買契約の売主が、買主の債務不履行を理由に契約を解除した場合において、手付が交付されていたときは、売主は、買主に対して損害賠償を請求することができない。

**A 1** ◯ 　相手方（売主）が履行に着手した後は、買主は手付放棄による解除ができない（民法557条1項ただし書）。履行に着手した当事者の利益を保護する趣旨である。

**A 2** ✕ 　売主は、手付の倍額を償還して売買契約を解除できる（民法557条1項ただし書）。本事例では、買主は履行に着手していないから、売主が契約の解除をしても、買主に不測の損害を与えることはない。

**A 3** ✕ 　買主に、手付の倍額を償還する旨を告げその受領を催告するのみでは足りず、その現実の提供をすることを要する（民法557条1項本文）。

**A 4** ✕ 　損害賠償の請求はできない（民法557条2項）。

**A 5** ◯ 　そのとおり（民法541条、542条）。この場合、売買に付着した手付に係る合意も、さかのぼって無効となる。

**A 6** ✕ 　手付に係る合意は、さかのぼって無効となるため、売主は、手付を返還することを要する（民法545条1項本文）。

**A 7** ✕ 　手付が交付されていたときでも、売主は、買主に対して損害賠償を請求できる。手付の部分を含め、解除により売買は、さかのぼって無効となっている。そして、民法545条4項の債務不履行の一般原則に基づく損害賠償請求権が、売主に残存するのである。

## ② 売買その他

**Q 8** 売買の目的物の引渡しについて期限があるときは、代金の支払いについて
も同一の期限を付したものとみなされる。

**Q 9** 売買の目的物の引渡しと同時に代金を支払うべきときは、その引渡しの場
所において支払わなければならない。

**Q 10** 弁済をすべき場所につき特約がないときは、特定物の引渡しは、債権発生
の時にその物が存在した場所においてしなければならず、その他の弁済は、
債務者の現在の住所においてしなければならない。

**Q 11** 弁済の費用について別段の意思表示がないときは、その費用は、債務者の
負担となる。

**Q 12** 売買契約に関する費用は、買主が負担する。

**Q 13** 買主は、売買契約成立の日から、代金の利息を支払う義務を負う。

**Q 14** 売主が目的物の引渡しを遅滞している場合、買主から代金の支払を受けて
いなくても、売主は目的物から生じる果実を収取することはできない。

**Q 15** 買主は、代金の支払いにつき履行遅滞にあるときでも、目的物の引渡しが
あるまでは代金の利息を支払うことを要しない。

**Q 16** 買主が代金を支払ったときは、特約がない限り、売主は売買の目的物から
生じる果実の収取権を失う。

**Q 17** 売主は、売買の目的物をまだ引き渡していないときでも、その所有権の移
転登記をしたときは、以後の果実収取権を失う。

---

Ⓐ 8 　✕ 　　最後の一文が誤り。売買の目的物の引渡しについて期限があるときは、代金の支払についても同一の期限を付したものと**推定される**（民法573条）。

---

Ⓐ 9 　○ 　　そのとおり（民法574条）。

---

Ⓐ 10 　✕ 　　最後の一文が誤り。その他の弁済は、**債権者の現在の住所**においてしなければならない（民法484条　いわゆる持参債務の原則）。

---

Ⓐ 11 　○ 　　そのとおり（民法485条本文）。

---

Ⓐ 12 　✕ 　　売買契約に関する費用は、**当事者双方が等しい割合で負担する**（民法558条）。

---

Ⓐ 13 　✕ 　　買主は、**引渡しの日から**、代金の利息を支払う義務を負う（民法575条2項本文）。

---

Ⓐ 14 　✕ 　　自らの債務の履行を遅滞していても、買主から代金の支払を受けていないときは、売主は、果実を収取できる（大連判大13.9.24）。

---

Ⓐ 15 　○ 　　そのとおり（大連判大13.9.24）。

---

Ⓐ 16 　○ 　　そのとおり（大判昭7.3.3）。本問の場合にも果実を取得できるとすると、売主側が果実の丸得になるからである。

---

Ⓐ 17 　✕ 　　所有権の移転登記をしただけでは、売主は、果実収取権を失わない（大判昭12.2.26）。

Part 4

債 権

## ❸ 買戻し、代金の支払拒絶権

**Q 18** 　別段の合意のない場合、不動産の売主は、売買契約と同時にした買戻しの特約により、買主が支払った代金および契約の費用を返還して、売買契約の解除をすることができる。

**Q 19** 　代物弁済契約と同時に買戻特約をすることができる。

**Q 20** 　買戻特約につき買戻期間を定めなかったときは、買戻権者は、10年以内に買い戻しをしなければならない。

**Q 21** 　当事者が、買戻しについて期間を定めたときは、その後、これを伸長することができる。

**Q 22** 　売買の目的につき権利を主張する者があるために買主がその買い受けた権利の全部を失うおそれがあるときは、買主は、その危険の限度に応じて、代金の全部の支払を拒むことができる。

**Q 23** 　買い受けた不動産に契約の内容に適合しない抵当権の登記があることを理由に、売買代金の支払を拒絶する買主に対し、売主が売買代金の供託を請求したが、買主がその供託をしなかったときは、買主は、売買代金の支払を拒むことができない。

**A 18** ◯  そのとおり（民法579条）。買戻特約は、売買契約と同時でなければすることはできない。ついでにいうと、その登記も、売買による所有権移転登記と同時に申請することを要する。なお、別段の合意のあるときは、売主は、その合意により定めた金額および契約の費用を返還して、買戻しをする（同条カッコ書）。

---

**A 19** ✕  代物弁済契約と同時に買戻特約をすることはできない。「売買」と「買戻特約」がセットなのである。

---

**A 20** ✕  買戻期間を定めなかったときは、買戻権者は、**5年以内**に買い戻しをすることを要する（民法580条3項）。

---

**A 21** ✕  伸長できない（民法580条2項）。これは、買戻しに特有の定めであり、共有物分割禁止の定めの期間や、不動産質権の存続期間が更新可能であることと比較しておこう（民法256条2項、360条2項）。

---

**A 22** ◯  そのとおり（民法576条）。買主の最大の義務である代金の支払義務を拒絶できるケースのひとつである。

> 🐕 **One Point ✦ 代金支払拒絶権**
>
> 本問のほか、買主に代金支払拒絶権が認められるケースとして、抵当権等の登記があるときの民法577条の規定があります。また、同時履行の抗弁権を行使して、代金の支払を拒絶できる場合もあります。

---

**A 23** ◯  そのとおり（大判昭14.4.15）。設問のケースは売主が供託請求をすることができる（民法577条、578条）。その義務を果たさない買主の代金支払拒絶権を維持するいわれはないのである。

## Section **1** 賃貸人たる地位の移転

### ① 賃貸借全般、敷金

**Q 1** ☐☐☐　賃貸借契約は、賃貸人がある物の使用および収益をさせることを約し、賃借人にその物を引き渡すことによって成立する要物契約である。

**Q 2** ☐☐☐　駐車場として利用するために土地を賃借するときは、借地借家法は適用されない。

**Q 3** ☐☐☐　敷金を差し入れていた建物賃貸借が終了した場合、賃借人は、賃貸人から敷金の返還があるまで、その建物の明渡しを拒むことができる。

**Q 4** ☐☐☐　敷金が授受された賃貸借契約が終了する前であっても、賃借人は、賃貸人に対し、その敷金を未払の賃料債務の弁済に充てることを請求することができる。

### ② 賃貸人たる地位の移転

**Q 5** ☐☐☐　Aは、その所有する甲建物をBに賃貸して引き渡した後、甲建物をCに売却したときは、Bの承諾がなければ、賃貸人たる地位はCに移転しない。

**Q 6** ☐☐☐　賃貸人たる地位の移転は、賃貸不動産について、所有権の移転の登記をしなければ、賃借人に対抗することができない。

**A 1** ✗ 　賃貸借契約は、賃貸人が目的物の使用収益をさせることを約し、賃借人がその賃料を支払うことを約することによって成立する**諾成契約**である（民法601条）。

---

**A 2** ○ 　そのとおり。借地借家法の適用がある「借地権」とは、「建物所有を目的とする地上権または土地の賃借権」を意味する。

---

**A 3** ✗ 　明渡しが先履行であり、拒むことができない。敷金返還請求権は、賃貸借が終了し、かつ、賃貸人が賃貸物の返還を受けたときに発生するのである（民法622条の2第1項1号）。

---

**A 4** ✗ 　請求できない（民法622条の2第2項後段）。債務者である賃借人が、賃貸人の担保を減少させることはできないという趣旨である。なお、賃貸人は、賃料等の債務に敷金を充当することができる（民法622条の2第2項前段）。

---

**A 5** ✗ 　賃借権に対抗力があるため、賃借人（B）の承諾がなくても、当然に移転する（民法605条の2第1項）。

> **🐕 One Point ◆ 契約上の地位の移転**
>
> 　契約上の地位を譲渡するためには、相手方当事者の承諾を要するのが原則です（民法539条の2）。この賃貸人たる地位の移転は、その例外に当たります。例外を通じて、原則を確認しておきましょう。

---

**A 6** ○ 　そのとおり（民法605条の2第3項）。賃借人の賃料の二重払いの危険を防止することがその制度趣旨である。

**Q 7** 他人に賃貸中の建物をBがAから譲り受けたことにより、賃貸人たる地位がBに移転した後、賃貸借契約が終了したときは、賃借人は、Aに差し入れていた敷金の返還をBに対して請求することができる。

**Q 8** 賃貸借契約が終了した後、賃借人が建物を明け渡す前にその不動産をBがAから譲り受けたときは、賃借人は、Aに差し入れていた敷金の返還をBに対して請求することができる。

**Q 9** 賃貸中の不動産の譲渡によって賃貸人たる地位が新所有者に移転したときは、既に発生している延滞賃料債権も新所有者に移転する。

**Q 10** 賃借人が建物に有益費を支出した後、賃貸人が建物の所有権を譲渡したときは、賃借人は譲受人に対して有益費の償還を請求しなければならない。

**Q 11** 賃借人が賃借物に有益費を支出したときは、賃借人は、賃貸人に対し、直ちに有益費の償還を請求することができる。

**Q 12** 賃借人が賃借物につき賃貸人の負担に属する必要費を支出したときは、賃貸人に対して、直ちにその償還を請求することができる。

**Q 13** Aがその所有する甲建物をBに賃貸して引き渡した後、甲建物をCに売却した。AとCとの間で賃貸人たる地位をAに留保する旨及び甲建物をCがAに賃貸する旨の合意をした場合であっても、賃貸人たる地位はCに移転する。

**Q 14** Aがその所有する甲建物をBに賃貸して引き渡した後、甲建物をCに売却した。AとCとの間で賃貸人たる地位をAに留保していた場合において、CとAとの間の賃貸借が終了したときは、賃貸人たる地位がAからCに移転する。

**Q 15** 対抗力のある不動産の賃借人は、その不動産を占有している第三者に対して、その返還を請求することができる。

**A 7** ○ 　そのとおり。敷金に関する権利義務は、新賃貸人が承継する（民法605条の2第4項）。

**A 8** ✕ 　BではなくAに請求することを要する（最判昭48.2.2）。

> 🐕 **One Point**◆ **賃貸不動産の所有権移転と敷金**
>
> 　前問と異なり、本問の賃貸不動産の譲渡は、賃貸借契約が終了した後のハナシです。この場合、敷金に関する権利義務は、新所有者には承継されません。

**A 9** ✕ 　賃貸不動産の譲渡のみでは、すでに発生している延滞賃料債権は新オーナーに移転しない。これを新オーナーに引き継ぐためには、別途、債権譲渡の手続を要する。

**A 10** ○ 　そのとおり。敷金に係る権利義務のほか、必要費や有益費の償還義務も、新賃貸人が承継する（民法605条の2第4項）。

**A 11** ✕ 　有益費については、賃借人は、**賃貸借契約の終了の時**に、その償還を請求できる（民法608条2項）。

**A 12** ○ 　そのとおり（民法608条1項）。前問の有益費と異なり、賃借人は直ちに必要費の償還を請求できる。

**A 13** ✕ 　移転しない（民法605条の2第2項前段）。本問の場合、賃貸人たる地位をAに留保でき、これにより、CがAに甲建物を賃貸し、Aが甲建物をBに賃貸するという関係（転貸借の関係）が生じる。

**A 14** ○ 　そのとおり（民法605条の2第2項後段）。なお、本問の場合も、Cが、賃貸人たる地位の移転を賃借人のBに対抗するためには、甲建物の所有権の移転の登記を要する（民法605条の2第3項）。

**A 15** ○ 　そのとおり（民法605条の4第2号）。また、不動産の占有を妨害している第三者に対し、その妨害の停止を求めることもできる（同条第1号）。

Part 4 債権

**Q 16** Aが、その所有する甲土地（駐車場）をBに賃貸して引き渡したが、その賃借権の登記をしていない場合において、甲土地をCに譲渡したときは、甲土地の賃貸人たる地位は、当然にCに移転する。

**A 16** ✕ 　賃借権に対抗力がないときは、賃貸人たる地位は当然には移転しない。この場合、AとCの合意により、Bの承諾を要することなく、Cに賃貸人たる地位を移転させることができる（民法605条の3前段）。なお、この場合にも、Cが賃貸人たる地位をBに対抗するためには、所有権の移転の登記を要する（同条後段、605条の2第3項）。

Q **1** 　借地権は、その登記がなくても、土地の上に借地権者が登記されている建
□□□　物を所有するときは、これをもって第三者に対抗することができる。

Q **2** 　借地権者が、借地上に自己名義の建物を有していたところ、その建物が滅
□□□　失したときは、借地権の対抗要件は消滅する。

Q **3** 　借地権者が借地上に所有する建物の登記が借地権者の家族の名義のもので
□□□　あるときでも、借地権者は、土地の譲受人に借地権を対抗することができる。

Q **4** 　借地権者が、自己を所有者とする表示の登記のみをした建物を所有すると
□□□　きでも、借地権の対抗力が認められる。

Q **5** 　借地上の建物の登記の所在場所の地番表示に誤りがあるときは、借地権そ
□□□　の対抗力を有しない。

Q **6** 　分筆の結果、新番の土地上に登記した建物を有しない状態となった場合で
□□□　も、借地権者が、原番の土地上に借地権者名義の建物を有しているときは、
新番の土地を譲り受けた者に対して、借地権者はその借地権を対抗すること
ができる。

**A 1** ◯ 　そのとおり（借地借家法10条1項）。建物の所有権の登記があれば、土地の登記簿には何も書いていなくても、借地権を第三者に対抗できる。

---

**One Point ◆ 建物賃貸借の対抗要件**

建物賃貸借の対抗要件は、建物の引渡しです（借地借家法31条）。

---

**A 2** ✕ 　建物が滅失しても、一定の要件を満たせば、建物の滅失の日から2年間はなお対抗力を有する（借地借家法10条2項）。

---

**One Point ◆ 借地上の建物の滅失**

本問のケースでは、次の要件を満たすと建物の滅失の日から2年間対抗力を維持できます。
1　滅失があった日と新建物を築造する旨を土地上の見やすい場所に掲示する。
2　滅失の日から2年以内に新建物を築造し、建物の登記をする。

---

**A 3** ✕ 　家族の名義の登記によっては、借地権を対抗できない（最判昭41.4.27）。借地権者本人の名義でなければならない。

---

**A 4** ◯ 　そのとおり（最判昭50.2.13）。表示の登記のみでも対抗力が認められる。

---

**A 5** ✕ 　地番表示に誤りがあるときでも、その登記の表示全体において、建物の同一性を認識できれば、借地権の対抗力が認められる（最大判昭40.3.17）。

---

**A 6** ◯ 　借地権を対抗できる（最判昭30.9.23）。登記記録上、分筆の過程は明らかとなるので、分筆の結果、建物が存在しないこととなった土地についても、借地権の対抗力を認めることができるのである

　甲土地と乙土地の借地権者が、甲土地上に自己名義の建物を所有している場合、乙土地をその建物の庭として一体として使用していることが明らかであっても、借地権者は乙土地の譲受人に借地権を対抗することはできない。

**A 7** ○　借地権を対抗できない（最判昭44.10.28）。乙土地の上には建物が存在しないので、乙土地の借地権には借地借家法の対抗力が生じない。前問は、もともと1筆の土地だったものを後から分筆したケースであるのに対し、本問は、最初から2筆の土地を賃借しているケースである。

# Section 3 賃借権の譲渡・転貸

## 1 無断譲渡・転貸

**Q 1** 賃借人は、賃貸人の承諾を得なければ、その賃借権を譲り渡すことはできないが、賃貸人の承諾を得なくても、賃借物を転貸することはできる。

**Q 2** 賃借人が、賃貸人の承諾を得ないでその賃借権を譲渡または賃借物を転貸したときは、賃貸人は、賃貸借契約の解除をすることができる。

**Q 3** 賃借人が賃貸人に無断で賃借建物を第三者に転貸したときは、賃貸人は、賃貸借契約を解除しなくても転借人に対して建物の明渡しを請求することができる。

**Q 4** 建物の賃借人が賃貸人に無断で建物を転貸した場合は、転借人が現実に建物の使用収益をしていないときでも、賃貸人は、賃貸借契約を解除することができる。

**Q 5** 賃借人が賃貸人に無断で第三者に賃借物の使用または収益をさせたときでも、賃借人の行為に、賃貸人に対する背信的行為と認めるに足りない特段の事情があるときは、賃貸人は、無断譲渡または転貸を理由に契約を解除することができない。

**Q 6** 建物所有を目的とする土地の賃貸借の場合で、借地権者が借地上の建物を譲渡するときは、賃借権の譲渡につき土地の賃貸人の承諾を得なければならない。

**A** 1 ✗ 　後半の記述が誤り。賃借権の譲渡はもとより、賃借人が賃借物を転貸するときにも、賃貸人の承諾を要する（民法612条1項）。これが民法の原則である。

**A** 2 ○ 　そのとおり（民法612条2項）。

**A** 3 ○ 　そのとおり（最判昭26.5.31）。本事例の転貸借契約は賃貸人に対抗できないから、転借人は、そもそも賃貸人との関係で不法占拠者である。

**A** 4 ✗ 　本問の場合、賃貸人は、無断転貸を理由に賃貸借契約を解除することができない（大判昭13.4.16）。第三者が目的物を現実に使用収益していない以上、賃貸人と賃借人の信頼関係はまだ破壊されていないからである。

**A** 5 ○ 　そのとおり（最判昭28.9.25）。賃貸借契約が継続的契約であることに着目して、貸し手と借り手の信頼関係を重視している。

> **One Point ◆ 立証責任のハナシ**
>
> 　無断譲渡、転貸があっても、その行為に背信的行為と認めるに足りない特段の事情があるときは、賃貸人は契約を解除できません。この特段の事情は、賃借人の側で主張立証することを要します（最判昭41.1.27）。

**A** 6 ○ 　そのとおり。借地上の建物の譲渡には、土地の賃借権の譲渡を伴うからである。

Part
4

債
権

**Q 7**　借地権者が賃借権の目的である土地上の建物を第三者に譲渡する場合、その第三者が賃借権を取得しても借地権設定者に不利となるおそれがないにもかかわらず、借地権設定者が賃借権の譲渡を承諾しないときは、借地権者は、借地権設定者の承諾に代わる許可を裁判所に申し立てることができる。

**Q 8**　賃貸借契約を解除したときは、解除は、契約の時にさかのぼってその効力を生ずる。

# ② 承諾のある譲渡・転貸

**Q 9**　賃貸人が転貸借に承諾を与えたときは、その承諾を撤回することはできない。

**Q 10**　建物の賃借人が賃貸人の承諾を得て賃借権を譲渡したときは、旧賃借人が賃貸人に差し入れていた敷金は、新賃借人に承継される。

**Q 11**　賃借人が賃貸人の承諾を得て適法に建物を転貸した場合に、転借人が建物に必要費を支出したときは、転借人は、賃貸人にその償還を請求することができる。

**Q 12**　賃借人が賃貸人の承諾を得て適法に建物を転貸したときは、賃貸人は、転借人に対して賃料を請求することができる。

**A 7** ○  そのとおり（借地借家法19条1項）。この許可を得ることができれば、賃貸人（借地権設定者）の承諾がなくても、賃借人は、合法的に賃借権の譲渡・転貸をすることができる。

> 🐕 **One Point◆ 借地上の建物の競売のケース**
> 借地上の建物が抵当権の実行などにより競売されたケースでも、借地借家法20条に、土地の賃貸人の承諾に代わる裁判所の許可の仕組みが存在します。

リンク Part 3 Chapter 1 Section 1 Q 12

**A 8** ✕  賃貸借契約を解除したときは、解除は、**将来に向かってのみその効力を生ずる**（民法620条）。なお、この規定は「雇用」「委任」「組合」に準用されている。

**A 9** ○  いったんした承諾の撤回は不可である。

**A 10** ✕  本問の場合、旧賃借人が賃貸人に差し入れていた敷金は、特段の事情のない限り、新賃借人に承継されない（最判昭53.12.22）。このため、旧賃借人は、賃借権の譲渡の際に自らが差し入れていた敷金の返還を請求できる。

> 🐕 **One Point◆ 賃貸人の地位の移転と敷金（再確認）**
> 賃貸人たる地位が移転したときは、敷金の返還債務は、新賃貸人が承継します（民法605条の2第4項）。

リンク Section 1 Q 7、8

**A 11** ✕  転借人は、賃貸人に必要費の償還を求めることはできない。この場合、転借人は、賃借人（転貸人）に必要費の償還を請求すべきである。

**A 12** ○  そのとおり（民法613条1項前段）。賃貸人と転借人には契約関係がないから、転借人に賃料を支払えというのは元来はお門違いである。しかし、民法はここでスジを曲げて、転貸を承諾した賃貸人の利益保護のために、転借人への賃料請求を認めている。

**Q 13** 適法な転貸借がある場合、賃貸人が転借人に対して賃料を請求したときは、転借人は、賃料の前払をもって賃貸人に対抗することができない。

**Q 14** 適法な転貸借がある場合に、賃貸人は、原賃貸借の賃料と転貸借の転借料の額にかかわらず、原賃貸借の賃料額を転借人に対して請求することができる。

## 3 適法な転貸借と賃貸借契約の解除

**Q 15** 建物につき適法な転貸借がある場合に、賃貸人が、賃借人の賃料の不払を理由に賃貸借契約を解除するときは、転借人に対して賃料の代払いの機会を与えなければならない。

**Q 16** 賃貸借が賃借人の債務不履行を理由とする解除により終了した場合、賃貸人の承諾のある転貸借は、原則として、賃貸人が転借人に対して目的物の返還を請求したときに終了する。

**Q 17** 賃借物の全部が滅失その他の事由により使用及び収益をすることができなくなったときは、賃貸借は、これによって終了する。

**Q 18** 賃借人が適法に賃借物を転貸した後、賃貸人が賃借人との間の賃貸借契約を合意により解除した場合、賃貸人は、その解除の当時、賃借人の債務不履行による解除権を有していたときであっても、合意解除をもって、転借人に対抗することができない。

**Q 19** 賃貸人の承諾を得て建物を転貸している場合において、転借人が建物の所有権を取得したときは、転借権は混同によって消滅する。

**A 13** ○ 　そのとおり（民法613条1項後段）。ここに「賃料の前払」とは、転貸借契約の弁済期よりも前に転貸賃料を支払うことを意味する（大判昭7.10.8）。

**A 14** ✗ 　正しくは、賃貸人は、原賃貸借の賃料と転貸借の転借の額のうち低いほうの金額を限度として、転借人に賃料を請求できる（民法613条1項前段参照）。

**A 15** ✗ 　賃貸人は、特段の事情のない限り、転借人に賃料の代払いの機会を与えることなく、賃借人の賃料不払を理由にもとの賃貸借契約を解除できる（最判平6.7.18）。

**A 16** ○ 　賃貸人は、賃貸借契約の法定解除を、転借人に対抗できる。そして、賃貸人が転借人に目的物の返還を請求した時点で、転貸借は、転貸人の転借人に対する債務（使用収益させる債務）の履行不能により終了する（最判平9.2.25）。

**A 17** ○ 　そのとおり（民法616条の2）。

**A 18** ✗ 　法定解除も可能な状況下での合意解除は、転借人に対抗することができる（民法613条3項ただし書）。

> **One Point ◆ 期間満了で終了したとき**
> 　賃貸人と賃借人との間の賃貸借契約が期間満了により終了したときは、賃貸人は、これを転借人に対抗できます。対抗できるということは、賃貸人は、転借人に目的物の返還を請求できるということになります。

**A 19** ✗ 　転借人が建物の所有権を取得しても、転借権は混同によって消滅しない（最判昭35.6.23）。

## Section 4　賃借権の相続その他

### ① 賃貸借と相続

**Q 1** 　賃貸人が死亡して共同相続が開始したときは、遺産分割協議が成立するまでの間の賃料債権は、各共同相続人の相続分に応じた分割債権となる。

**Q 2** 　賃借人が死亡して共同相続が開始したときは、賃貸人は、相続人の1人に対して賃料の全額を請求することはできない。

**Q 3** 　甲建物の賃借人が死亡してその相続人がいる場合に、賃貸人が、同居していた内縁の配偶者に対して甲建物の明渡しを求めたときは、内縁の配偶者は退去を拒むことはできない。

**Q 4** 　甲建物の所有者Xの死亡後も引き続き居住している内縁の妻Yに対して、Xの相続人が甲建物の明渡しを求めた場合、その請求が権利の濫用にあたるとして認められないことがある。

**Q 5** 　居住用建物の賃借人が死亡して、その者に相続人がない場合、同居していた内縁の妻は、一定期間内に賃貸人に反対の意思を表示したときを除いて、建物の賃借人の権利義務を承継する。

### ② 賃貸借その他

**Q 6** 　賃借人の責めに帰することができない事由によって、賃借物の一部が滅失し、その使用及び収益をすることができなくなったときは、賃料は、その使用及び収益をすることができなくなった部分の割合に応じて、減額される。

**Q 7** 　賃借物の一部が滅失したことにより使用及び収益をすることができなくなった場合において、残存する部分のみでは賃借人が賃借をした目的を達することができないときであっても、賃借人は、契約を解除することができない。

**Q 8** 　賃借人は、賃借物を受け取った後にこれに生じた損傷がある場合において、賃貸借が終了したときは、その損傷が通常の使用及び収益によって生じた賃借物の損耗であっても、その損傷を原状に復する義務を負う。

**A 1** ◯ そのとおり（最判平17.9.8）。つまり、賃貸人死亡後の賃料債権は相続財産を構成せず、相続人の固有財産となるのである。

---

**A 2** ✕ 賃貸人は、相続人の1人に対して賃料の全額を請求できる（大判大11.11.24）。賃料債務は、不可分債務となるためである。

---

**A 3** ✕ 本事案では、内縁の配偶者は、相続人が承継した賃借権を援用して退去を拒むことができる（最判昭42.2.21）。なお、内縁の配偶者は賃借人となるわけではないから、賃料の支払義務は負わない。

---

**A 4** ◯ たとえば、相続人には建物の使用を必要とする事情がないのに、Yの側には建物の明渡しにより相当重大な打撃を受けるおそれがあるなどの特別の事情があるときは、相続人からの明渡請求は権利の濫用にあたり許されない、とした判例がある（最判昭39.10.13）。

---

**A 5** ◯ そのとおり（借地借家法36条1項）。なお、借地借家法36条の規定は、居住用建物のみに適用がある。

---

**A 6** ◯ そのとおり。当然に減額される（民法611条1項）。

---

**A 7** ✕ 解除できる（民法611条2項）。なお、全部が滅失したときは、賃貸借契約は、解除を待たず、当然に終了する（民法616条の2）。

---

**A 8** ✕ 通常の使用収益によって生じた損耗や、経年変化によるものについては、原状回復の義務を負わない（民法621条カッコ書）。これらは、賃料を受領する賃貸人の負担とすべきものだからである。

Q **9**　民法上、賃貸借の存続期間は20年を超えることができず、契約でこれより長い期間を定めたときでも、その期間は20年となる。

Q **10**　借地権の存続期間は30年であり、契約でこれより長い期間を定めたときは、その期間となる。

Q **11**　処分の権限を有しない者が建物の賃貸借をする場合、その期間は３年を超えることができず、契約でこれより長い期間を定めたときであっても、その期間は３年となる。

Q **12**　賃貸借契約の本旨に反する使用又は収益によって生じた損害賠償の請求権については、賃貸人が目的物の返還を受けた時から１年を経過するまでの間は、時効は完成しない。

**A 9** ✕  民法上、賃貸借の存続期間は50年を超えることができず、契約でこれより長い期間を定めたときでも、その期間は**50年**となる（民法604条1項）。

---

**A 10** ◯  そのとおり（借地借家法3条）。借地借家法のほうが、民法よりも借り手の保護が厚くなっている。

---

**A 11** ◯  そのとおり（民法602条3号）。これを短期賃貸借という。なお、処分の権限を有しない者とは、たとえば不在者の財産管理人や権限の定めのない代理人などである。

> **🐕 One Point ◆ 短期賃貸借**
>
> 　処分の権限を有しない者が賃貸借をする場合には、それぞれ次の期間を超えることができません。もし、契約でこれより長い期間を定めても、各々の所定の期間に短縮されます（民法602条　短期賃貸借）。
> 1　樹木の栽植または伐採を目的とする山林の賃貸借　　　10年
> 2　上記以外の土地の賃貸借　　　5年
> 3　建物の賃貸借　　　3年
> 4　動産の賃貸借　　　6か月

**リンク** Part 1 Chapter 4 Section 1 Q 20

Part **4**

債

権

---

**A 12** ◯  そのとおり（民法622条、600条2項）。返還を受けた時から1年間、時効の完成が猶予されるため、賃貸人にとって有利な規定となっている。

# Chapter 2

# 賃貸借

急所 賃貸人たる地位の移転

　賃貸中の不動産の所有権が譲渡された場合の賃貸人たる地位の移転に関する問題点を整理しよう。

対抗力ある賃貸借の場合

1．賃貸人たる地位の移転（民法605条の2第1項）

　　不動産が譲渡されたときは、その不動産の賃貸人たる地位は、譲受人に当然に移転する。この場合、賃借人の承諾を要しない。

2．賃貸人たる地位の留保（民法605条の2第2項）

　　①　不動産の譲渡人および譲受人が、賃貸人たる地位を譲渡人に留保する旨とその不動産を譲受人が譲渡人に賃貸する旨の合意をしたときは、賃貸人たる地位は、譲受人に移転しない。

　　②　譲渡人と譲受人（またはその承継人）との間の賃貸借が終了したときは、譲渡人に留保されていた賃貸人たる地位は、譲受人（またはその承継人）に移転する。

3．賃貸人たる地位の移転と登記（民法605条の2第3項）

　　上記1と2の②による賃貸人たる地位の移転は、譲受人が、賃貸不動産について、所有権の移転の登記をしなければ、賃借人に対抗することができない。

4．費用の償還等（民法605条の2第4項）

　　賃貸人たる地位が移転したときは、必要費・有益費の償還に係る債務、敷金の返還に係る債務は、譲受人（またはその承継人）が承継する。

---

One Point ◆ 対抗力ある賃貸借

対抗力ある賃貸借とは、次の場合をいいます。

1．目的不動産に賃借権の登記をした場合（民法605条）

2．借地上に借地権者が登記されている建物を所有するとき（借地権の場合、借地借家法10条1項）

3．建物の引渡しを受けたとき（建物賃貸借の場合、借地借家法31条）

---

賃借権に対抗力がない場合

1．賃貸人たる地位の移転（民法605条の3前段）

賃貸不動産を譲渡しても、当然には賃貸人たる地位は移転しない。

この場合、不動産の譲渡人と譲受人との合意により、賃借人の承諾を要しないで、賃貸人たる地位を譲受人に移転させることができる。

上記の合意がない場合、譲受人は賃借人に対して目的不動産の明渡しを請求することができる（売買は賃貸借を破るという原則どおりの結論となる）。

2．賃貸人たる地位の移転と登記（民法605条の3後段、605条の2第3項）

譲受人が、賃貸人たる地位の移転を賃借人に対抗するためには、所有権の移転の登記を要する。

3．費用の償還等（民法605条の3後段、605条の2第4項）

賃貸人たる地位が移転したときは、必要費・有益費の償還に係る債務、敷金の返還に係る債務は、譲受人（またはその承継人）が承継する。

Part
4

債
権

# Chapter 3 委 任

## 1 委任の解除

**Q 1** 委任契約は、各当事者がいつでも解除することができる。

**Q 2** 委任契約が受任者の利益のためにも締結されている場合は、委任者は、やむを得ない事由がなければ委任契約を解除することができない。

**Q 3** 委任契約の当事者の一方が相手方に不利な時期に委任の解除をするためには、やむを得ない事由がなければならない。

**Q 4** 委任者が受任者の利益（専ら報酬を得ることによるものを除く。）をも目的とする委任を解除したときは、やむを得ない事由があった場合であっても、委任者は、受任者に生じた損害を賠償しなければならない。

## 2 受任者の義務

**Q 5** 無償委任の受任者も、善良な管理者の注意をもって委任事務を処理しなければならない。

**Q 6** 無償寄託の受寄者は、自己の財産に対するのと同一の注意をもって、寄託物を保管する義務を負う。

**Q 7** 受任者は、委任者の許諾を得たとき、またはやむを得ない事由があるときでなければ、復受任者を選任することができない。

**Q 8** 受任者は、委任者の請求がなくても、いつでも委任事務の処理の状況を報告しなければならない。

**Q 9** 受任者は、委任事務を処理するに当たって受け取った金銭その他の物を委任者に引き渡さなければならない。

**A 1** ◯ 　そのとおり（民法651条1項）。

---

**A 2** ✕ 　やむを得ない事由の有無にかかわらず、委任者は、委任契約を解除することができる（民法651条2項2号参照）。

---

**A 3** ✕ 　やむを得ない事由がなくても解除できる（民法651条2項参照）。

---

**A 4** ✕ 　やむを得ない事由があったときは、損害賠償の義務を負わない（民法651条2項ただし書）。

---

**A 5** ◯ 　そのとおり（民法644条）。無償委任の場合にも、受任者は善管注意義務を負うことに気をつけよう。

---

**A 6** ◯ 　そのとおり（民法659条）。前問と比較して覚えておこう。

---

**A 7** ◯ 　そのとおり。「アンタに頼む」という信頼関係が、委任の本質である（民法644条の2第1項）。

---

**A 8** ✕ 　受任者は、**委任者の請求があるときは**、いつでも委任事務の処理の状況を報告しなければならない（民法645条）。司法書士は、依頼者から「頼んだ事件どうなっているの」と聞かれたときには、きちんと答える義務があるのである。

---

**A 9** ◯ 　そのとおり（民法646条1項）。

**Q 10** 受任者は、委任者に引き渡すべき金額を自己のために消費したときは、その受領の日以後の利息の支払いのほか、なお損害があるときは、その賠償の責任を負う。

## ③ 受任者の権利、事務管理

**Q 11** 受任者は、特約がなくても、委任者に対して報酬を請求することができる。

**Q 12** 事務管理を始めた者は、管理の終了後、本人に対して報酬を請求することができる。

**Q 13** 受任者は、委任者の責めに帰することができない事由によって委任事務の履行をすることができなくなったときは、既にした履行の割合に応じて報酬を請求することができる。

**Q 14** 委任事務を処理するについて費用を要するときは、委任者は、受任者の請求により、その前払をしなければならない。

**A 10** ✗ 　　本問には、ひとつだけ誤りがある。「受領の日」ではなく、「その消費した日」が正しい（民法647条）。

---

> 🐶 **One Point◆ 民法419条の特則規定**
>
> 　受任者は利息の支払のほかに損害賠償の責任を負わせるとする点で、この民法647条は金銭債務の不履行を定める民法419条の特則でもあります。民法419条については、債務不履行の項で改めて学習しましょう。

**A 11** ✗ 　　受任者は、特約がなければ、委任者に対して報酬を請求することができない（民法648条1項）。委任は、無償契約を原則とするのである。

> 🐶 **One Point◆ 委任の報酬について**
>
> 　委任の報酬には、割合履行型と成果完成型の2つがあります。前者は、既にした履行の割合に応じて報酬が支払われるものです。後者は、委任事務の履行により得られる成果に対して報酬を支払うこととするものです。この成果完成型の報酬の支払については、請負の規定がそのまま準用となりますので、この点は、請負で学習しましょう。以下、本書においては、委任に報酬の特約があるときは、特別の記述がない限り、割合履行型についての記述であるものとします。

**A 12** ✗ 　　事務管理者は、本人に報酬を請求できない。事務管理に、委任の報酬に関する規定の民法648条の準用はない（民法701条参照）。

---

**A 13** ⭘ 　　そのとおり（民法648条3項1号）。なお、受任者の責めに帰すべき中途終了のときも、受任者が既にした履行の割合に応じた報酬の請求ができることに注意しておこう。このほか、委任の解除などによって、委任が履行の中途で終了したときも同様に割合に応じた報酬が生じる（民法648条3項2号）。

---

**A 14** ⭘ 　　そのとおり（民法649条）。たとえば、司法書士は登記申請の代理業務を受託したときは、登録免許税分の印紙代の前払いを委任者に請求できる。

**Q 15** 事務管理者は、管理をするについて費用を要するときでも、本人に対して、その費用の前払を請求することはできない。

**Q 16** 受任者は、委任事務を処理するのに必要と認められる費用を支出したときは、委任者に対し、その費用の償還を請求することはできるが、その利息の償還を請求することはできない。

**Q 17** 受任者は、委任事務を処理するために必要と認められる債務を負担したときであっても、委任者に対し、自己に代わってその弁済をすることを請求することはできない。

**Q 18** 委任者は、受任者が有する代弁済請求権を受働債権とし、委任者が受任者に対して有する債権を自働債権として相殺をすることができる。

**Q 19** 事務管理者は、本人のために有益な費用を支出したときは、本人に対してその償還を請求することができる。

**Q 20** 事務管理者が本人のために有益な費用を支出した場合でも、その事務管理が本人の意思に反するものであるときは、本人に対してその費用の償還を請求することができない。

**Q 21** 受任者は、委任事務を処理するため自己に過失なく損害を受けたときは、委任者に対して、その賠償を請求することができる。

**Q 22** 受寄者は、寄託物の保管にあたり自己に過失なく損害を受けたときは、寄託者に対して、その賠償を請求することができる。

**A 15** ○ 費用の前払の請求に関する民法649条は、事務管理に準用がない（民法701条参照）。

---

**A 16** ✕ 本問の場合、受任者は、委任者に対し、支出した費用および支出の日以後におけるその利息の償還を請求できる（民法650条1項）。

---

**A 17** ✕ 請求することができる（民法650条2項前段）。これを受任者による代弁済請求権という。もし、その債務が弁済期にないときは、受任者は、委任者に対し、相当の担保を供させることができる（同項後段）。

---

**A 18** ✕ 相殺することはできない（大判大14.9.8）。代弁済請求権は、自己に代わってその弁済を請求する権利にとどまり、直接に、委任者を債務者とする債権ではないからである。

---

**A 19** ○ そのとおり（民法702条1項）。なお、事務管理者が本人のために有益な債務を負担したときは、本人に対し、自己に代わってその弁済を請求できる（民法702条2項、民法650条2項）。

---

**A 20** ✕ 本人の意思に反する事務管理でも、事務管理者は、現存利益の範囲で有益な費用の償還を本人に請求できる（民法702条3項、1項）。

---

**A 21** ○ そのとおり（民法650条3項）。なお、この場合、委任者の免責に関する規定がない。したがって、本問の委任者の責任は無過失責任となる。

---

**A 22** ✕ 前問の民法650条3項の規定は、寄託に準用がない（民法665条カッコ書）。

> **One Point✦ 寄託者による損害賠償**
>
> 寄託者は、寄託物の性質や瑕疵によって生じた損害を受寄者に賠償することを要します。しかし、寄託者が過失なくその性質や瑕疵を知らなかったときや、受寄者がこれを知っていたときは賠償責任を負いません（民法661条）。つまり、この寄託者の責任は、過失責任というわけです。

Part
4

債

権

**Q 23** 事務管理者は、他人の事務を管理するため自己に過失なく損害を受けたときは、本人に対して、その賠償を請求することができる。

**Q 24** 事務管理者には、本人を代理する権限が当然には認められない。

## ④ 委任の終了

**Q 25** 委任契約は、委任者の死亡により終了するが、委任者が破産手続開始の決定または後見開始の審判を受けたことによっては終了しない。

**Q 26** 委任契約は、受任者が死亡したとき、受任者が破産手続開始の決定または後見開始の審判を受けたときに終了する。

**A 23** ✗ 　民法650条3項の規定は、事務管理に準用がない（民法701条参照）。このため、事務管理者は、損害を受けたときでも、本人に対してその損害賠償を請求できない。

**A 24** ○ 　そのとおり。事務管理者には、本人を代理する権限が法律上当然に認められるものではない（最判昭36.11.30）。

**A 25** ✗ 　本問には、ひとつだけ誤りがある。委任契約は、委任者が破産手続開始の決定を受けたときは終了する（民法653条2号）。

**A 26** ○ 　そのとおり（民法653条参照）。

> 🐕 **One Point ◆ 民法111条と653条**
>
> ここで、代理権の消滅事由と委任の終了事由を整理しておきましょう。
>
> **法定代理**
> 　法定代理権は、次の事由によって消滅します（民法111条1項）。
> 　　1　本人の死亡
> 　　2　代理人の死亡、破産手続開始の決定、後見開始の審判
>
> **任意代理**
> 　委任による代理権は、次の事由によって消滅します（民法111条1項、2項、653条）。
> 　　1　本人の死亡、**破産手続開始の決定**
> 　　2　代理人の死亡、破産手続開始の決定、後見開始の審判
> 　（注）委任による代理権は、民法111条1項各号の事由のほか、委任の終了によって消滅する（民法111条2項、653条）。
>
> **委任契約**
> 　委任は、次の事由によって終了します（民法653条）。
> 　　1　委任者の死亡、破産手続開始の決定
> 　　2　受任者の死亡、破産手続開始の決定、後見開始の審判

# Chapter 4 請 負

## ① 請負全般

**Q 1** 物の引渡しを目的とする請負契約の報酬は、仕事の目的物の引渡しと同時に支払わなければならない。

**Q 2** 請負人が仕事を完成しない間は、注文者は、損害の賠償をすることなく、いつでも契約の解除をすることができる。

**Q 3** 仕事の目的物が可分であって、完成した部分だけでも当事者にとって利益があるときは、注文者は、未完成の部分についてのみ契約の解除をすることができる。

## ② 請負と建物所有権の帰属

**Q 4** 請負人が自己の材料をもって注文者の土地に建物を建築したときは、当事者間に特約がない限り、完成した建物の所有権は請負人に帰属し、引渡しによってその所有権が注文者に移転する。

**Q 5** 注文者が建築材料の主要部分を提供したときは、特約がない限り、建物の所有権は完成と同時に注文者に帰属する。

**Q 6** 請負人が材料の全部を提供して建物を建築する場合でも、当事者が、建物の所有権をその完成前に注文者に帰属させることとする特約をすることができる。

**Q 7** 材料の全部を請負人が提供して建物を建築した場合、注文者が建物の完成前に請負代金の全額の支払を完了しているときでも、特約がない限り、建物の所有権はその完成と同時に請負人に帰属する。

**A 1** ◯ 　請負人の目的物引渡義務と注文者の報酬支払義務は、同時履行の
関係にある（民法633条本文、大判大5.11.27）。

**A 2** ✕ 　請負人が仕事を完成しない間は、注文者は、いつでも損害を賠償
して契約の解除をすることができる（民法641条）。

**A 3** ◯ 　そのとおり（大判昭7.4.30）。この結果、注文者には、完成部分の
報酬支払義務が生じる。

**A 4** ◯ 　そのとおり（大判大3.12.26）。請負人が材料を持ち込んだケース
では、完成した建物の所有権は、いったん請負人に帰属する。「報酬
を支払うまでは、建物を引き渡さないぞ」との主張を可能にするこ
とによって、請負人の報酬請求権を確保する趣旨である。

**A 5** ◯ 　そのとおり。注文者が材料の主要部分を提供したときは、新築建
物の所有権は、はじめから注文者に帰属する（大判昭7.5.9）。

**A 6** ◯ 　本問の特約も有効である（大判大5.12.13）。

**A 7** ✕ 　本問の場合、建物の所有権は、その完成と同時に注文者に帰属す
る（大判昭18.7.20）。注文者が建物の完成前に請負代金の全額の支
払を完了しているときは、建物の完成と同時にその所有権が注文者
に帰属するとの暗黙の合意があったものと推認されるのである。

**Q 8** 　注文者の責めに帰することができない事由によって仕事を完成することができなくなった場合において、請負人が既にした仕事の結果のうち可分な部分の給付によって注文者が利益を受けるときは、請負人は、注文者が受ける利益の割合に応じて報酬を請求することができる。

**Q 9** 　請負が仕事の完成前に解除されたときは、請負人が既にした仕事の結果のうち可分な部分の給付によって注文者が利益を受ける場合であっても、請負人は、報酬を請求することができない。

**Q 10** 　建物建築工事の請負契約において、引き渡された建物が種類または品質に関して契約の内容に適合しないものであったときは、注文者は履行の追完を請求することはできるが、契約の解除をすることはできない。

**Q 11** 　請負人が種類または品質に関して契約の内容に適合しない仕事の目的物を注文者に引き渡した場合において、それが注文者の供した材料の性質によって生じたものであるときは、請負人がその材料が不適当であることを知りながら告げなかった場合でも、注文者は、請負人に対し、その材料の性質によって生じた不適合を理由として担保責任を問うことができない。

**Q 12** 　請負人が種類または品質に関して契約の内容に適合しない仕事の目的物を注文者に引き渡した場合において、注文者がその不適合を知った時から1年以内にその旨を請負人に通知しなかったときは、請負人がその不適合を重大な過失によって知らなかった場合でも、注文者は、その不適合を理由として担保責任を問うことができない。

**Q 13** 　仕事が完成した後に、注文者が破産手続開始の決定を受けたときは、請負人は、契約を解除することができる。

**A 8**　◯　　そのとおり（民法634条1号）。この場合、注文者が受ける利益の部分が仕事の完成とみなされて、その部分の報酬請求権が請負人に生じるという仕組みとなっている。

**A 9**　✕　　前問と同じく、注文者が受ける利益の割合に応じて報酬を請求できる（民法634条2号）。

> 🐕 **One Point◆ 委任への準用**
>
> 　民法634条の規定は、成果完成型の委任にそのまま準用となります（民法648条の2第2項）。

**A 10**　✕　　有償契約である請負には売買の規定が準用されるため、注文者は、請負人に対し、売主と同様の担保責任（履行の追完請求、報酬の減額請求、損害賠償請求、契約の解除）を問うことができる。このため、注文者に帰責事由がない限り、契約の解除をすることもできる（民法559条、564条）。

**A 11**　✕　　請負人がその材料が不適当であることを知りながら告げなかったときは、注文者は、担保責任を問うことができる（民法636条ただし書）。

**A 12**　✕　　請負人が悪意・重過失であるときは、注文者は、担保責任の期間の制限を受けない（民法637条2項）。悪意・重過失の請負人が、注文者からの通知がなかったことを理由に免責を主張するのは不当だからである。

**A 13**　✕　　請負人は、仕事の完成後は、解除できない（民法642条1項ただし書）。なお、破産管財人は、仕事完成の前後を問わず、契約の解除をすることができる。

## 1 贈 与

**Q 1** 　書面によらない贈与は、履行が終わるまでの間、贈与者のみが解除することができる。

**Q 2** 　書面によらずに不動産を贈与し、贈与者が受贈者に所有権の移転登記をしたときは、まだその引渡しをしていなくても、各当事者は、贈与を解除することができない。

**Q 3** 　贈与者は、贈与の目的である物または権利を、贈与の目的として特定した時の状態で引き渡し、または移転することを約したものとみなされる。

**Q 4** 　定期の給付を目的とする贈与は、贈与者または受贈者が死亡したときは、その効力を失う。

**Q 5** 　使用貸借は、貸主または借主の死亡によってその効力を失う。

**Q 6** 　未成年者が法定代理人の同意を得ることなく負担付贈与を受けたときは、未成年者は、その贈与を取り消すことができる。

## 2 消費貸借

**Q 7** 　書面でする消費貸借は、要物契約である。

**Q 8** 　消費貸借の貸主は、特約がなくても、借主に対して利息を請求することができる。

**A 1** ✗ 　書面によらない贈与は、贈与者のみならず受贈者も解除できる（民法550条本文）。なお、履行の終わった部分については、いずれも解除できない（民法550条ただし書）

**A 2** ◯ 　そのとおり。登記により履行が終わったとみることができる（最判昭40.3.26）。

**A 3** ✗ 　みなされるのではない。正しくは、推定される（民法551条1項）。つまり、この推定のもとにおいては、目的物や権利を現状のまま引き渡せば、贈与者に債務不履行責任が生じないのである。

**A 4** ◯ 　そのとおり（民法552条）。つまり、定期贈与は一代限りである。

**A 5** ✗ 　使用貸借は、**借主の死亡によってその効力を失う**（民法597条3項）。使用貸借は、貸主の一方的な好意によるものであり、それを受ける借主の死亡により使用貸借は終了する。これに対し、貸主死亡のケースでは使用貸借は終了せず、相続人が貸主の地位を承継する。

**A 6** ◯ 　そのとおり（民法5条1項本文）。負担付贈与は、単に権利を得る行為にはあたらない。

**A 7** ✗ 　諾成契約である（民法587条の2第1項）。これに対し、書面によらない消費貸借は要物契約である（民法587条）。

**A 8** ✗ 　特約がなければ、利息を請求できない（民法589条1項）。消費貸借は、原則として無利息である。

**Q 9** 利息の特約のある金銭消費貸借の貸主は、借主が金銭を受け取った日以後の利息を請求することができる。

**Q 10** 書面でする金銭消費貸借の借主は、貸主から金銭を受け取る前であっても、契約の解除をすることができない。

**Q 11** 書面でする消費貸借は、借主が貸主から金銭その他の物を受け取る前に、当事者の一方が破産手続開始の決定を受けたときは、その効力を失う。

**Q 12** 金銭消費貸借において、その返還の時期を定めなかったときは、貸主は、相当の期間を定めて返還の催告をすることができる。

**Q 13** 金銭消費貸借の借主は、返還の時期の定めがあるときであっても、いつでも返還をすることができる。

**Q 14** 金銭消費貸借の当事者が返還時期を定めた場合において、借主がその時期の前に返還したことによって損害を受けたときであっても、貸主は、借主に対して、その賠償を請求することができない。

**Q 15** 消費貸借によって生じた債務については、準消費貸借契約をすることはできない。

### 3 使用貸借

**Q 16** 使用貸借は、借主が目的物を受け取ることによってその効力が生じる要物契約である。

**Q 17** 書面によって使用貸借の契約をした場合であっても、貸主は、借主が借用物を受け取るまで、契約を解除することができる。

**A 9** ◯　そのとおり（民法589条2項）。借主は、おカネを受け取ってスグに使うことができるため、元本の使用対価である利息は、金銭を受け取った日から生じる。

**A 10** ✗　解除できる（民法587条の2第2項前段）。借主には借りる義務はなく、すでに資金需要のなくなった借主に、借受けを強制することは不当だからである。なお、貸主は、その解除によって損害を受けたときは、借主にその賠償を請求できる（民法587条の2第2項後段）。

**A 11** ◯　そのとおり（民法587条の2第3項）。破産した貸主からおカネを借りることはできないし、また、破産した借主からおカネを返してもらうことはむつかしい（というより、ムリ）。そのため、一方が破産手続開始の決定を受けると効力を失うという仕組みとなっている。

**A 12** ◯　そのとおり（民法591条1項）。消費貸借は、借用物の運用を予定する契約であるため、消費したものをスグ返せというのは酷であるから、相当の期間を定めた催告を要する。

**A 13** ◯　そのとおり（民法591条2項）。返還時期を定めなかったときはもとより、これを定めたときであっても、いつでも返還できる。

**A 14** ✗　損害を受けたのであれば、その賠償を請求できる（民法591条3項）。たとえば、期限までの利息を支払う代わりに、利率を通常よりも低く貸し付けていたようなケースがこれに当たる。

**A 15** ✗　この場合も、準消費貸借契約をすることができる（民法588条参照）。

**A 16** ✗　使用貸借は、諾成契約である（民法593条）。その契約により貸主には貸す義務が生じ、借主が目的物を受け取った後、契約の終了の時に借主に返還の義務が生じる。

**A 17** ✗　解除できない（民法593条の2ただし書）。書面によらない使用貸借の場合、軽率に契約をしてしまうことがあるため、借主が借用物を受け取るまでの間であれば、解除できる（民法593条の2本文）。しかし、書面による使用貸借は軽率とはいえないから解除できない。

**Q 18**  使用貸借の借主は、借用物の受け取りの前後を問わず、いつでも、契約を
□□□  解除することができる。

**Q 19**  使用貸借は、貸主の死亡によって終了する。
□□□

**Q 20**  使用貸借の借主は、貸主の承諾を得なければ、第三者に借用物の使用又は
□□□  収益をさせることができず、これに違反したときは、貸主は、契約の解除を
することができる。

**Q 21**  期間の定めのない使用貸借の当事者が、使用及び収益の目的を定めていた
□□□  場合、貸主は、借主がその目的に従って使用及び収益をするのに足りる期間
を経過したときは、契約を解除することができる。

**Q 22**  当事者が使用貸借の期間、使用及び収益の目的のいずれも定めなかったと
□□□  きは、貸主は、相当の期間が経過するまでは、契約を解除することができな
い。

**Q 23**  借主は、借用物を受け取った後にこれに生じた損傷がある場合において、
□□□  使用貸借が終了したときは、その損傷が借主の責めに帰することができない
事由によるものであっても、その損傷を原状に復する義務を負う。

**Q 24**  借主が使用貸借の契約の本旨に反する使用又は収益をしたことによって生
□□□  じた貸主の損害賠償の請求権の時効は、契約の終了の時から1年を経過する
までの間、完成しない。

**A 18** ◯　そのとおり。借主は、いつでも契約を解除することができる（民法598条3項）。

**A 19** ✕　貸主ではなく、借主の死亡により終了する（民法597条3項）。使用貸借は、貸主側の一方的な好意によるものであるため、これを受ける側の「借主」が死亡すればそれで契約はオシマイである。これに対し、貸主が死亡したときは終了せず、その相続人が貸主の地位を承継する。

**A 20** ◯　そのとおり（民法594条3項、2項）。タダで借りている物を勝手に他人に使わせてはいけないことは、当然のハナシである。このほか、借主に用法違反があったときも、貸主は契約を解除できる（民法594条3項、1項）。

**A 21** ◯　そのとおり（民法598条1項、597条2項）。たとえば、新しい引っ越し先が見つかるまでの間の住居として建物を貸していた場合、これを見つけるのに十分な期間が経過すれば、たとえ見つかっていなくても、貸主は、使用貸借を解除できる。

> 🐕 **One Point ◆ 使用および収益の終了**
>
> 本問は、借主が使用および収益を終えていないケースの契約の解除の話ですが、借主が、その目的に従って使用および収益を終えたときは、これにより使用貸借は終了します（民法597条2項）。

**A 22** ✕　目的もなく漫然と貸したときは、貸主は、いつでも解除することができる（民法598条2項）。

**A 23** ✕　借主に帰責事由がないときは、原状回復の義務を負わない（民法599条3項）。なお、借主に帰責事由がある場合、賃貸借の場合と相違して、通常損耗や経年劣化について、借主を免責する規定はないことに注意しておこう（使用貸借の貸主は賃料を受け取っていないため）。

**A 24** ✕　「契約の終了の時」からとする起算点が誤り。正しくは、貸主が返還を受けた時から1年の間、時効の完成が猶予される（民法600条2項）。

## ④ 寄 託

**Q 25** 寄託は、寄託者が目的物の保管を受寄者に委託し、受寄者がこれを受け取ることによって効力を生ずる要物契約である。

**Q 26** 有償寄託の寄託者は、受寄者が寄託物を受け取る前であっても、契約を解除することができない。

**Q 27** 無報酬の受寄者は、書面による寄託の場合を除いて、寄託物を受け取るまで、契約を解除することができる。

**Q 28** 有償寄託の受寄者は、寄託物を受け取るべき時期を経過したにもかかわらず、寄託者が寄託物を引き渡さない場合であっても、契約を解除することができない。

**Q 29** 当事者が寄託物の返還の時期を定めたときであっても、寄託者は、いつでもその返還を請求することができる。

**Q 30** 返還の時期の定めのある寄託の受寄者は、いつでも寄託物を返還することができる。

**Q 31** 当事者が寄託物の返還の時期を定めなかったときは、寄託者はいつでもその返還を請求することができるが、受寄者は、寄託者から返還の請求があるまで返還することができない。

## ⑤ 組 合

**Q 32** 組合契約の当事者は、労務を出資の目的とすることができない。

**A 25** ✗  使用貸借と同じく、寄託も諾成契約である（民法657条）。

---

**A 26** ✗  有償、無償を問わず、寄託者は、受寄者が寄託物を受け取るまでであれば、解除できる（民法657条の2第1項）。すでに預ける必要のなくなった物の保管を義務付けることはナンセンスだからである。

---

**A 27** ○  そのとおり（民法657条の2第2項）。無償寄託は、受寄者の好意に基づく契約であるため、書面によらないものであれば、拘束力が弱いのである。

---

**A 28** ✗  この場合、受寄者は、相当の期間を定めてその引渡しを催告し、その期間内に引渡しがないときは契約を解除できる（民法657条の2第3項）。いかに有償寄託の受寄者であっても、いつまでも引渡しのない物の到着を待つ必要はないのである。なお、この仕組みは、書面による無償寄託の受寄者にも適用がある。

---

**A 29** ○  寄託（有償寄託・無償寄託の別を問わない）の場合、債権者である寄託者に期限の利益があるため、いつでもこれを放棄して、返還を請求できる（民法662条1項）。なお、約定の時期の前の返還請求により受寄者が損害を受けたときは、寄託者にその賠償を請求できる（民法662条2項）。

---

**A 30** ✗  やむを得ない事由がない限り、期限前に返還することはできない（民法663条2項）。

---

**A 31** ✗  前半の記述は正しいが、後半の記述が誤り。返還時期の定めがなければ、受寄者もいつでも返還できる（民法663条1項）。債務者である受寄者にとって、尊重すべき相手方（寄託者）の期限の利益がないからである。

---

**A 32** ✗  労務の出資もできる（民法667条2項）。つまり、出資の目的は、金銭に限定されない。この点、会社法の持分会社の無限責任社員と類似する（会社法576条1項6号参照）。

**Q 33** AとB及びCが組合契約をした。Aは、Cが出資を履行しないことを理由として自己の出資を拒むことができる。

**Q 34** 組合員は、他の組合員が組合契約に基づく債務の履行をしないことを理由として、組合契約を解除することができない。

**Q 35** A、B及びCとの間で組合契約を締結したが、Aの意思表示には無効原因があった。この場合、組合契約は、BとCとの間においても、その効力を生じない。

**Q 36** 組合員は、組合財産である債権について、その持分についての権利を単独で行使することができる。

**Q 37** 組合契約の当事者が損益分配の割合を定めなかったときは、その割合は、各組合員の頭数に応じて定める。

**Q 38** 組合の債権者は、その債権の発生の時に各組合員の損失分担の割合を知らなかったときは、その選択に従い、各組合員に対して、損失分担の割合または等しい割合でその権利を行使することができる。

**Q 39** 組合員の債権者は、組合財産について、その権利を行使することができる。

**Q 40** 業務執行者を定めていない場合、組合の業務は、組合員の過半数をもって決定し、各組合員がこれを執行する。

**Q 41** 業務執行者を定めていない場合、組合の常務は、各組合員が単独で行うことができるが、その完了前に他の組合員が異議を述べたときは、組合員の過半数で決定しなければならない。

**A 33** ✗　組合契約には同時履行の抗弁権の適用がないため、拒むことができない（民法667条の2第1項）。ついでにいうと、債務者の危険負担の規定（民法536条）の適用もないため、不可抗力によってCの出資の履行が不能となっても、AまたはBは、これを理由に履行を拒むことができない。これらは、いずれも、一人の組合員が出資を履行しないことによって、他の組合員の全員の出資が滞るといったことがないようにするための仕組みである。

**A 34** ◯　そのとおり（民法667条の2第2項）。組合契約の終了には、解散（民法682条）や脱退（民法679条）などの特別の規定があるため、債務不履行による契約の解除を排除する趣旨である。

**A 35** ✗　その効力を生ずる。Aの意思表示の無効は、BとCの組合契約に影響を与えない（民法667条の3）。Aの意思表示に取消しの原因があるときも同じである。

**A 36** ✗　行使できない（民法676条2項）。組合財産の性質は合有（持分はあるが、自由にこれを処分できない形態のコト）であり、ホントの共有とは違うためである。

**A 37** ✗　本問の場合、損益分配の割合は、各組合員の出資の価額に応じて定める（民法674条1項）。頭数に応じて定めるのではナイ。

**A 38** ◯　そのとおり（民法675条2項）。組合の債権者は、組合財産について権利を行使できるほか（民法675条1項）、本肢の述べる選択に従って各組合員個人の財産を差し押さえることができる。

**A 39** ✗　前問と異なり、組合員（個人）の債権者は、組合財産について権利を行使できない（民法677条）。たとえば、組合員個人の債権者は、その組合員が有する組合財産への持分を差し押さえることができない。

**A 40** ◯　そのとおり（民法670条1項）。なお、組合契約で定めた業務執行者が数人いるときは、組合の業務は、業務執行者の過半数をもって決定し、各業務執行者がこれを執行する（民法670条3項、2項）。

**A 41** ◯　そのとおり（民法670条5項）。

Part
4

債

権

**Q 42** 業務執行者を定めていない組合の各組合員は、組合の業務を執行する場合において、組合員の全員の同意を得たときは、他の組合員を代理することができる。

**Q 43** 組合員は、組合契約に別段の定めがないときは、その過半数の同意によって、新たに組合員を加入させることができる。

**Q 44** 組合の成立後に加入した組合員は、その加入前に生じた組合の債務についても、これを弁済する責任を負う。

**Q 45** 組合の存続期間を定めたときは、各組合員は、やむを得ない事由があるときでも、脱退することができない。

**Q 46** 組合員が死亡したときは、その相続人が組合員の地位を承継する。

**Q 47** 脱退した組合員は、その脱退前に生じた組合の債務について、従前の責任の範囲内で、これを弁済する責任を負う。

**Q 48** 脱退した組合員の持分は、その出資の種類を問わず、金銭で払い戻すことができる。

## 6 第三者のためにする契約

**Q 49** 第三者のためにする契約の受益者の権利は、受益者が諾約者に対して受益の意思を表示した時に発生する。

**Q 50** 第三者のためにする契約における受益者の権利が発生した後でも、契約の当事者はその内容を変更することができる。

**Q 51** 第三者のためにする契約の受益者は、通謀虚偽表示について定めた民法94条2項の善意の第三者に当たる。

**A 42** ✕　組合の代理人は、組合員の過半数の同意で定める（民法670条の2第1項）。全員の同意までは要しない。なお、業務執行者があるときは、業務執行者のみが組合員を代理できる（民法670条の2第2項前段）。

**A 43** ✕　過半数の同意ではなく、組合員の全員の同意を要する（民法677条の2第1項）。

**A 44** ✕　負わない（民法677条の2第2項）。この点、持分会社の社員と相違するので注意を要する（会社法605条）。

**A 45** ✕　組合の存続期間を定めた場合でも、やむを得ない事由があれば、各組合員は組合を脱退できる（民法678条2項）。

**A 46** ✕　死亡は、組合員の脱退事由のひとつである（民法679条1号）。

**A 47** ◯　そのとおり（民法680条の2第1項前段）。なお、この弁済は他人（組合）の債務の弁済に当たるため、脱退した組合員には組合への求償権が生じる（民法680条の2第2項）。

**A 48** ◯　そのとおり（民法681条2項）。出資の種類を問わないから、労務を出資した組合員も、金銭による払戻しを受けることができる。ついでにいうと、除名された組合員も、持分の払戻しを受けることができる。

**A 49** ◯　そのとおり（民法537条3項）。なお、受益の意思表示とは、「ありがたく権利をちょうだいします」という意思表示であり、形式を問わない。

**A 50** ✕　受益者の権利発生後は、当事者は契約の内容を変更し、または消滅させることはできない（民法538条1項）。受益者の利益を保護する趣旨である。

**A 51** ✕　受益者は、民法94条2項の善意の第三者に当たらない。さらにいえば、詐欺について定めた民法96条3項の善意の第三者にも当たらない。

Part
4

債
権

**Q 52** その契約の締結の時に受益者がまだ存在していなくても、第三者のために
□□□ する契約はその効力を生ずる。

**Q 53** 第三者のためにする契約の諾約者と要約者の間で、第三者の受益の意思表
□□□ 示を要しないで、第三者が権利を取得する旨の特約をすることができる。

**Q 54** 第三者のためにする契約において、受益者に負担付きの権利を取得させる
□□□ ことができるが、この場合、受益者は、負担部分を除いて受益の意思表示を
することはできない。

**Q 55** 受益者の権利が生じた後に、諾約者がその受益者に対する債務を履行しな
□□□ いときは、要約者は、受益者の承諾を得ることなく、契約を解除することが
できる。

**A 52** ◯　そのとおり（民法537条2項）。たとえば、設立準備中の会社を受益者とすることもできる。

**A 53** ✗　本問のような特約をすることはできない（大判大5.7.7）。第三者の意思を尊重すべきだからである。

**A 54** ◯　そのとおり。負担は負いたくないというカタチの受益の意思表示はできない（大判大8.2.1）。この場合、受益の意思表示をするなら、負担も込み込みとなる。

**A 55** ✗　受益者の承諾がなければ解除できない（民法538条2項）。いったん発生した受益者の権利をこれに断りなく消すことはできないのである。

Part
4

債

権

# Chapter 6 | 契約の成立

**Q 1** 意思表示は、その通知が相手方に到達した時からその効力を生ずる。

**Q 2** 意思表示は、表意者が通知を発した後に死亡したときは、その効力を生じない。

**Q 3** 相手方が、正当な理由なく意思表示の通知が到達することを妨げたときは、その通知は、通常到達すべきであった時に到達したものとみなされる。

**Q 4** Aが、Bに対して、契約の申込みの通知を発した後に死亡した場合において、Bが、その承諾の通知を発するまでにその事実が生じたことを知ったときであっても、その申込みは、その効力を有する。

**Q 5** Aが、Bに対して、契約の解除の通知を発した後に死亡した場合、Bがその事実を知ったときであっても、その通知がBに到達した時に解除の効力が生ずる。

**Q 6** 「入居者募集」との張り紙も、契約の申込みの意思表示である。

**Q 7** 承諾の期間を定めて契約の申込みをしたときは、申込者が撤回をする権利を留保した場合であっても、撤回することができない。

**Q 8** 承諾の期間を定めないでした申込みは、申込者が撤回する権利を留保した場合を除いて、申込者が承諾の通知を受けるのに相当な期間を経過するまでは、撤回することができない。

**Q 9** 対話者に対して、承諾の期間を定めないでした申込みは、その対話が継続している間であっても、承諾の通知を受けるのに相当な期間を経過するまでは、撤回することができない。

**A1** ○  そのとおり（民法97条1項）。これは、意思表示の到達主義の原則についての規定である。

---

**A2** ✕  意思表示は、表意者が通知を発した後に死亡したときであっても、そのためにその効力を妨げられない（民法97条3項）。また、通知を発した後に表意者が意思能力を失い、または行為能力の制限を受けたときでもその効力に影響はない。

---

**A3** ○  そのとおり（民法97条2項）。相手方が通知の到達をジャマした場合の、到達みなしの規定である。

---

**A4** ✕  申込みは、その効力を有しない（民法526条）。民法526条は、契約の申込みにおける民法97条3項の特則である。この規定は、相手方が承諾の通知を発するまでに、申込者が死亡し、または、意思無能力や制限行為能力者となったときに、申込みの効力を失わせるための仕組みである。

---

**A5** ○  そのとおり（民法97条3項）。前問の契約の申込みの場合を除き、意思表示一般について、民法97条3項の原則が妥当する。

---

**A6** ✕  本問の張り紙は申込みの誘引（申込みを誘っているだけ）であり、何らかの法的な拘束力を生じるものではない。

---

**A7** ✕  承諾の期間を定めたときは、原則として、申込みを撤回することができないが、撤回権を留保したときは、これを撤回できる（民法523条1項）。

---

**A8** ○  そのとおり。撤回権を留保した場合を除き、一定期間は撤回できない（民法525条1項）。申込みを受けた相手方の契約の成立への期待を保護するためである。

---

**A9** ✕  対話の継続中は、いつでも撤回できる（民法525条2項）。対話者間では、その話の内容がコロコロ変わることが当たり前であり、お互いに、臨機応変に対応すべきだからである。

Part
4

債
権

**Q 10** □□□ Ａが、対話の相手方であるＢに承諾の期間を定めずに契約の申込みをしたが、その対話が継続している間に、ＡがＢから承諾の通知を受けなかったときは、Ａが、対話の終了後も効力を失わない旨を表示した場合を除き、その申込みは、その効力を失う。

**Q 11** □□□ Ｂは、Ａからの契約の申込みに対し、ある年の４月１日に承諾の通知を発し、同年４月３日にＡに到達した。ＡＢ間の契約は、４月１日に成立する。

**Q 12** □□□ Ａは、Ｂに対して、承諾の期間を定めて契約の申込みをしたが、その期間が経過した後にＢからの承諾の通知が到達した。この場合、承諾の通知が到達した時に、ＡＢ間の契約が成立する。

**Q 13** □□□ 承諾者が申込みに変更を加えてこれを承諾したときは、その申込みの拒絶とともに新たな申込みをしたものとみなされる。

**A 10** ○　そのとおり（民法525条3項）。対話者間の申込みは、別段の意思表示をしない限り、その場限りである。

**A 11** ✕　契約の成立時期に関する特別の規定は存在しない。このため、意思表示の到達主義の原則どおり、承諾の通知が到達した4月3日に契約が成立する（民法97条1項）。

**A 12** ✕　承諾の期間内に承諾の通知を受けなかったときは、Aの申込みは、その効力を失うため、契約は成立しない（民法523条2項）。なお、この場合、Aは、遅延した承諾を新たな申込みとみなすことができ（民法524条）、Aがこれを承諾すれば契約が成立する。

**A 13** ○　そのとおり（民法528条）。たとえば、Xの「150万円で車を買いませんか」という申込みに対し、Yが「100万円なら買います」という承諾をしたケースである。この場合、Xからの申込みの拒絶とともに、Yからの新たな申込みがあったものとみなされる。そして、Xがこれを承諾すれば契約が成立する。

Part
4

債

権

# Chapter 7 | 同時履行の抗弁権、契約の解除

## Section 1　同時履行の抗弁権

### 1　同時履行の抗弁全般

**Q 1**　債務の弁済と受取証書の交付は、同時履行の関係にある。

**Q 2**　債務の弁済と債権証書の返還は、同時履行の関係にある。

**Q 3**　債務不履行による契約解除後の当事者双方の原状回復義務は、同時履行の関係にある。

**Q 4**　同時履行の関係にある債権の一方が譲渡されても、同時履行の抗弁権は消滅しない。

**Q 5**　Xが、自己所有の腕時計を修理のためにYに引き渡した場合に、Xが修理代金を支払わないときは、Yは留置権または同時履行の抗弁権を主張してXからの引渡しを拒むことができる。

**Q 6**　Xの時計を修理したYが、Xに対する修理代金債権をZに譲渡したときは、Yは、Xからの目的物の引渡請求に対して、同時履行の抗弁権を主張することができる。

**A 1** ○ そのとおり（民法486条　大判昭16.3.1）。このため、受取証書（領収書）の交付があるまで弁済を拒んでも、弁済者は履行遅滞の責任を負わない。また、受取証書が弁済の証明となるため、二重弁済の危険を負うこともない。

---

**A 2** ✕ 両者は、同時履行の関係に立たない（民法487条参照）。債務の弁済が先履行である。前問のとおり、弁済と受取証書の同時履行を認めることで、二重弁済からの弁済者の保護も十分といえる。

---

**A 3** ○ そのとおり（民法546条）。解除により契約関係は消滅しているが、民法が、解除後の原状回復義務を同時履行の関係とする規定を置いている。なお、取消し後の当事者双方の原状回復義務も、同時履行の関係にある（最判昭47.9.7）。

---

**A 4** ○ そのとおり。たとえば、売買代金債権が第三者に譲渡された場合、譲受人からの支払請求に対し、買主は、商品の引渡しとの同時履行を主張できるのである。

---

**A 5** ○ そのとおり。ＸとＹは双務契約（請負契約）の当事者であるから、Ｙは同時履行の抗弁権を主張できる。また、Ｙは物に関して生じた債権を有するから、留置権を主張して、腕時計の引渡しを拒むこともできる。

---

**A 6** ○ そのとおり。Ｙは、Ｚへの代金の支払いとの同時履行の抗弁権を主張できる。債権譲渡があった場合でも債権の同一性が保たれるので、同時履行の抗弁権が存続するからである。

Part
4

債

権

Q 7　　Xの時計をYが修理した。Xがその時計をZに譲渡したときは、Yは、Z
□□□　からの時計の引渡請求に対して、留置権も同時履行の抗弁権も主張すること
　　　ができない。

Q 8　　物の引渡しを求める訴訟で、被告が同時履行の抗弁権を主張したときは、
□□□　裁判所は、引換給付判決をする。

---

**A 7** ✗　　Yは、Zからの時計の引渡請求に対して、留置権を主張すること
はできるが、同時履行の抗弁権を主張することはできない。

>  **One Point ◆ 同時履行の抗弁権と留置権**
>
> 　本問は前問と違い、債権ではなく物が動いたケースです。留置権者YとZ
> は契約関係にないから同時履行の抗弁は主張できませんが、留置権は主張で
> きます。物権は、第三者にも主張できるからです。

---

**A 8** ◯　　そのとおり。この点、留置権と共通する。

**リンク ➡** Part 3 Chapter 5 **Q** 22

Part
4

債

権

### 1　解除全般

Q **1**　　Aは、その所有する甲建物をBに売却したが、契約締結の日の前日に甲建物が滅失していたときは、AB間の売買契約は無効である。

Q **2**　　債権者は、債務の不履行が債務者の責めに帰することができない事由によるものであるときは、契約を解除することができない。

Q **3**　　債務の全部の履行が不能であるときは、債権者は、催告をすることなく、直ちに契約を解除することができる。

Q **4**　　特定の日時に履行をしなければ契約の目的を達することができない場合に、債務者の履行がないままその時期を経過したときは、債権者は、相当の期間を定めて履行の催告をしなければ契約を解除することができない。

Q **5**　　債務者がその債務の一部の履行を拒絶する意思を明確に表示したときであっても、債権者は、相当の期間を定めてその履行の催告をしなければ、契約の一部を解除することができない。

Q **6**　　Aは、自己が所有する甲建物をBに売却したが、Bの責めに帰すべき事由によって、甲建物が滅失したときは、Bは、契約の解除をすることができない。

Q **7**　　債務の履行をしない債務者に対して、債権者が期間を定めずに催告をしたときは、その催告は効力を生じず、債権者は契約を解除することができない。

**A1** ✗   有効である（民法412条の2第2項参照）。民法は契約を重視するため、物の滅失により契約が無効となることはない。

**A2** ✗   債務者に帰責事由があるときはもちろん、これがないときでも、債権者は契約を解除できる（民法541条、542条参照）。契約の解除は、債務の履行を受けることができない債権者を、契約から解放するための仕組みであり、民法は、債務者の帰責事由を要件としていない。

**A3** ○   そのとおり（民法542条1項1号）。解除の仕組みの基本形は催告による解除であるが（民法541条）、本問の場合、無催告解除をすることができる。

**A4** ✗   債権者は、履行の催告をすることなく契約を解除できる（民法542条1項4号）。本問は、定期行為の解除の事案である。たとえば、ウェディングドレスの製作を注文したところ、結婚式までに間に合わない場合である。この場合に催告してもなんの意味もないので、債権者は、催告することなく契約を解除できる。

**A5** ✗   この場合、催告ナシに契約の一部を解除できる（民法542条2項2号）。このほか、債務の一部の履行が不能であるときも同じである。

**A6** ○   そのとおり（民法543条）。帰責事由のある債権者を契約の拘束力から解放するのは、好ましくないからである。この場合、Bは、代金の支払を拒絶することができないため（民法536条2項前段）、Aからの代金の支払請求に応じなければならない。

**A7** ✗   催告の時から相当期間を経過すれば、債権者は契約を解除できる（最判昭31.12.6）。また、催告期間が不相当だったときも、相当期間の経過後に解除権が発生する。これらの場合に催告をやり直すしかないとすると、債務不履行の被害者的立場の債権者に負担となるからである。

Part
4

債

権

**Q 8** 契約の当事者の一方が履行の提供をした後、相手方の債務不履行を理由に契約の解除をするためには、改めて履行の提供をすることを要しない。

**Q 9** 売買契約の当事者の一方は、相手方からいったん履行の提供を受けたときは、その履行の提供が継続されないときでも、同時履行の抗弁権を主張することができない。

**Q 10** X契約とY契約の目的が相互に密接に関連づけられていて、いずれかの契約が履行されるだけでは契約の目的を達することができないときでも、X契約の債務不履行を理由にY契約を解除することはできない。

**Q 11** 売買契約の当事者の一方が公租公課の負担など付随的義務の履行を怠った場合、それが契約の主たる目的の達成に必須のものといえないときであっても、相手方当事者は、付随的義務の不履行を理由に売買契約を解除することができる。

## ② 解除の効果、解除権の消滅

**Q 12** 契約の解除による原状回復義務として金銭を返還するときは、その当事者は、解除の時からの利息を付さなければならない。

**Q 13** 不動産の売買契約を解除したことにより買主が不動産を返還するときは、その引渡しの時からの使用利益に相当する額を売主に返還しなければならない。

**Q 14** 相手方の債務不履行を理由に契約を解除した当事者は、解除前に生じていた損害の賠償の請求をすることができる。

**Q 15** 解除権の行使につき期間の定めがない場合に、相手方が、解除権を有する者に対して相当の期間を定めて契約の解除をするかどうかを確答すべき旨の催告をしたが、その期間内に解除の通知を受けないときは、解除権は消滅する。

**A 8** ◯ 　そのとおり（大判昭3.10.30）。いったん適法に履行の提供をすれば、これを解除時まで継続することを要しないのである。

**A 9** ✕ 　本事例は、前問と異なり、契約関係を継続するケースである。この場合、相手方から履行の提供が継続されない限り、一方当事者は、同時履行の抗弁権を主張できる（最判昭34.5.14）。

**A 10** ✕ 　いずれかの契約が履行されるだけでは契約の目的を達することができないときは、X契約の債務不履行を理由にY契約を解除できる（最判平8.11.12）。

**A 11** ✕ 　付随的義務が契約の主たる目的の達成に必須のものといえないときは、相手方当事者は、特段の事情のない限り、付随的義務の不履行を理由に売買契約を解除することはできない（最判昭36.11.21、民法541条ただし書）。

> **One Point◆ セットで学習しよう**
>
> 　契約の付随的約款が契約締結の目的に不可欠とはいえないが、その不履行が契約の目的達成に重大な影響があるようなときは、当事者は、約款の不履行を理由として契約を解除できます（最判昭43.2.23）。

**A 12** ✕ 　解除の時からではなく、**受領の時**からの利息を付さなければならない（民法545条2項）。

**A 13** ◯ 　そのとおり。売主側に代金受領時からの利息の支払義務があることとのバランスが図られている（最判昭34.9.22、民法545条3項）。

**A 14** ◯ 　そのとおり（民法545条4項）。民法545条4項は、解除の遡及効を制限し、解除によっても解除前に生じていた損害賠償請求権は消滅しない旨を定めている。

**A 15** ◯ 　そのとおり（民法547条）。催告期間内に解除の通知が届かなければ、解除権は消滅する。

Part
4

債

権

**Q 16** 　債務の履行を遅滞している相手方に対して、相当の期間を定めて履行を催告
□□□ した後、解除をするまでの間に、相手方から債務の本旨に従った履行があった
ときは、解除権は消滅する。

- - - - - - - - - - - - - - - - - - - - - - - - - - - - - - - - - - - - - - - - - - - - - - - - - - - - - - -

**Q 17** 　売買契約の買主が複数いる場合に、買主の側から契約の解除をするために
□□□ は、その過半数の決定をもってしなければならない。

**A 16** ◯    いったん解除権が生じても、その後に債務の本旨に従った履行が
あったときは、解除権は消滅する。

**A 17** ✕    売買契約の買主が複数いる場合に、買主の側から契約の解除をす
るためには、その**全員**からしなければならない（民法544条1項）。

> 🐕 **One Point ◆ 解除権の不可分性と賃貸借契約の解除**
>
> 　共有物の賃貸借契約の解除には、民法544条1項の適用がなく、民法252
> 条により持分価格の過半数によって解除できます（最判昭39.2.25）。この
> 点は、共有の項で学習済みですから、復習しておきましょう。

**リンク** ➡ Part 2 Chapter 3 Section 1 🅠 15〜17

Part
4

債

権

# Chapter 8 | 債務不履行

## 1 債務不履行

**Q 1** 債務者は、弁済の提供の時から、債務を履行しないことによって生ずべき責任を免れる。

**Q 2** 債務の履行について債権者の行為を要するときは、債務者は、現実の提供をしなければ、債務不履行責任を免れない。

**Q 3** 債務の履行について不確定期限があるときは、債務者は、その期限が到来した時から履行遅滞の責任を負う。

**Q 4** 債務の履行について期限を定めなかったときは、債務者は、履行の請求を受けた時から遅滞の責任を負う。

**Q 5** 期限の定めのない金銭消費貸借は、債権者の催告の時から、債務者は遅滞の責任を負う。

**Q 6** 債務不履行による損害賠償請求権の債務者は、債権者から履行の請求を受けた時から遅滞の責任を負う。

**Q 7** 不法行為による損害賠償請求権の債務者は、債権者から履行の請求を受けた時から遅滞の責任を負う。

**A 1** ○　　そのとおり（民法492条）。

---

**A 2** ✗　　この場合、債務者は、弁済の準備をしたことを通知してその受領の催告をすれば、債務不履行責任を免れる（民法493条ただし書）。なお、「債務の履行について債権者の行為を要するとき」とは、取立債務のケースがその典型例である。

---

**A 3** ✗　　その期限の到来した後に履行の請求を受けた時、またはその期限の到来したことを知った時のいずれか早い時から、遅滞の責任を負う（民法412条2項）。

---

**A 4** ○　　そのとおり（民法412条3項）。

> 🐕 **One Point** ◆ **期限の定めのない債務と契約の解除**
>
> 　期限の定めのない債務の債権者が履行遅滞を理由に契約を解除するためには、債務者を遅滞にするための催告をした後、さらに解除権発生のための催告をする必要はありません（大判大6.6.27）。つまり、催告は1度だけすれば足ります。

---

**A 5** ✗　　債権者の催告後、相当期間が経過した時から、債務者は遅滞の責任を負う（民法591条1項）。

---

**A 6** ○　　そのとおり。債務不履行による損害賠償債務は、期限の定めのない債務であるから、債務者は、履行の請求を受けた時に遅滞に陥る（民法412条3項）。

---

**A 7** ✗　　不法行為による損害賠償請求権の債務者は、損害発生の時（不法行為の時）から、遅滞の責任を負う（最判昭37.9.4）。

**Q 8** 利息を元本に組み入れない限り、利息に対する利息は発生しない。
□□□

**Q 9** 金銭債務の不履行についての損害賠償の額は、債務者が遅滞の責任を負っ
□□□ た最初の時点における法定利率によって定まり、約定利率が法定利率を超え
るときは、法定利率による。

**Q 10** 金銭債務の不履行による損害賠償については、債権者は、損害の証明をす
□□□ ることを要しない。

**Q 11** 金銭債務の債務者は、履行遅滞が不可抗力によるものであることを証明し
□□□ たときは、損害賠償の責任を負わない。

## ② 受領遅滞

**Q 12** 債権者が債務の履行を受けることを拒んだ場合であっても、その債務の目
□□□ 的が特定物の引渡しであるときは、債務者は、履行の提供をした時からその
引渡しをするまで、引き続き善良な管理者の注意をもって、その物を保存し
なければならない。

**Q 13** 債権者が債務の履行を受けることができないことによって、その履行の費
□□□ 用が増加したときは、その増加額は、債権者の負担となる。

**Q 14** 債権者が債務の履行を受けることを拒み、または受けることができないと
□□□ きであっても、債務者は、債権者の受領遅滞を理由に契約の解除や損害賠償
の請求をすることができる場合はない。

**A 8** ◯　そのとおり。利息の元本組入れにつき、民法405条を参照しておこう。

**A 9** ✕　最後の記述が誤り。約定利率が法定利率を超えるときは、約定利率による（民法419条1項）。また、約定利率が法定利率より低いときは、法定利率による。要するに、法定利率と約定利率のいずれか高いほうによるのである。

> **One Point ◆ 委任契約**
>
> 委任契約で学習した民法647条後段は、この民法419条1項の特則です。647条後段についての問題も復習しておくとよいでしょう。

**リンク** Chapter 3 **Q** 10

**A 10** ◯　そのとおり（民法419条2項）。

**A 11** ✕　債務者は、履行遅滞が不可抗力によるものであることを証明しても、損害賠償の責任を負う（民法419条3項）。金銭債務の不履行は、常に履行遅滞の問題となる。この世からカネがなくなることはないからである。

**A 12** ✕　自己の財産に対するのと同一の注意をもって、その物を保存すれば足りる（民法413条1項）。キチンと履行をした債務者に、いつまでも善管注意義務を負わせるのは気の毒だからである。

**A 13** ◯　そのとおり（民法413条2項）。たとえば、家具屋が買主（債権者）宅に指定の日時にベッドを届けに行ったところ、買主が不在であったため、配送費用が二重にかかったときは、その増加分を買主に請求できるのである。

**A 14** ✕　債権者に受領義務が認められるときは、その義務の不履行は、債権者の債務不履行に当たるため、これを理由として、債務者は、契約の解除や損害賠償の請求をすることができる（民法415条、541条、542条）。なお、債権者に受領義務が認められないときは、解除も損害賠償の請求もできない。

Q 15 　債権者が受領遅滞にある間に、当事者双方の責めに帰することができない事由によって、その債務の履行が不能となったときは、その履行の不能は、債権者の責めに帰すべき事由によるものと推定される。

Q 16 　債務者が、その債務について遅滞の責任を負っている間に、当事者双方の責めに帰することができない事由によって、その債務の履行が不能となったときは、その履行の不能は、債務者の責めに帰すべき事由によるものとみなされる。

## ③ 損害賠償の範囲

Q 17 　債務の不履行が契約その他の債務の発生原因及び取引上の社会通念に照らして債務者の責めに帰することができない事由によるものであるときは、債権者は、損害の賠償を請求することができない。

Q 18 　債務者がその債務の履行を拒絶する意思を明確に表示した場合、債務者に責めに帰すべき事由がないときであっても、債権者は、債務の履行に代わる損害賠償を請求することができる。

Q 19 　Aが、自己所有の甲建物をBに売却したが、その引渡しの前に甲建物が火災により滅失した。Aが、甲建物にかけていた火災保険金を受領したときは、Bは、その受けた損害の額を限度として、Aに対し、その火災保険金の支払を請求することができる。

**A 15** ✕ 　最後の記述が誤り。推定されるのではなく、債権者の責めに帰すべき事由によるものとみなされる（民法413条の2第2項）。その結果、債権者は契約の解除や損害賠償の請求などをすることができなくなり、おとなしく反対給付を履行しなければならない（民法543条、536条2項前段、415条）。

---

**A 16** 〇 　そのとおり（民法413条の2第1項）。これにより、債務者に損害賠償の責任が生じることとなる（民法415条）。

---

**A 17** 〇 　そのとおり（民法415条1項）。損害賠償の請求には、債務者の帰責事由を要する。

---

**A 18** ✕ 　債務者に帰責事由がなければ、請求できない。債務の履行に代わる損害賠償（填補賠償）は、債務者に損害賠償を請求できることをその前提としている（民法415条2項、1項）。

> **One Point◆ 履行に代わる損害賠償**
>
> 　債権者が、債務の履行に代わる損害賠償を請求できるのは、次の場合です（民法415条2項）。
> 　1　債務の履行が不能であるとき
> 　2　債務者がその債務の履行を拒絶する意思を明確に表示したとき
> 　3　債務が契約によって生じたものである場合において、その契約が解除され、または債務の不履行による契約の解除権が発生したとき

---

**A 19** 〇 　そのとおり（民法422条の2）。これを代償請求権という。

[side tab] Part 4　債　権

**Q 20** 債務不履行による損害賠償の請求は、これによって通常生ずべき損害賠償
をさせることをその目的とし、特別の事情によって生じた損害であっても、
当事者がその事情を予見すべきであったときは、債権者はその賠償を請求す
ることができる。

**Q 21** 不法行為の債務者は、特別の事情によって生じた損害については、たとえ
当事者がその事情を予見すべきだった場合であっても、損害賠償の義務を負
わない。

**Q 22** 債務不履行による損害賠償の額を定める場合、債権者に過失があったとき
は、裁判所は必ず過失相殺をするかまたは債務者の責任を免除するが、不法
行為による損害賠償の額を定める場合、被害者に過失があったときでも、裁
判所は過失相殺をしないこともできる。

**Q 23** 当事者が損害賠償額を予定していた場合でも、債務不履行に関して債権者
に過失があったときは、特段の事情のない限り、裁判所は、その過失を考慮
して損害賠償の責任およびその額を定める。

**A 20** ○　そのとおり（民法416条）。損害賠償の範囲は、債務不履行と相当因果関係のある損害であり、債務不履行により通常生じる損害である。また、特別の事情によって生じた損害でも、当事者がその事情を予見すべきであったときは、その損害の賠償を請求することができる。

----

**A 21** ✗　債務不履行責任に関する損害賠償の範囲を定めた民法416条は、不法行為による損害賠償債務にも類推適用される（最判昭48.6.7）。このため、不法行為の加害者（債務者）は、自らの行為と相当因果関係にある損害の賠償義務を負う。

----

**A 22** ○　そのとおり（民法418条、722条2項）。裁判所が過失相殺をしないこともできる点では、不法行為の規定のほうが被害者に有利といえる。

----

**A 23** ○　そのとおり（最判平6.4.21）。債務の不履行につき債権者に過失があったときまで、債務者に予定賠償額を支払わせることは酷だからである。

Part
4

債

権

## Chapter 8
# 債務不履行

**急所** 消滅時効の客観的起算点と履行遅滞に陥る時期

　消滅時効の客観的起算点は、「権利を行使することができる時」から10年と
されている（民法166条1項2号）。消滅時効の客観的起算点は、履行遅滞とな
る時期とセットで効率的に学習しよう。

### 消滅時効の客観的起算点

1　確定期限付の債権
　　期限が到来した時から消滅時効が進行する。

2　不確定期限付の債権
　　期限が到来した時から消滅時効が進行する。

3　期限の定めのない債権
　　債権が成立した時から消滅時効が進行する。

4　弁済期の定めのない消費貸借
　　債権の成立から相当期間を経過した時から消滅時効が進行する。

5　不法行為による損害賠償請求権
　　不法行為の時から進行する（期間は20年、民法724条2号）。

### 履行遅滞となる時期

1 確定期限付の債権
 期限が到来した時から遅滞の責任を負う（民法412条１項）。

2 不確定期限付の債権
 債務者が期限の到来したことを知った時から遅滞の責任を負う（民法412条２項）。
 この他、債務者が履行の請求を受けた時にも遅滞の責任を負う。

3 期限の定めのない債権
 債務者が履行の請求を受けた時から遅滞の責任を負う（民法412条３項）。

4 弁済期の定めのない消費貸借
 履行の催告後、相当期間が経過した時から遅滞の責任を負う。

5 不法行為による損害賠償請求権
 損害発生（不法行為）の時から、債務者（加害者）は遅滞の責任を負う（最判昭58.9.6）。

Part
4

債
権

## Section **1** 債権譲渡の対抗要件

### **1** 債権譲渡の対抗要件

**Q 1** 扶養請求権を譲渡することはできない。

**Q 2** 債権譲渡の通知は、意思表示である。

**Q 3** 債権譲渡の通知は、譲渡人のほか譲受人がすることもできる。

**Q 4** 債権譲渡の対抗要件を不要とする当事者の特約は、無効である。

**Q 5** 特定の譲受人に対する債権譲渡につき、債務者があらかじめ承諾をしていたときは、譲渡後、改めて通知または承諾をしなくても、債務者に対して譲渡を対抗することができる。

**Q 6** 現に発生していない債権を譲渡したときは、債権が現実に発生した後でなければ、債務者または債務者以外の第三者への対抗要件を備えることができない。

**A 1** ◯　　そのとおり。扶養を受ける権利は、処分することができない（民法881条）。

> 🐕 **One Point◆ 性質上譲渡できないもの**
>
> 　本問のように法律で譲渡を制限しているもののほか、債権の性質上譲渡できないものもあります（民法466条1項ただし書）。たとえば、画家に肖像画を描かせる権利などがその代表例です。

**A 2** ✕　　債権譲渡の通知は、観念の通知であり意思表示ではない。

**A 3** ✕　　債権譲渡の通知は、譲渡人がしなければならない（民法467条1項）。また、譲受人が譲渡人に代位して通知することもできない（大判昭5.10.10）。なお、譲受人が譲渡人の代理人として通知することはできる（最判昭46.3.25）。

**A 4** ◯　　対抗要件の制度趣旨は、二重弁済を防ぐという債務者の保護にある。だから、本問の特約は無効なのである。

**A 5** ◯　　そのとおり。将来の債権譲渡への承諾は、その内容が特定できていれば有効である（最判昭28.5.29）。

**A 6** ✕　　将来債権を譲渡した場合、債権が発生する前でも対抗要件を備えることができる（民法467条1項カッコ書）。

## ② 債権譲渡の第三者対抗要件

**Q 7**
債権譲渡を債務者以外の第三者に対抗するには、確定日付のある証書による通知または承諾を要する。

**Q 8**
譲渡人が確定日付のない証書によって債権譲渡の通知をしたときでも、譲受人は、債務者に対して債権譲渡を対抗することができる。

**Q 9**
債権の二重譲渡があった場合において、譲渡人が第一の譲渡につき確定日付のない証書で通知をした後、第二の譲渡につき確定日付のある証書によって通知をしたときは、第二の譲受人が優先する。

**Q 10**
債権者Xが Y への譲渡につき確定日付のない証書によって通知をした後、債務者が Y に弁済をした。その後、さらに X は同じ債権を Z に譲渡して確定日付のある証書によって通知をした。この場合、債務者は、Z に弁済しなければならない。

**Q 11**
債権が二重に譲渡されたときの譲受人相互間の優劣は、通知または承諾に付された確定日付の先後によって決する。

**Q 12**
法人が金銭債権を譲渡し、特別法による債権譲渡の登記をしたときでも、債務者への通知または承諾がなければ、その債権の譲渡を債務者に対抗することはできない。

**Q 13**
債権が二重に譲渡されて確定日付のある譲渡通知が債務者に同時に到達したときは、各譲受人は、債務者に対して譲り受けた債権の全額を請求することができる。

**Q 14**
債権が二重に譲渡されて確定日付のある譲渡通知が債務者に同時に到達した場合に、譲受人の1人から請求を受けた債務者は、同順位の譲受人が他に存在することを理由として、その請求を拒むことができる。

**Q 15**
差押通知と確定日付のある債権譲渡通知の第三債務者への到達の先後が不明である場合に、第三債務者が債権額を供託したときは、差押債権者と債権の譲受人は、それぞれの債権額に応じて供託金を按分した額の供託金還付請求権を取得する。

**A 7** ◯　そのとおり（民法467条2項）。ここに確定日付とは、当事者が後に変更することが不可能な公的な日付のことをいう。具体的には、公正証書の日付や内容証明郵便に郵便局が記載する日付などである。

**A 8** ◯　そのとおり。確定日付のない通知でも、債務者への対抗要件となる（民法467条1項）。

**A 9** ◯　そのとおり。債務者以外の第三者との関係では、確定日付のある証書による通知が優先する（大判大8.3.28　民法467条2項）。

**A 10** ✕　債務者は、Zに弁済することを要しない（大判昭7.12.6）。

> 🐕 **One Point ◆ ナイものは取得できない**
>
> 前々問のとおり、債務者に対する対抗要件は確定日付のないものでも足ります。このため、Yへの弁済は有効であり、その時点で債務は消滅しています。Zは、ナイものを譲り受けたに過ぎず、債権を取得できません。

**A 11** ✕　債権が二重に譲渡されたときの譲受人相互間の優劣は、確定日付のある通知が債務者に到達した日時または確定日付のある債務者の承諾の日時の先後によって決する（最判昭49.3.7）。

**A 12** ◯　そのとおり。債権譲渡登記は第三者対抗要件となるが、債務者への対抗要件とはならない。

**A 13** ◯　そのとおり（最判昭55.1.11）。この場合、二重の譲受人の双方が債権者としての地位を有することとなる。

**A 14** ✕　本問の場合、債務者は、すでに弁済したなどの事情がない限り、単に同順位の譲受人が他に存在するコトを理由として、その請求を拒むことができない（最判昭55.1.11）。

**A 15** ◯　そのとおり。差押えと債権譲渡通知の同時到達については、本問の内容のとおりの判例がある（最判平5.3.30）。

Part 4 債権

**Q 16** 債権譲渡の予約につき確定日付のある証書による通知または承諾があった
ときは、その予約の完結による債権譲渡の効力を第三者に対抗することがで
きる。

**Q 17** 法人が金銭債権を譲渡したときは、特別法による債権譲渡の登記をした場
合であっても、譲渡人が債務者に通知をし、または債務者が承諾をしなけれ
ば、その譲渡を債務者に対抗することができない。

**A 16** ✕ 　債権譲渡の「予約」につき対抗要件を備えても、「予約の完結」に
よる債権譲渡の効力を第三者に対抗することはできない（最判平
13.11.27）。予約完結のときに、改めて通知または承諾をしなけれ
ば、債権譲渡を第三者に対抗できないという趣旨である。

**A 17** ◯ 　そのとおり（民法467条）。債権譲渡の登記によって第三者対抗要
件を備えることができるが、この場合でも、債務者への対抗要件は、
債務者への通知または承諾である。

Part
4

債

権

# Section 2 譲渡制限の意思表示

**Q 1** 債権者が、譲渡制限の意思表示のある債権を譲渡した場合、債権の譲渡は、その効力を生じない。

**Q 2** 譲渡制限の意思表示がされた債権の譲受人が、その意思表示の存在を知っていた場合でも、債務者は、譲受人への債務の履行を拒むことができない。

**Q 3** AがBに対して有する譲渡制限の意思表示がされた債権を、悪意または重過失のあるCが譲り受けた。BがAに弁済をした場合、Bは、その弁済をもってCに対抗することができる。

**Q 4** 譲渡制限の意思表示がされたことを知って債権を譲り受けた者が、債務の履行をしない債務者に対し、相当の期間を定めて譲受人への履行の催告をし、その期間内に履行がないときは、債務者は、譲受人からの履行の請求を拒むことができない。

**Q 5** AがBに対して有する金銭債権には、譲渡制限の意思表示がされている。Aが、この債権を善意で、かつ、重過失のないCに譲渡した場合、債務者のBは、供託をすることができない。

**Q 6** 譲渡制限の意思表示がされた金銭債権が譲渡された場合、債務者は、その債権の一部に相当する金銭を供託することができる。

**Q 7** 譲渡制限の意思表示がされた金銭債権が譲渡されたことにより、その債権の全額に相当する金銭を供託した債務者は、遅滞なく、譲渡人または譲受人に供託の通知をしなければならない。

---

**A 1** ✕ 　譲渡は有効である（民法466条2項）。譲渡制限の意思表示の目的
は、債務者の支払先を固定することにあり、この利益の侵害がなけ
れば、譲渡そのものの自由は認めてもよいというのが、民法の基本
的な考えである。

> 🐕 **One Point✦ 譲渡制限の意思表示とは**
>
> 　当事者が債権の譲渡を禁止し、または制限する旨の意思表示のことを、譲
> 渡制限の意思表示といいます（民法466条2項カッコ書）。

---

**A 2** ✕ 　債務者は、悪意・重過失の譲受人への債務の履行を拒むことがで
きる（民法466条3項）。

---

**A 3** ◯ 　そのとおり。Cが悪意・重過失であるときは、Bは、Cへの履行
を拒むことができ、Aに弁済をすれば免責される（民法466条3項）。

---

**A 4** ✕ 　催告の内容が誤り。「譲受人」ではなく、「譲渡人」への履行の催
告が正しい（民法466条4項）。この催告の内容は、譲受人が悪意・
重過失の場合、債務者は、譲渡人に弁済すれば免責されることとリ
ンクしているのである。

---

**A 5** ✕ 　Cの善意・悪意や重大な過失の有無を問わず、Bは、債務履行地
の供託所に供託できる（民法466条の2第1項）。譲受人の内心は、債
務者には自明のことではないため、債務者がどちらに支払えばよい
か、迷うことのないようにするための仕組みである。

---

**A 6** ✕ 　一部の供託はできない。全額の供託のみである（民法466条の2第
1項）。

---

**A 7** ✕ 　後半の記述の譲渡人「または」譲受人の部分が誤り。正しくは、
譲渡人「および」譲受人に遅滞なく供託の通知を要する（民法466
条の2第2項）。なお、供託金は、譲受人のみが、還付請求できる
（民法466条の2第3項）。

AがBに対して有する金銭債権には、譲渡制限の意思表示がされている。Aが、この債権の全額をCに譲渡し、確定日付のある証書によってBに通知をした後、Aは破産手続開始の決定を受けた。この場合において、Cが譲渡制限の意思表示について悪意であっても、Cは、Bにその債権の全額に相当する金銭を供託させることができる。

AがBに対して有する甲債権には、譲渡制限の意思表示がされている。Aの債権者Cが甲債権を差し押さえたが、Cは、甲債権には譲渡制限の意思表示があることを知っていた。この場合、債務者のBは、Cへの履行を拒むことができる。

AがBに対して有する甲債権には、譲渡制限の意思表示がされている。Aが、甲債権を悪意または重過失のあるCに譲渡した後、Cの債権者のDが、甲債権を差し押さえた。この場合、債務者のBは、Dへの履行を拒むことができる。

Aの債権者Bが、Aが有する譲渡制限の意思表示がされた預貯金債権を差し押さえた。Bが譲渡制限の意思表示の存在について悪意または重過失であるときは、預貯金債権の債務者は、譲渡制限の意思表示をBに対抗することができる。

現に発生していない債権を譲渡した場合、譲受人は、債権が発生したときに、これを当然に取得する。

**A 8** ○ 　そのとおり（民法466条の3）。本事案で、BがA（破産者）に弁
済をしてしまうと、Cは、その債権の回収がきわめて困難となって
しまう（破産債権は紙くず同然）。そこで、民法は、これを防ぐ手立
てとして、譲受人からの供託請求の仕組みを用意したのである。

> 🐕 **One Point ◆ 供託請求の要件**
>
> 　譲受人が供託請求をすることができるのは、次の場合です（民法466条の
> 3）。
> 　　1　譲渡制限の意思表示がされた金銭債権の全額を譲り受けたこと（一
> 　　　部の譲受け、金銭債権以外の譲受けは不可）
> 　　2　譲渡人が破産手続開始の決定を受けたこと
> 　　3　譲受人が、債権譲渡について第三者対抗要件を有すること
> 　なお、譲受人が譲渡制限の意思表示について悪意または重過失であっても、
> 供託請求をすることができます。

**A 9** ✕ 　拒むことができない（民法466条の4第1項）。私人の手で差押えが
できない債権を作り出して、強制執行のがれをすることはまかりな
らんというのが、その理由である。

**A 10** ○ 　そのとおり（民法466条の4第2項）。BはCに対して履行を拒絶で
きるので、その債権者Dへの履行も拒絶できる。本事案の債権譲渡
には、強制執行のがれの意図がないため前問と結論が異なることと
なる。

**A 11** ✕ 　いかに預貯金債権といえども、その差押債権者には、譲渡制限の
意思表示を対抗できない（民法466条の5第2項）。

**A 12** ○ 　そのとおり。将来債権の譲受人は、発生した債権を当然に取得す
る（民法466条の6第2項）。

Ⓠ **13**　Aは、Bに対する現に発生していない債権をCに譲渡した後、AがBに通
□□□　知をし、またはBが承諾をする時までに譲渡制限の意思表示が付されたとき
は、Bは、Cへの履行を拒むことができる。

Ⓠ **14**　AがBに対して有する譲渡制限の意思表示のない債権を、Cに譲渡した。
□□□　Aが、債権譲渡の通知をする前にBがAに弁済したときは、Bは、Aに弁済
したことをCに対抗することができる。

Ⓠ **15**　Aは、Bを債務者とする甲債権（譲渡制限の意思表示はされていないもの
□□□　とする。）をCに譲渡した。AがBに債権譲渡の通知をする前に、BがAに対
して乙債権を取得した場合、Bは、乙債権による相殺をもって、Cに対抗す
ることができる。

Ⓠ **16**　債務者が、譲渡人に対する債権（譲渡制限の意思表示はされていないもの
□□□　とする。）を対抗要件具備時より後に取得したときは、その債権による相殺を
もって譲受人に対抗することができる場合はない。

**A 13** ◯　そのとおり。対抗要件具備時までに譲渡制限の意思表示が付されたときは、譲受人は悪意とみなされるため、債務者は、その履行を拒絶できる（民法466条の6第3項）。

---

🐕 **One Point ◆ 対抗要件具備時**

以下、譲渡人が民法467条の規定による通知をし、または債務者が承諾をした時のことを、「対抗要件具備時」といいます（民法466条の6第3項カッコ書）。

---

**A 14** ◯　そのとおり。債務者は、対抗要件具備時までに譲渡人に対して生じた事由をもって、譲受人に対抗することができる（民法468条1項）。

---

**A 15** ◯　そのとおり。債務者（B）は、対抗要件具備時より前に取得した譲渡人（A）に対する債権（乙債権）による相殺をもって譲受人（C）に対抗できる（民法469条1項）。対抗要件具備時については、前々問の解説One Pointを参照しよう。

Part<br>**4**<br><br>債<br><br>権

---

**A 16** ✗　次のいずれかの場合であれば、対抗要件具備時の後に反対債権を取得したときであっても、相殺をもって譲受人に対抗できる（ただし、他人の債権を取得した場合を除く。民法469条2項）。

1　反対債権が、対抗要件具備時より前の原因に基づいて生じたものであるとき
2　1のほか、反対債権が、譲受人の取得した債権の発生原因である契約に基づいて生じたものであるとき

# Section 3 債務の引受け

## 1 併存的債務引受

**Q 1** 併存的債務引受は、債権者と引受人となる者との契約によってすることはできない。

**Q 2** 債務者と引受人となる者との契約によって併存的債務引受をしたときは、併存的債務引受は、債権者が引受人となる者に対して承諾をした時に、その効力を生ずる。

**Q 3** Aを債権者、Bを債務者とする債務につき、Cが併存的債務引受をした。併存的債務引受の効力が生じた時に、Bが同時履行の抗弁を有していたときは、Cは、その抗弁をもってAに対抗することができる。

**Q 4** Aを債権者、Bを債務者とする債務につき、Cが併存的債務引受をした。Bが解除権または取消権を有するときは、Cは、契約の解除または取消しをすることができる。

## 2 免責的債務引受

**Q 5** 免責的債務引受は、債権者と引受人となる者との契約によってすることができ、この場合、免責的債務引受は、債権者が債務者に対してその契約をした旨を通知した時に、その効力を生ずる。

**Q 6** 免責的債務引受は、債務者と引受人となる者が契約をし、債権者が債務者に対して承諾をすることによってもすることができる。

**Q 7** Aを債権者、Bを債務者とする債務につき、Cが免責的債務引受をした。Bが解除権を有する場合、Cも契約を解除することができる。

**A 1** ✗ 　債権者と引受人との契約によってすることもできる（民法470条2項）。なお、併存的債務引受により、債務者と引受人が連帯債務者となる（民法470条1項）。

---

**A 2** ○ 　そのとおり（民法470条3項）。このカタチの契約は、実質的に第三者のためにする契約となるため、債権者の承諾（受益の意思表示に当たる。）の時に効力を生じるものとしている。

---

**A 3** ○ 　Cは、BがAに対して負担する債務と同一の内容の債務を負担するため、Bが有する抗弁を主張できる（民法471条1項）。このほかの抗弁の例として、債務の不成立、取消しや解除、弁済などがある。

---

**A 4** ✗ 　解除や取消しをすることはできない。Cは、債務を引き受けたにすぎず、契約上の地位を有するわけではないためである。この場合、これらの権利の行使によってBが債務を免れるべき限度において、その履行を拒絶できるにとどまる（民法471条2項）。

---

**A 5** ○ 　そのとおり（民法472条2項）。債権者と引受人との合意により契約が成立し、債務者への通知によりその効力が生じる。免責的債務引受により、引受人のみが債務を負担し、債務者は免責される（民法472条1項）。

---

**A 6** ✗ 　承諾の相手方が誤り。正しくは、債権者が引受人となる者に対して承諾をする（民法472条3項）。債権者にとって債務者が誰であるかは重大な問題なので、この承諾がない限り、債務者は免責されない。

---

**A 7** ✗ 　Cは、契約上の地位を有しないため、契約の解除や取消しをすることはできない。この場合、Cは、Aに対し、その履行を拒絶できるにとどまる（民法472条の2第2項）。

Q 8 　Aを債権者、Bを債務者とする債務につき、Cが免責的債務引受をした。
□□□ Cが債務を履行したときは、Cは、Bに求償をすることができる。


Q 9 　Aを債権者、Bを債務者とする債務につき、Cが免責的債務引受をした。
□□□ Bの債務の担保として、B所有の不動産に設定した抵当権をCが負担する債
務に移すためには、Bの承諾を得なければならない。


Q 10 　免責的債務引受による担保権の移転は、あらかじめ、または同時に引受人
□□□ に対してする意思表示によってしなければならない。

**A 8** ✗ 　求償できない（民法472条の3）。Bは、すでに債権債務関係から
離脱しており、その債務を自ら引き受けたCが、Bに負担を求める
のはお門違いである。

--------------------------------------------------------------

**A 9** ○ 　そのとおり。引受人（C）以外の者（債務者または第三者を意味
する）が担保権を設定したときは、その承諾を要する（民法472条
の4第1項）。引受人以外の者は、他人である引受人の資力を担保す
る意思を当然には有しないためである。この場合、承諾がなければ、
担保権は消滅する。

--------------------------------------------------------------

**A 10** ○ 　そのとおり（民法472条の4第2項）。付従性により担保権が消滅す
る前に、これを行えとする趣旨である。

Part
**4**

債

権

## Section **4** 更 改

---

**Q 1** 債務者の交替による更改は、債権者と更改後に債務者となる者との契約に
□□□ よってすることができる。

---

**Q 2** 債務者の交替による更改は、更改前の債務者と更改後に債務者となる者が
□□□ 契約をし、債権者が更改後に債務者となる者に対して承諾をすることによっ
てもすることができる。

---

**Q 3** 債務者の交替による更改後の債務者は、更改前の債務者に対して求償権を
□□□ 取得しない。

---

**Q 4** 債権者の交替による更改は、更改前の債権者、更改後に債権者となる者及
□□□ び債務者の契約によってすることができる。

---

**Q 5** 債権者の交替による更改は、確定日付のある証書によってしなければ、第
□□□ 三者に対抗することができない。

---

**Q 6** Aを債権者、Bを債務者とする債務について、Aと更改後の債務者のCが
□□□ 債務者の交替による更改をした。Aが、B所有の不動産に設定した抵当権を
更改後の債務に移すためには、Bの承諾を得なければならない。

---

**Q 7** 債権者の交替による更改における更改後の債権者は、更改前の債務の目的
□□□ の限度において、その債務の担保として設定された質権または抵当権を更改
後の債務に移すことができる。

**A 1** ○ そのとおり（民法514条1項前段）。この場合、債権者が更改前の債務者に対し、その旨の通知をすることにより、その効力が生じる（同項後段）。この通知の仕組みは、免責的債務引受を、債権者と引受人で行ったときのそれと同趣旨である（民法472条2項）。

---

**A 2** ✕ そういう規定はナイ。この点、免責的債務引受と相違する（民法472条3項）。債権者の関与なく、更改後の債権者の債権の内容を決めることが不可能だからである。

---

**A 3** ○ そのとおり（民法514条2項）。免責的債務引受の引受人は、債務者に対して求償権を取得しないことと同じである（民法472条の3）。

---

**A 4** ○ そのとおり。債権者の交替による更改は、三面契約によってする（民法515条1項）。

---

**A 5** ○ そのとおり（民法515条2項）。契約そのものを確定日付証書によってすることが第三者対抗要件となる。

---

**A 6** ○ そのとおり（民法518条1項）。本事案では、更改をしたのはAとCであり、Bは当事者ではない。そのため、更改契約の当事者以外の第三者Bの承諾を要する。

---

**A 7** ✕ 移すことができるのは、更改前の債権者である（民法518条1項本文かっこ書）。なお、あらかじめまたは同時に債務者にその旨の意思表示をすることを要する（民法518条2項）。

Part 4

債　権

# Chapter 10 相　殺

## ① 自働債権と相殺

**Q 1** 既に弁済期にある自動債権と弁済期の定めのある受動債権とが相殺適状にあるというためには、受動債権につき、期限の利益を放棄できるというだけではなく、期限の利益の放棄または喪失などにより、その弁済期が現実に到来していることを要する。

**Q 2** 相殺を禁止し、または制限する旨の意思表示は、第三者がこれを知り、または過失によって知らなかったときに限り、その第三者に対抗することができる。

**Q 3** 弁済期の定めのない債権を自動債権として相殺することができる。

**Q 4** 同時履行の抗弁権のある債権を自動債権として相殺することはできないが、受働債権として相殺することができる。

**Q 5** 抵当不動産の第三取得者は、抵当権者に対して有する債権を自働債権、被担保債権を受働債権として相殺することができる。

**Q 6** 時効によって消滅した債権でも、その消滅前に相殺適状にあったときは、その債権を自動債権として相殺することができる。

**Q 7** 時効によって既に消滅した他人の債権を債務者が譲り受けて、これを自働債権として相殺することができる。

**Q 8** 相殺の意思表示は、相殺適状の時にさかのぼってその効力を生ずる。

**A 1** ○　そのとおり（最判平25.2.28）。自動債権の弁済期が到来していれ ば、受動債権の弁済期が到来していない場合であっても、現に、受 動債権の期限の利益を放棄することにより相殺できる。

**A 2** ✕　「過失によって」の部分が誤り。「重大な過失によって」が正しい （民法505条2項）。譲渡制限の意思表示に類似の規定であり、悪意・ 重過失の第三者に対抗できる。

**A 3** ○　そのとおり（大判昭17.1.19）。弁済期の定めがない債権は、その 成立と同時に弁済期にあると解することができるから、相手方の期 限の利益への配慮を要しない。

**A 4** ○　そのとおり（大判昭13.3.1）。自働債権に付着する抗弁権は相手の 抗弁権だから、これを一方的に奪うわけにはいかない。他方、自ら の抗弁権は放棄したうえで相殺することはかまわない。

**A 5** ✕　「第三取得者→債権者（抵当権者）の債権」と「債権者（抵当権者） →債務者」の債権は向かい合っていないため、相殺できない（大判 昭8.12.5)。

**A 6** ○　そのとおり（民法508条）。

**A 7** ✕　相殺することはできない（最判昭36.4.14）。時効消滅した他人の 債権を安値で譲り受けて、自己がその債権者に負担する債務と相殺 することは許されないという趣旨である。

**A 8** ○　そのとおり（民法506条2項）。

## ② 受働債権と相殺

**Q 9** 悪意の不法行為によって生じた債権を受働債権として加害者がこれを相殺することはできないが、被害者がこれを自働債権として相殺することはできる。

**Q 10** 人の生命または身体の侵害による損害賠償債務の債務者は、その債権者がその債務に係る債権を他人から譲り受けた場合を除いて、相殺をもって債権者に対抗することができない。

**Q 11** 差押禁止債権を受働債権として相殺することができる。

**Q 12** 債権が差し押さえられた場合において、第三債務者は、差押えの後に取得した債権（差押え前の原因に基づいて生じた債権ではないものとする。）による相殺をもって差押債権者に対抗することができる。

**Q 13** 受働債権が差し押さえられた場合でも、第三債務者が差押え前に反対債権を取得したときは、その弁済期の前後を問わず、これを自働債権として相殺することができる。

**Q 14** 差押え後に取得した債権であっても、それが差押え前の原因に基づいて生じたものであるときは、第三債務者が差押え後に他人の債権を取得した場合を除いて、第三債務者は、その債権による相殺をもって差押債権者に対抗することができる。

**A 9**　◯　　そのとおり。被害者側から、悪意の不法行為による債権を自働債権として相殺することはできる（民法509条本文、最判昭42.11.30）。その反対は不可である。なお、過失による不法行為（人の生命身体の侵害を伴わない）から生じた損害賠償債務については、加害者からの相殺も認められる。

**A 10**　◯　　そのとおり（民法509条2号）。この場合の債務者は加害者であり、被害者の保護のために現実の給付を与えるべきだからである。

**A 11**　✕　　差押禁止債権を受働債権として相殺することはできない（民法510条）。

**A 12**　✕　　第三債務者は、差押えの後に取得した債権による相殺をもって差押債権者に対抗することができない（民法511条1項、2項）。

**A 13**　◯　　そのとおり。たとえ自働債権の弁済期（相手方の弁済期にあたる）が後であっても、その到来を待って第三債務者が相殺できるのである（民法511条1項）。

**A 14**　◯　　そのとおり（民法511条2項）。たとえば、Aを債権者、Bを債務者とする甲債権をCが差し押さえたとしよう。次の時系列の場合に、第三債務者のBは、差押え後に取得した債権（乙債権）をもって、Cに対抗できる。
　　　1　Bが、Aの委託により、Aを主たる債務者とする保証契約を第三者と締結した（B→Aの求償権（乙債権とする）の発生原因が生じた）。
　　　2　Cによる差押え
　　　3　Bが保証債務を履行したことにより、Aに対する求償権（乙債権）を取得した。

Part
4

債

権

## Section **1** 連帯債務・連帯債権

### **1** 分割債権および債務

**Q 1** 金銭債務につき数人の債務者がある場合において、別段の意思表示がないときは、各債務者は、それぞれ等しい割合で義務を負う。

**Q 2** Aに対して150万円の貸金債務を負担していたBが死亡し、Bの子であるC、D及びEがその債務を共同で相続した場合、Aは、Cに150万円の全額を請求することができる。

### **2** 連帯債務全般

**Q 3** 連帯債務者の1人に無効または取消しの原因があったときは、他の連帯債務者の債務も成立しない。

**Q 4** 債権者は、連帯債務者の1人に対する債権のみを第三者に譲渡することができる。

### **3** 絶対効、相対効

**Q 5** ABCは、連帯して、Xに対して300万円の債務を負担している（負担部分は平等）。Aが、Xに300万円の全額を弁済した場合、B及びCはその債務を免れる。

**A 1** ◯　そのとおり（民法427条）。金銭債務の債務者が複数いるときは、特約がない限り、当然に分割債務となる。この場合、連帯債務の約定をすることにより、債権者は、各債務者に全額の請求をすることができる。

**A 2** ✕　全額の請求はできない（民法427条）。貸金債権（金銭債権）は、法律上当然に分割されるので、Aは、CDEにそれぞれ50万円ずつ請求できるにすぎない。

**A 3** ✕　連帯債務者の1人に無効または取消しの原因があっても、他の連帯債務者の債務は、その効力を妨げられない（民法437条）。

**A 4** ◯　そのとおり（大判昭13.12.22）。連帯債務の関係にあっても、それぞれが別個独立の債権債務関係であるから、債権者は、連帯債務者の1人に対する債権だけを譲渡することもできる。

**A 5** ◯　連帯債務は、債務者の各自が連帯して全額の支払義務を負っているのだから、その1人が全額の弁済をすれば、他の連帯債務者も債務を免れるのは、当たり前のハナシ。

 **One Point◆ 絶対効・相対効についての注意事項**

　以下、絶対効・相対効に関する問題につきましては、問題文に明記されていない限り、連帯債務者の1人について生じた事由の効力に関して、債権者と連帯債務者との間には、別段の意思表示がないものとして解答してください。

Q 6　連帯債務者の1人が債務を承認したときは、他の連帯債務者の消滅時効も更新する。

Q 7　連帯債務者の1人が時効の利益を放棄したときは、時効の利益の放棄の効果は他の連帯債務者にも及ぶ。

Q 8　債権者が連帯債務者の1人に対して債務を免除したときは、その債務者の負担部分については、他の連帯債務者も債務を免れる。

Q 9　ＡＢＣは、Ｘに対して150万円の連帯債務を負担している（負担部分は平等）。ＸがＡの債務を免除した後、ＢがＸに150万円全額を弁済した。Ｂは、Ｃに求償権を行使することはできるが、免除を受けたＡには求償権を行使することができない。

Q 10　連帯債務者の1人が債権者に対して債権を有する場合において、その連帯債務者が相殺を援用したときは、債権は、その連帯債務者の負担部分についてのみ、他の連帯債務者の利益のためにも、その効力を生じる。

Q 11　Ｘに対して、ＡＢが100万円の連帯債務を負担しており、また、Ａは、Ｘに対して100万円の反対債権を有している（ＡＢの負担部分は平等）。Ａが相殺を援用しない間に、ＸがＢに100万円の請求をしたときは、Ｂは、100万円全額を支払わなければならない。

Q 12　連帯債務者の1人と債権者との間に更改があったときは、債権は、更改をした連帯債務者の負担部分についてのみ消滅する。

**A 6** ✕ 　更新しない。民法は、連帯債務者の1人に生じた事由は、他の連帯債務者に対して、その効力を生じないことを原則としている（民法441条本文、相対効の原則）。そして、債務の承認は、相対効しか生じない。

- - - - - - - - - - - - - - - - - - - - - - - - - - - - - - - - - - - - - - - - - - - - - -

**A 7** ✕ 　時効の利益の放棄の効果は、他の連帯債務者には及ばない。時効の利益の放棄にも、相対効の原則が当てはまる（民法441条本文）。

- - - - - - - - - - - - - - - - - - - - - - - - - - - - - - - - - - - - - - - - - - - - - -

**A 8** ✕ 　その債務の一切を免れない。免除にも、相対効の原則が当てはまる（民法441条本文）。

- - - - - - - - - - - - - - - - - - - - - - - - - - - - - - - - - - - - - - - - - - - - - -

**A 9** ✕ 　Bは、Aに50万円を求償できる（民法445条）。Xによる免除は、ABCの内部関係に影響を及ぼさないためである。

---

🐕 **One Point ◆ 時効の完成**

　時効の完成も、相対効しか生じません。このため、本問において、Aの債務が時効により消滅しても、BCの債務は150万円のままです。また、Bが150万円弁済したときは、Aに50万円の求償ができます。以上、Aの債務が免除されたときとまったく同じ結論となります（民法445条）。

---

**A 10** ✕ 　連帯債務者の1人が債権者に対して債権を有する場合において、その連帯債務者が相殺を援用したときは、債権は、**すべての連帯債務者の利益のために消滅する**（民法439条1項、相殺の絶対効）。負担部分についてのみ効力を生じるものではない。この結果、相殺をした債務者は、他の債務者に対して求償権を取得する。

- - - - - - - - - - - - - - - - - - - - - - - - - - - - - - - - - - - - - - - - - - - - - -

**A 11** ✕ 　全額の支払義務はナイ。Bは、Aの負担部分（50万円）の限度で債務の履行を拒絶できるため、Xに50万円を支払えば足りる（民法439条2項）。

- - - - - - - - - - - - - - - - - - - - - - - - - - - - - - - - - - - - - - - - - - - - - -

**A 12** ✕ 　連帯債務者の1人と債権者との間に更改があったときは、債権は、**全ての連帯債務者の利益のために消滅する**（民法438条）。これを、更改の絶対効という。更改の絶対効は、負担部分についてのみ生じるのではない。

**Q 13** 連帯債務者の1人と債権者との間に混同があったときは、その連帯債務者
□□□ は、債権者の地位を承継する。

## ④ 求償関係

**Q 14** 連帯債務者の1人と債権者との間に混同があったときは、その連帯債務者
□□□ は、他の連帯債務者に求償することができない。

**Q 15** 連帯債務者の1人が債務の一部の弁済をした場合に、その弁済額が負担部
□□□ 分を超えないときは、その連帯債務者は、他の者に対して求償することがで
きない。

**Q 16** ＸＹＺは、Ａに対して300万円の連帯債務を負担しており、負担部分は平等
□□□ である。ＸがＡに150万円弁済したが、Ｙが無資力であるときは、過失のない
Ｘは、Ｚに対して75万円の求償をすることができる。

**Q 17** ＸＹＺは、連帯してＡに対して300万円の債務を負担している。Ｘが300万
□□□ 円全額を弁済したが、Ｙが無資力であり、また、ＸとＺがいずれも負担部分
を有しないときは、Ｘは、Ｚに対して分担を請求することができない。

**Q 18** 連帯債務者ＸＹＺのうちＸが債権者に反対債権を有している場合において、
□□□ ＸとＹの存在を知りながら、ＺがＸとＹに通知しないで弁済したときは、Ｘ
は、Ｚからの求償に対して、自己の負担部分について債権者に対する反対債
権による相殺をもって対抗することができる。

**Q 19** 連帯債務者ＸＹＺのうちＸが債権者に全額の弁済をしたが、ＹとＺの存在
□□□ を知りながら、弁済したことをＹとＺに通知しないでいるうちに、その事実
を知らないＺが事前の通知をした上で債権者に弁済をした。この場合、Ｚの
弁済が有効であったものとみなされる。

**A 13** ✕ 　連帯債務者の1人と債権者との間に混同があったときは、その連帯債務者は、**弁済をしたものとみなす**（民法440条）。これを、混同の絶対効という。これにより連帯債務者全員の債務が消滅する。

**A 14** ✕ 　求償できる。連帯債務者の1人と債権者との間に混同があったときは、その連帯債務者が弁済したものとみなされる（民法440条　前問参照）。このため、その者に求償権が発生するのである。

**A 15** ✕ 　弁済額が負担部分を超えないときでも、その連帯債務者は、他の者に対して負担部分の割合に応じた額の求償をすることができる（民法442条1項、大判大6.5.3）。

> **One Point ◆ 具体例**
>
> 　ＸＹＺが、Ａに300万円の連帯債務を負担しているとしましょう（負担部分は平等とします）。Ｘが60万円の弁済をしたときは、Ｘは、ＹとＺに対して20万円ずつ求償できます。

**A 16** ◯ 　そのとおり。無資力のＹが償還できない部分は、ＸとＺがその負担部分に応じて分担する（民法444条1項）。このため、Ｘは、Ｚに75万円の求償ができる。なお、Ｘに過失があるときは、Ｚに分担を請求できない（民法444条3項）。

**A 17** ✕ 　150万円の分担を請求できる。本問の場合、ＸとＺが等しい割合で無資力者Ｙの負担部分（金300万円）を負担する（民法444条2項）。

**A 18** ◯ 　そのとおり（民法443条1項前段）。この結果、Ｚは、債権者に対して、相殺によって消滅すべきであった債務の履行を請求すべきこととなる（民法443条1項後段）。

**A 19** ✕ 　本問の場合、Ｚは、自己の弁済を有効であったものとみなすことができる（民法443条2項）。Ｚの弁済が当然に有効となるわけではない。

**Q 20** 互いの存在を知っている連帯債務者ＸＹＺのうちＸが債権者に全額の弁済をしたが、ＹとＺに事後の通知をしないでいる間に、Ｚが善意で弁済をした場合は、Ｚが事前の通知をしなかったときでも、Ｚは自己の弁済を有効なものとみなすことができる。

**Q 21** 金銭債務を負担する連帯債務者の１人が死亡して、その者に共同相続が開始したときは、債権者は、共同相続人の１人に対して金銭債務の全額を請求することができる。

**Q 22** Ａから甲建物を賃借していたＢが死亡し、その子のＣ及びＤが賃借権を相続した場合、Ａは、Ｃに対し、相続開始後の賃料の全額を請求することができない。

**Q 23** 不可分債務者の１人と債権者との間に混同があったときは、その不可分債務者は、弁済をしたものとみなされる。

# ⑤ 連帯債権

以下の問題に関し、問題文に明記されている場合を除いて、連帯債権者の１人の行為または連帯債権者の１人について生じた事由について、別段の意思表示がないものとして解答して下さい。

**Q 24** ＡとＢは、債務者をＣとする100万円の連帯債権を有している。ＡがＢに分与すべき利益、ＢがＡに分与すべき利益は、いずれも50万円である。この場合、ＡがＣの債務を免除したときでも、Ｂは、Ｃに対して100万円の請求をすることができる。

**Q 25** ＡとＢは、債務者をＣとする100万円の連帯債権を有している。ＣがＡに対して有する100万円の債権をもって相殺したときは、Ｃは、債務の全額を免れる。

**Q 26** ＡとＢは、Ｃに対して100万円の連帯債権を有している。Ａが死亡して、ＣがＡを単独相続したときは、Ｃは、弁済したものとみなされる。

**A20** ✗ Zが事前の通知をしなかったときは、Zは自己の弁済を有効なものとみなすことはできない（最判昭57.12.17）。XとZの双方に通知の懈怠がある場合は、原則に戻って、Xの第一の弁済が有効となるのである。

**A21** ✗ 債権者は、共同相続人の1人に対して、その相続分に応じて分割した範囲の金額を請求することができるにとどまる（最判昭34.6.19）。相続人は、被相続人の債務を分割して承継し、各自がその承継した範囲で本来の債務者とともに連帯債務者となるからである。

**A22** ✗ 全額を請求できる。賃料債務は、その性質上、不可分債務である（民法430条、大判大11.11.24）。

**A23** ✗ 不可分債務には、連帯債務の規定がそのまま準用されるが、混同の絶対効の準用がナイ（民法430条）。

Part 4 債権

**A24** ✗ 50万円を請求できるにとどまる。連帯債権者の1人（A）と債務者（C）との間に更改または免除があったときは、Aがその権利を失わなければ分与されるべき利益にかかる部分（本問は50万円）については、他の連帯債権者（B）は、履行を請求できない（民法433条、更改・免除の絶対効）。

**A25** ○ そのとおり。相殺の絶対効である（民法434条）。この場合、Aは、Bに対し、その受けるべき利益を分与することとなる。

**A26** ○ そのとおり。混同の絶対効である（民法435条）。これにより連帯債権は消滅し、Bは、Cに対し、その受けるべき利益（例　平等であれば50万円）の分与を求めることができる。

Q **27**　不可分債権者の1人と債務者との間に混同があったときは、債務者は、弁済をしたものとみなされる。

Q **28**　不可分債権者の1人と債務者との間に更改または免除があった場合でも、他の不可分債権者は、債務の全部の履行を請求することができる。

**A 27** ✕ 　不可分債権には、連帯債権の混同の絶対効の準用がナイ（民法428条かっこ書、435条）。

---

**A 28** ◯ 　そのとおり（民法429条前段）。不可分債権には、更改・免除の絶対効もナイ。なお、この場合、更改または免除をした不可分債権者が、その権利を失わなければ分与されるべき利益を債務者に償還することを要する（同条後段）。

# Section 2 　保証債務

## 1 保証債務の性質

- - - - - - - - - - - - - - - - - - - - - - - - - - - - - - - - - - - - - - - - - - - - - - - - - - - - - - - -
**Q 1**　保証契約は、主たる債務者と保証人との間の契約である。

- - - - - - - - - - - - - - - - - - - - - - - - - - - - - - - - - - - - - - - - - - - - - - - - - - - - - - - -
**Q 2**　主たる債務が無効であるときは、保証債務は成立しない。

- - - - - - - - - - - - - - - - - - - - - - - - - - - - - - - - - - - - - - - - - - - - - - - - - - - - - - - -
**Q 3**　保証契約は、保証、連帯保証を問わず、書面でしなければその効力を生じない。

- - - - - - - - - - - - - - - - - - - - - - - - - - - - - - - - - - - - - - - - - - - - - - - - - - - - - - - -
**Q 4**　主たる債務の目的または態様が保証契約の締結後に加重されたときは、保証人の負担も加重される。

- - - - - - - - - - - - - - - - - - - - - - - - - - - - - - - - - - - - - - - - - - - - - - - - - - - - - - - -
**Q 5**　債権者と保証人は、主たる債務に違約金または損害賠償の額の定めがなくても、保証債務についてのみ、違約金または損害賠償の額を約定することができる。

- - - - - - - - - - - - - - - - - - - - - - - - - - - - - - - - - - - - - - - - - - - - - - - - - - - - - - - -
**Q 6**　主たる債務が行為能力の制限によって取り消すことができることを知りながら保証契約をした保証人は、主たる債務の不履行または取消しの場合にこれと同一の目的を有する独立の債務を負担したものと推定される。

- - - - - - - - - - - - - - - - - - - - - - - - - - - - - - - - - - - - - - - - - - - - - - - - - - - - - - - -
**Q 7**　保証人が検索の抗弁権を行使するためには、主たる債務者に強制執行が容易な若干の財産があることの証明があればよく、全額の弁済が得られることまでの証明を要しない。

- - - - - - - - - - - - - - - - - - - - - - - - - - - - - - - - - - - - - - - - - - - - - - - - - - - - - - - -
**Q 8**　連帯保証人は催告の抗弁権を有しないが、検索の抗弁権を有する。

---

**A 1** ✗　保証契約は、**債権者**と保証人との間の契約である。

> 🐕 **One Point◆ 連帯保証**
>
> 　連帯保証とは、保証人が主たる債務者と連帯して債務を負担する旨の合意
> をした保証のことをいいます。

---

**A 2** ○　保証債務は、主たる債務の存在をその前提としている。これを保
証債務の付従性という。

---

**A 3** ○　そのとおり（民法446条2項）。保証契約は要式行為である。保証
契約の締結を慎重ならしめる趣旨の措置である。

---

**A 4** ✗　加重されない（民法448条2項）。保証人に断りなく、その責任を
加重することはできない。

---

**A 5** ○　そのとおり（民法447条2項）。たとえば、「保証人が保証債務を履
行しない場合、金○円の違約金を支払う」というような約定である。
これは保証債務の履行を確実にするためのものであり、主債務より
重い負担ではなく有効である。

---

**A 6** ○　そのとおり（民法449条）。急所は、①取消原因が行為能力の制限
によるものであること、②保証人が取消原因を知っていること（悪
意）、③推定規定であること、の3点である。

---

**A 7** ○　そのとおり（大判昭8.6.13）。債権全額の弁済ができる資力の立証
は不要である。

---

**A 8** ✗　連帯保証人は、催告の抗弁権および検索の抗弁権を有しない（民
法454条）。

**Q 9**

保証人は、主たる債務者が破産手続開始の決定を受けたとき、無資力であるとき、または、その行方が知れないときは、催告の抗弁権を行使することができない。

**Q 10**

不動産の売買契約の売主のための保証人は、売主の債務不履行により契約が解除されたときの原状回復義務については、保証の責任を負わない。

## ② 債権譲渡と保証債務

**Q 11**

債権者が主たる債務者に対する債権を第三者に譲渡し、主たる債務者に対して債権譲渡の通知をしたときは、保証人に対して通知をしていなくても、譲受人は債権譲渡を保証人に対抗することができる。

**Q 12**

連帯債務者の全員に対する債権を譲渡した場合、一部の債務者に通知をしたときは、通知をしていない債務者に対しても債権譲渡を対抗することができる。

**Q 13**

債権者が保証人に対して債権譲渡の通知をしたときは、譲受人は、主たる債務者に対しては債権譲渡を対抗することはできないが、保証人に対して債権譲渡を対抗することができる。

## ③ 主たる債務者、保証人に生じた事由

**Q 14**

主たる債務者が、時効完成前に債務を承認したときは、その消滅時効の更新の効力は、保証人にも及ぶ。

**A 9** ✕ 　無資力であるときに行使できないとする点が誤り。保証人が催告
の抗弁権を行使できないのは、主たる債務者が破産手続開始の決定
を受けたとき、または、その行方が知れないときである（民法452
条ただし書）。

**A 10** ✕ 　本問の保証人は、特に反対の意思表示のない限り、契約の解除に
伴う原状回復義務についても、保証の責任を負う（最大判昭
40.6.30）。特定物売買の売主の保証人は、売主の債務不履行の場合
に、買主がこうむる損害も保証していると考えるのが、通常の当事
者の意思だと考えられるからである。

**A 11** ◯ 　そのとおり。主たる債務者に債権譲渡の通知をすれば、債権譲渡
を保証人にも対抗できる（大判明39.3.3、大判昭9.3.29）。このた
め、保証人に通知をしていなくても、債権の譲受人は、保証人に保
証債務の履行を求めることができる。

Part
4

債

権

**A 12** ✕ 　連帯債務者の1人に生じた事由は、他の連帯債務者に影響がない
（民法441条本文）。相対効の原則である。同じ債権譲渡の事例であ
る前問と比較しておこう。

**A 13** ✕ 　保証人に債権譲渡の通知をしても、主たる債務者だけでなく保証
人にも債権譲渡を対抗できない（大判昭9.3.29）。保証人に債権譲渡
を対抗するためには、前々問のとおり、主債務者に対して債権譲渡
の通知をすることを要する。結果、本事例の通知は、法律上なんの
効果も生じないのである。

**A 14** ◯ 　そのとおり。主たる債務者に対する履行の請求その他の事由によ
る時効の完成猶予および更新は、保証人に対しても、その効力を生
じる（民法457条1項）。その結果、保証債務の消滅時効も更新され
ることとなる。時効の完成猶予・更新の相対効の原則（民法153条）
の例外である。

リンク ➡ Section 1 **Q** 6

**Q 15** 物上保証人は、債務者の承認によって生じた被担保債権の消滅時効の更新の効力を否定することができない。

**Q 16** 保証人が保証債務の消滅時効の完成前に債務を承認したときは、主たる債務の消滅時効も更新する。

**Q 17** 主たる債務者が、その消滅時効が完成した後に時効の利益を放棄したときは、その効力は保証人にも及ぶ。

**Q 18** Xが債権者、Aが主たる債務者、Bがその保証人である。AがXに対して反対債権を有している場合、保証人のBは、Aの債権による相殺を援用して保証債務を免れることができる。

## ④ 保証人と求償

**Q 19** 委託を受けた保証人が債権者に弁済をしたときは主たる債務者に求償することができるが、委託を受けない保証人は求償することができない。

**Q 20** 委託を受けた保証人が弁済をしたときは、主たる債務者に対して、弁済その他免責があった日以後の法定利息及び避けることができなかった費用その他の賠償を含めて求償することができる。

**Q 21** 保証人は、その委託の有無を問わず、事前求償権を有する。

**A 15** ◯　そのとおり（最判平7.3.10）。物上保証人についての判例からの出題である。主債務者がした権利の承認の効力は、保証人同様、物上保証人にも及ぶのである。

**A 16** ✗　主たる債務の消滅時効は更新されない。保証人に生じた事由は、主たる債務に影響を及ぼさない。このため、主たる債務者の消滅時効が完成したら、保証人は、その主たる債務の消滅時効を援用できる（民法145条）。

**A 17** ✗　時効の利益の放棄の効力は、保証人には及ばない。このため、保証人は、主たる債務の消滅時効を援用できる（民法145条、大判昭6.6.4参照）。

**リンク** ➡ Section 1 **Q** 7

**A 18** ✗　相殺を援用することができない。この場合、主たる債務者（A）が相殺によって債務を免れるべき限度において、保証債務の履行を拒絶できるにとどまる（民法457条3項）。また、相殺権のほか、主たる債務者が取消権、解除権を有する場合も、保証人は、これらの権利を行使できるのではなく、保証債務の履行を拒絶できるにとどまる。

**A 19** ✗　最後の一文が誤り。委託を受けない保証人も、債権者に弁済したときは主たる債務者に求償できる（民法459条、462条）。

**A 20** ◯　そのとおり。民法459条2項で民法442条2項を準用しているため、基本パターンが連帯債務者相互間の求償権の範囲と同じである。

> 🐕 **One Point◆ 委託を受けない保証人の求償の範囲**
>
> 委託を受けない保証人の求償の範囲は、委託を受けた保証人よりも狭くなっています（民法462条1項、2項をご参照ください）。頼まれもしないで他人の保証人となった場合、求償できる範囲に制限があるというわけです。

**A 21** ✗　委託を受けた保証人のみ、事前求償権を有する（民法460条）。頼まれもしないで保証しておいて、事前にカネをよこせというのは厚かましいからである。

**Q 22** 委託を受けた物上保証人は、事前求償権を有する。

☐☐☐

---

**Q 23** 委託を受けた保証人が、主たる債務の弁済期前に保証債務を履行したとき

☐☐☐ は、その保証人は、主たる債務者に対し、主たる債務者がその当時利益を受けた限度において求償権を有する。

---

**Q 24** 委託を受けた保証人が、主たる債務者にあらかじめ通知をしないで弁済を

☐☐☐ したときは、主たる債務者は、債権者に対抗することができた事由をもってその保証人に対抗することができる。

---

**Q 25** 主たる債務者は、弁済をするにあたって、保証人に対して事前の通知をす

☐☐☐ ることを要しない。

---

**Q 26** 主たる債務者が弁済をしたときは、委託を受けた保証人、委託を受けない

☐☐☐ 保証人のいずれに対しても、事後の通知をしなければならない。

---

**Q 27** 主たる債務者Aの意思に反して保証をしたBが弁済をした後に、Aが債権

☐☐☐ 者に弁済をしたときは、Aは、自己の弁済を有効であったものとみなすことができる。

---

**Q 28** 主たる債務者Aの委託を受けた保証人Cが、債権者に弁済したことをAに

☐☐☐ 通知することを怠ったため、Aが善意で弁済したときは、Aは、自己の弁済を有効であったものとみなすことができる。

---

**⑤ 連帯保証** (注) 以下、「保証人」とは連帯保証人以外の保証人を意味する。

---

**Q 29** 債権者が主たる債務者に裁判上の請求をしたときは、連帯保証人に対して

☐☐☐ も、これによる時効の完成猶予および更新の効力を生ずる。

**A 22** ✗ 　委託を受けたときでも、物上保証人は事前求償権を有しない（最判平2.12.18）。

**A 23** ◯ 　そのとおり。この場合、保証人は、保証債務の履行の当時、主たる債務者が利益を受ける限度で求償できるにとどまる（民法459条の2第1項前段）。なお、この場合の求償権は、主たる債務の弁済期以後でなければ行使できない（民法459条の2第3項）。

**A 24** ◯ 　そのとおり（民法463条1項前段）。委託を受けた保証人には事前通知の義務があり、これを怠ると、その求償権が制限される。この場合、主たる債務者が相殺をもって保証人に対抗したときは、保証人は、債権者に対し、相殺によって消滅すべきだった債務の履行を請求できる（同項後段）。

**A 25** ◯ 　そのとおり。主たる債務者に事前通知義務はない。事前通知は求償の要件であるところ、主たる債務者が保証人に求償することがあり得ないためである。

**A 26** ✗ 　主たる債務者には、**委託を受けた保証人**に対してのみ事後通知義務がある（民法463条2項）。主たる債務者がこの事後通知を怠ると、善意で弁済した保証人は、自己の弁済を有効なものとみなすことができる。

**A 27** ◯ 　そのとおり（民法463条3項前段）。保証が主たる債務者の意思に反する場合、事後通知の有無にかかわらず、主たる債務者は、自己の弁済を有効なものとみなすことができる。

**A 28** ◯ 　そのとおり（民法463条3項後段）。これにより、保証人のした弁済が非債弁済となる。なお、委託を受けない保証人で、その保証が主たる債務者の意思に反しない場合も、その保証人が事後の通知を怠ったときは、主たる債務者は、善意でした自己の弁済を有効なものとみなすことができる。

**A 29** ◯ 　そのとおり。主たる債務者に対する履行の請求その他の事由による時効の完成猶予および更新は、保証人（連帯保証人）に対しても、その効力を生じる（民法457条1項）。

Part 4

債 権

**Q 30** 債権者が連帯保証人に対して裁判上の請求をしたときは、時効の完成猶予および更新の効力は主たる債務者にも及ぶ。

**Q 31** 債権者が保証人に対して裁判上の請求をしたときは、時効の完成猶予および更新の効力は主たる債務者にも及ぶ。

**Q 32** 保証人が保証債務の承認をしても、時効の更新の効力は主たる債務者には及ばないが、連帯保証人が保証債務の承認をしたときは、時効の更新の効力が主たる債務者にも及ぶ。

**Q 33** 連帯保証人と債権者との間に混同が生じたときは、連帯保証人は弁済をしたものとみなされる。

## ⑥ 共同保証と分別の利益

**Q 34** 数人の連帯保証人がいる場合、各連帯保証人は分別の利益を有する。

**Q 35** 共同保証の場合、保証人は、債権者に対して全額の弁済または自己の負担部分を超える額の弁済をしたときに限り、他の保証人に対して求償をすることができる。

**A 30** ✕　相対効の原則により、主たる債務者に対し、時効の完成猶予および更新の効力が生じることはナイ（民法458条、441条）。

**A 31** ✕　前問と同じく、保証人に裁判上の請求をしても、時効の完成猶予および更新の効力は、主たる債務者には及ばない。保証人に生じた事由の効力は主たる債務者に及ばないという原則どおりの結論でオシマイである。

**A 32** ✕　いずれの場合も時効の更新の効力は、主たる債務者には及ばない。連帯保証のケースでも、保証人の保証債務の承認は相対効しか有しないのである。

**リンク** Section 2 **Q** 16

**A 33** ◯　そのとおり。混同の絶対効の規定は、連帯保証に準用がある（民法458条、440条）。そのため、連帯保証人と債権者との間に混同があったときは、連帯保証人は弁済したものとみなされ、主たる債務が消滅する。

**A 34** ✕　数人の連帯保証人がいる場合、各連帯保証人は分別の利益を有しない（大判大6.4.28）。

> **One Point◆ 分別の利益がないケース**
>
> 保証人が数人ある共同保証では、各保証人に分別の利益があるのが原則です（民法456条）。しかし、以下のケースでは、保証人には分別の利益がありません。
> 1　主たる債務が不可分であるとき
> 2　保証連帯の特約があるとき
> 3　連帯保証であるとき

**A 35** ◯　そのとおり（民法465条）。連帯債務の場合と異なり、共同保証人間の負担部分は一定の数額と考えられている。そのため、民法465条1項、2項は、「自己の負担部分を超える額を弁済したこと」を、他の保証人への求償要件としている。

**リンク** Section 1 **Q** 15

**Q 36** 共同保証人に分別の利益がある場合とない場合とで、その求償の範囲は異ならない。

## 7 保証その他

**Q 37** 期限の利益を有する主たる債務者が、その利益を喪失したときは、債権者は、保証人が個人であると法人であるとを問わず、その利益の喪失を知った時から2か月以内に、その旨を保証人に通知しなければならない。

**Q 38** 主たる債務者の委託を受けた保証人が法人であるときは、債権者は、主たる債務の履行状況に関する情報の提供義務を負わない。

**Q 39** 個人根保証契約は、極度額を定めなくても、その効力を生ずる。

**Q 40** 個人貸金等根保証契約においては、元本の確定期日を定めなければならない。

**A 36** ✗ 　共同保証人に分別の利益がないときは、連帯債務者の求償関係の規定が準用になる（民法465条1項、442〜444条。求償の範囲が広い）。他方、分別の利益があるときは、委託を受けない保証人の規定が準用になる（民法465条2項、462条。求償の範囲が狭い）。なお、いずれも、負担部分を超えた弁済が求償要件であることに相違はない。

**A 37** ✗ 　保証人が法人であるときは、通知を要しない（民法458条の3第1項、3項）。通知の趣旨は、期限の利益の喪失による損害金の重い負担の発生の防止の機会を、保証人に与えるためである。保証人が法人の場合、保証料をたんまりもらっているであろうから、その保護を要しないのである。

**A 38** ✗ 　個人である保証人はもとより、法人である保証人からの請求があれば、債権者は、その情報の提供義務を負う（民法458条の2）。なお、債権者に情報の提供義務が生じるのは、委託を受けた保証人からの請求があったときに限ることにも注意しておこう。

**A 39** ✗ 　極度額の定めのないときは、無効である（民法465条の2第2項）。

> 🐕 **One Point ◆ 個人根保証契約とは**
>
> 　個人根保証契約とは、一定の範囲に属する不特定の債務を主たる債務とする保証契約であって、保証人が法人でないものをいいます。根保証は、根抵当権の保証人バージョンと考えるとわかりやすいでしょう。

**A 40** ✗ 　定めることを要しない（民法465条の3第2項参照）。定めがなければ、原則として、契約の締結の日から3年で元本が確定する。

> 🐕 **One Point ◆ 個人貸金等根保証契約とは**
>
> 　個人根保証契約であって、その主たる債務の範囲に金銭の貸渡しまたは手形の割引を受けることによって負担する債務（貸金等債務）が含まれるモノを、個人貸金等根保証契約といいます（民法465条の3第1項）。

**Q 41** □□□ 個人根保証契約の主たる債務者が破産手続開始の決定を受けたときは、個人根保証契約における主たる債務の元本が確定する。

**Q 42** □□□ 個人貸金等根保証契約の主たる債務者が破産手続開始の決定を受けたときは、個人貸金等根保証契約における主たる債務の元本が確定する。

**Q 43** □□□ 事業のために負担した貸金等債務を主たる債務とする保証契約については、保証人になろうとする者が法人である場合であっても、その契約の締結に先立って、その締結の日前1か月以内に作成された公正証書で、保証人になろうとする者が保証債務を履行する意思を表示していなければ、その効力を生じない。

**Q 44** □□□ 株式会社Ａ（以下、Ａ社）が事業のために負担した貸金等債務を主たる債務として、Ａ社の取締役の甲を保証人とする保証契約を締結するときは、それに先立って、その締結の日前1か月以内に作成された公正証書で、甲が保証債務を履行する意思を表示していなければ、保証契約はその効力を生じない。

**A 41** ✗　　主債務者の破産手続開始の決定は、元本の確定事由ではナイ（民法465条の4第1項参照）。主債務者の財産状況が悪化しても、債権者が主債務者との取引を打ち切れない場合があることを想定したものである（例　債権者と主債務者に不動産の賃貸借契約がある場合）。なお、保証人の破産手続開始の決定は、元本の確定事由である（同条同項2号）。

---

**A 42** ◯　　そのとおり（民法465条の4第2項2号）。カネの貸し借りの場合には、債権者が、財産状況の悪化した主債務者との取引を打ち切れない状況は考えにくいためである。

---

**A 43** ✗　　本問の仕組みは、保証人が法人であるときには当てはまらない（民法465条の6第1項、3項）。法人は、仕事として保証するため、過保護にする必要がないのである。

---

**A 44** ✗　　保証人になろうとする者が、法人である主たる債務者の取締役であるときは、公正証書の作成を要しない（民法465条の9第1号、465条の6第1項）。

Part
**4**

債

権

## Section **1** 債権者代位権

### **1** 債権者代位権全般

**Q 1** 債権者代位権は裁判外でも行使することができるが、裁判外で詐害行為取消請求をすることはできない。

**Q 2** 債権者は、その債権の期限が到来しない限り、債権者代位権を行使することができる場合はない。

**Q 3** 債務者が自ら権利を行使しているときであっても、債権者は債権者代位権を行使することができる。

**Q 4** Aは、自己の債権を保全するため、債務者であるBのCに対する甲債権を代位行使した場合であっても、Bは、Cに対して甲債権の履行を請求することができる。

**Q 5** 債権者が債務者に対する100万円の金銭債権を保全するために、債務者の第三債務者に対する150万円の金銭債権を代位行使するときは、債権者は150万円の全額につき債権者代位権を行使することができる。

**A 1** ◯     そのとおり。詐害行為取消請求は、他人の法律行為を「なかった
ことにする」という重大な効果を生じさせることになるから、要件
が厳しくなっているのである（民法424条1項）。

---

**One Point ◆ 時効の完成猶予・更新のハナシ**

  裁判上、債権者代位権を行使したときは、代位の目的である債権（被代位
債権）の消滅時効の完成が猶予されます。時効の完成猶予・更新のところで
学習したことを思い出しておきましょう。

**リンク** ➡ **Part 1 Chapter 2 Section 2** 🔍 **15、16**

---

**A 2** ✕     保存行為については、弁済期未到来でも代位権を行使できる（民
法423条2項）。

---

**A 3** ✕     債務者が自ら権利を行使しているときは、たとえその方法が不適
当であったとしても、債権者は債権者代位権を行使できない（最判
昭28.12.14）。

---

**A 4** ◯     そのとおり（民法423条の5前段）。甲債権が代位行使されても、
BはCに甲債権の履行を請求でき、また、CもBに履行することが
できる（民法423条の5後段）。代位行使によって差押えと同じ効果
が生じるわけではないので、債務者の権限には何も影響がないから
である。

---

**A 5** ✕     債権者は、被代位債権が可分であるときは、自己の債権額の100
万円の限度においてのみ、代位行使できる（民法423条の2）。

Q **6**　金銭債権を代位行使する債権者は、第三債務者に対して、債務者への支払のほか、直接自己への支払を請求することができる。

Q **7**　債権者が第三債務者から直接金銭の引渡しを受けたときは、その金銭を債務者に返還することを要し、その返還債務を自己が債務者に対して有する債権で相殺することはできない。

## 2 債権者代位権の対象、代位権の転用

Q **8**　債務者の一身に専属する権利のほか、差押えが禁止されている権利も債権者代位権の目的とすることができない。

Q **9**　離婚した当事者の一方は、協議あるいは審判によって具体的内容が形成される前であっても、自己の有する財産分与請求権を被保全債権として、他方当事者の有する権利を代位行使することができる。

Q **10**　不動産の登記請求権を保全するために債権者代位権を行使するときも、債務者が無資力であることを要する。

Q **11**　不動産がAからB、BからCへと移転したが、登記名義がまだAのままであるときは、Cは、Bに代位して、Aに対して直接自己への移転の登記を請求することができる。

Q **12**　建物の賃借人は、自己の賃借権を保全するために、賃貸人の不法占有者に対する妨害排除請求権を代位行使して、直接自己に建物の明渡しを求めることができる。

**A 6** ◯ 債務者が金銭の受領を拒んだときに、債権者代位権の行使が事実
上不可能となることを避けるため、債権者は直接自己への金銭の支
払を請求できる（民法423条の3前段）。

> 🐕 **One Point ♦ 動産の引渡請求権**
>
> 被代位債権が動産の引渡請求権であるときも、金銭の支払の場合と同じ
> く、債権者はこれを自己に引き渡すことを求めることができます。この場合
> も、債務者の受領拒絶がありうるためです。そして、相手方（第三債務者）
> が、債権者に金銭の支払または動産の引渡しをしたときは、被代位債権は消
> 滅します（民法423条の3後段）。

**A 7** ✗ 債権者は、債務者への金銭の返還債務を、自己が債務者に対して
有する債権で相殺できる。本問の相殺を認めると、他に債権者がい
るケースでは債権者平等の原則に反する結果となるが、これを禁じ
る規定がないため、相殺が認められるのである。

**A 8** ◯ そのとおり（民法423条1項ただし書）。債権者代位権は、債務者
の責任財産を充実させるための制度であるところ、差押えできない
権利は、債務者の責任財産を構成しないからである。

**A 9** ✗ 協議等によって具体的内容が形成される前の財産分与請求権を被
保全債権として、他方当事者の有する権利を代位行使することはで
きない（最判昭55.7.11）。なお、具体的内容の形成の後は、これを
被保全債権とする代位行使ができることにも注意しよう。

**A 10** ✗ 本問は、登記または登録の請求権を保全するための債権者代位権
についての出題である（民法423条の7）。この場合、債務者の無資
力を要しない（大判明43.7.6）。

**A 11** ✗ 直接、A → Cへの登記を請求することはできない（最判昭
40.9.21、最判平22.12.16参照）。中間省略登記が禁止されることが
その理由であり、CはB名義の登記をすることができるにとどまる。

**A 12** ◯ そのとおり（最判昭29.9.24）。本事例は、債権者代位権の転用の
ケースであり、賃借権に対抗力がない場合にその実益がある。

Part
4

債

権

**Q 13** 借地上の建物の賃借人は、自己の賃借権を保全するために、借地権者である建物賃貸人が有する建物買取請求権を代位行使することができる。

**Q 14** 債権を譲り受けた者は、譲渡人に代位して債権譲渡の通知をすることができる。

**Q 15** 債権者代位権を代位行使することはできない。

**Q 16** 被相続人が生前に不動産を売却したが、その共同相続人の1人が買主に対する所有権の移転登記に協力しないときは、他の共同相続人は、自己が相続した売買代金請求権を保全するために、買主が無資力でない場合でも、買主の有する所有権移転登記請求権を代位行使することができる。

**Q 17** Aは、自己の債権を保全するため、債務者であるBがCに対して有する債権を代位行使した。Cは、Bに対して主張することができる抗弁があっても、これをAに対抗することができない。

**Q 18** 債権者が被代位権利の行使に係る訴えを提起したときは、遅滞なく、債務者に対して、訴訟告知をしなければならない。

**A 13** ✖ 本事例では、代位権の行使は否定されている（最判昭38.4.23）。借地上の建物の賃借人が、建物買取請求権を代位行使しても、賃借権が保全されるわけではないからである。

**A 14** ✖ 譲受人が譲渡人に代位して債権譲渡通知をすることはできない（大判昭5.10.10）。権利を失う譲渡人自身が通知をするから信ぴょう性が高いというのが民法の考え方である。

**A 15** ✖ 債権者代位権を代位行使することもできる。たとえば、不動産の所有権がA→B→C→Dへと移転したが、登記名義がまだAにあるとしよう。この場合、まず、Cは、Bに代位してAに所有権移転登記を請求できる。そして、Dは、Cの有する債権者代位権を、さらに代位行使できるのである。

**リンク ➡ Part 2 Chapter 1 Section 1 Q 9**

Part 4 債 権

**A 16** ◯ そのとおり（最判昭50.3.6）。本事例は、被保全債権が金銭債権であるにもかかわらず、**無資力要件**を**不要**とする点が急所である。

**A 17** ✖ 対抗できる（民法423条の4）。Aは、Bに成り代わってBの権利を行使しているにすぎない。このため、Cは、Bに主張できることをAにも主張できるのは当たり前のハナシである。

**A 18** ◯ そのとおり（民法423条の6）。債権者代位訴訟の効果は、債務者にも及ぶためである（民事訴訟法115条1項2号）。

# Section 2 詐害行為取消権

## 1 詐害行為取消請求の仕組みと効果

**Q 1** 　債権者は、債務者が債権者を害することを知っていれば、受益者がそのことを知らなくても、債務者がした行為の取消しを裁判所に請求することができる。

**Q 2** 　詐害行為取消請求に係る訴えの被告は、債務者である。

**Q 3** 　詐害行為取消請求を認容する確定判決の効力は、債務者には及ばない。

**Q 4** 　債権者は、詐害行為取消請求に係る訴えを提起したときは、遅滞なく、債務者に対し、訴訟告知をしなければならない。

**Q 5** 　債権者は、受益者が、債務者の行為によって移転した財産の返還をすることが困難であるときは、詐害行為取消請求をすることができない。

**A 1** ✖ 　詐害行為取消請求をするためには、債務者と受益者双方の悪意を要する（民法424条1項）。

**A 2** ✖ 　受益者または転得者である（民法424条の7第1項）。実際の訴訟が煩雑になることを防ぐため、被告を受益者または転得者に限定しているのである。

> 🐕 **One Point ◆ 詐害行為の受益者と時効の援用**
>
> 　詐害行為の受益者は、債権者の被保全債権の消滅時効を援用することができます（最判平10.6.22）。被保全債権が消滅すれば、詐害行為取消請求を食らうこともなくなるため、権利の消滅について正当な利益を有するのです。

**リンク** Part 1 Chapter 2 Section 3 **Q** 6

**A 3** ✖ 　債務者とそのすべての債権者に及ぶ（民法425条）。

**A 4** ⭕ 　そのとおり（民法424条の7第2項）。詐害行為取消請求を認容する確定判決の効力が債務者にも及ぶので、債務者に訴訟参加の機会を与えるためである（民法425条）。

**A 5** ✖ 　この場合、債権者は、詐害行為の取消しとともに、その価額の償還を請求できる（民法424条の6第1項後段）。つまり、債権者は、受益者に対し、原則として現物の返還を請求でき、その例外として価額の賠償を請求できるのである。なお、この原理は、転得者に対する詐害行為取消請求においても相違しない（同条第2項）。

Q 6　　債権者は、債務者に対する債権が詐害行為の後に生じたものであるときは、
詐害行為取消請求をすることができない。

Q 7　　Aは、Bに対して100万円の金銭債権を有している。BのCに対する200万
円の贈与が詐害行為に当たる場合、Aは、100万円の限度においてのみ、その
取消しを請求することができる。

Q 8　　Bに対して100万円の金銭債権を有するAが、BC間の200万円の贈与を詐
害行為として取り消す場合、Aは、Cに対し、100万円を直接自己に支払うこ
とを求めることはできない。

Q 9　　債権者は、債務者の行為が債権者を害することを受益者が知らなかった場
合であっても、債務者と転得者がこれを知っていたときは、転得者に対して、
詐害行為取消請求をすることができる。

Q 10　　Bが自己所有の甲動産（500万円相当）を150万円でCに売却したが、Bの
債権者のAが、この売買契約を詐害行為として取り消した。Cは、甲動産を
Aに引き渡した場合であっても、Bに対し、150万円の返還を請求することが
できない。

**A 6** ✗ 　　被保全債権が、詐害行為の前の原因に基づいて生じたものであれば、現に発生したのが詐害行為の後であっても、債権者は、詐害行為取消請求をすることができる（民法424条3項）。

> 🐕 **One Point** ◆ **具体例**
>
> 　たとえば、ＡＢ間の金銭債権が生じる前に、Ｂが詐害行為（例　贈与）をした場合でも、次の時系列の場合であれば、その取消しを請求できます。
> 1　ＡＢ間の保証委託契約に基づいて、ＡがＢの保証人となった（求償債権の発生原因）
> 2　Ｂが、その唯一の財産をＣに贈与した（詐害行為）
> 3　Ａが保証債務を履行し、Ｂに対する求償権を取得した（被保全債権である求償債権成立）

**A 7** ◯ 　　そのとおり（民法424条の8第1項）。なお、詐害行為の目的が不可分であるときは（例　宝石の贈与）、債権者は、その全部を取り消すことができる。

**A 8** ✗ 　　Ａは、自己への支払を求めることができる（民法424条の9第1項）。Ｂが受領を拒絶した場合、事実上、Ａの詐害行為取消請求ができなくなるといった事態を防ぐためである。

**A 9** ✗ 　　受益者も悪意でなければ、することができない（民法424条の5第1号）。転得者への詐害行為取消請求は、受益者に対して詐害行為取消請求ができることを、その前提とするからである。つまり、転得者は、受益者の付属品なのである。

> 🐕 **One Point** ◆ **転得者の転得者**
>
> 　Ａを債権者、Ｂを債務者、Ｃを受益者、Ｄを転得者、さらに、Ｄからの転得者をＥとしましょう。この場合、ＡがＥに対して詐害行為取消請求をするためには、Ｅのほか、Ｂ、Ｃ、Ｄ全員が悪意であることを要します（民法424条の5第2号）。Ｅは、ＣおよびＤの付属品だからです。

**A 10** ✗ 　　甲動産を返還したＣは、債務者のＢに反対給付（150万円）の返還を請求できる（民法425条の2前段）。詐害行為の取消しの効力は、債務者にも及ぶからである（民法425条）。なお、この場合、受益者からの甲動産の返還（返還困難の場合は、その価額の償還）が先履行であり、その返還の後に、はじめて、Ｃが反対給付の返還をＢに請求できることとなる。

**Q 11** Bが、債権者のCに対して負担する100万円の債務の全額を弁済したが、Bの他の債権者のAが、この弁済を詐害行為として取り消した。この場合、Cが、Bから受領した100万円を返還する前であっても、CのBに対する100万円の債権は、取消しにより原状に復する。

**Q 12** Aを債権者、Bを債務者、Cを受益者、Dを転得者とする。AがDに対して詐害行為取消請求をし、DがCから取得した甲動産を返還したときは、Dは、受益者のCに対し、甲動産を取得するためにした反対給付の返還を請求することができる。

**Q 13** Bが、自己所有の甲動産をCに100万円で売却し、さらに、CがこれをDに80万円で売却した。Bの債権者Aが、Dに対して詐害行為取消請求をし、Dが甲動産をAに返還したときであって、その甲動産の売却がCに対する詐害行為取消請求によって取り消されたとすれば、CがBに100万円の反対給付の返還を請求できた場合、Dは、Bに対し80万円の返還を求めることができる。

**Q 14** 詐害行為取消請求に係る訴えは、債務者が債権者を害することを知って行為をしたことを債権者が知った時から2年を経過したときのほか、行為の時から20年を経過したときも、提起することができない。

## ② 詐害行為の類型

**Q 15** 債務者が自己所有の不動産を相当な対価で売却した場合、債権者がこれを詐害行為として取り消すことはできない。

**A 11** ✕　100万円の返還が先履行であり、その返還の後に、Cの債権が復活する（民法425条の3）。

**A 12** ✕　請求できない。詐害行為の取消しの効果は、債務者Bには及ぶが、受益者のCには及ばないためである（民法425条参照）。

**A 13** ◯　そのとおり（民法425条の4第1号）。詐害行為取消請求の憂き目にあったDは、受益者Cに反対給付の返還を求めることはできない（前問参照）。しかし、Cが債務者Bに反対給付をしていたときは、Dは、Cに給付した反対給付の価額（80万円）を限度として、Bに返還を求めることができる。

**A 14** ✕　前半の記述は正しいが、後半の「行為の時から」以下の記述が誤り。正しくは、行為の時から10年を経過したときも、債権者は、詐害行為取消請求に係る訴えを提起できなくなる（民法426条）。

**A 15** ✕　たしかに、相当な対価での財産の処分は、原則として詐害行為に当たらない。しかし、次の3つのいずれにも当たるときに限って、債権者は、詐害行為取消請求をすることができる（民法424条の2）。
1　債務者が財産の隠匿等の処分をするおそれが現に生じること
2　債務者が、処分行為の当時、隠匿等の処分をする意思を有していたこと
3　受益者が、処分行為の当時、債務者に隠匿等の処分の意思があることを知っていたこと

Part
4

債

権

**Q 16** Bは、弁済期に、Aに対して負担する100万円の債務の全額を弁済したため、無資力となった。Bの他の債権者Cは、Bが支払不能の時に弁済をした場合、または、AとBが通謀してCを害する意図をもって弁済をした場合に限り、Aに対する弁済を詐害行為としてその取消しを請求することができる。

**Q 17** Bは、Aに対して負担する100万円の債務を、自己所有の甲動産（100万円相当）で代物弁済したため、無資力となった。その代物弁済が、Bが支払不能になる前30日以内に行われたものであり、かつ、AとBが通謀して他の債権者を害する意図をもって行われたものであるときは、Bの他の債権者Cは、Bの代物弁済を詐害行為としてその取消しを請求することができる。

**Q 18** Bが、Aに対して負担する100万円の債務を、自己所有の甲動産（250万円相当）で代物弁済したため、無資力となった。Bの他の債権者Cが、これを詐害行為として取り消すことができるときは、Cは、AB間に通謀がなくても、代物弁済の全部について、詐害行為取消請求をすることができる。

## ③ 詐害行為に関するその他の論点

**Q 19** 債務者が詐害行為をしたことによって無資力となったときは、その後、資力を回復したときであっても、債権者は、詐害行為取消請求をすることができる。

**Q 20** 債権者は、その債権の弁済期前であっても、詐害行為取消請求をすることができる。

**Q 21** Aに対し300万円の債務を負担しているBが、その所有する甲動産をCに贈与したことにより無資力となった。Aに資力のある連帯保証人があるときは、Aは、詐害行為取消請求をすることができない。

**A 16** ✗ 　「または」の部分が誤り。Cは、次の要件の「いずれにも」当たる
ときに限り、詐害行為取消請求をすることができる（民法424条の3
第1項）。
　　　1　債務者が支払不能の時に担保の供与または弁済等の債務消滅
　　　　　行為をしたこと
　　　2　債務者と受益者が通謀して他の債権者を害する意図で弁済等
　　　　　をしたこと

---

**A 17** ◯ 　そのとおり（民法424条の3第2項）。代物弁済のように、債務の消
滅行為が債務者の義務に属しない場合のほか、弁済等の時期が債務
者の義務に属しないものである場合（例　期限前の弁済）において
は、支払不能となる前30日以内の行為も詐害行為となる。

---

**A 18** ✗ 　この場合、Cは、過大な部分（150万円）についてのみ、取消請
求できるにすぎない（民法424条の4）。代物弁済の全部を取り消す
ためには、民法424条の3に当たる場合（前問のケース）であること
を要する。

---

**A 19** ✗ 　取消請求ができない（大判大15.11.13）。詐害行為取消請求をす
るためには、債務者が、詐害行為の時点と取消請求をする時点の両
時点で無資力であることを要する。

---

**A 20** ◯ 　そのとおり（大判大9.12.27）。債務者は、弁済期前でも逃げるこ
とがあり得るし、この場合、早期に取消請求ができなければ、財産
が散逸してしまうからである。債権者代位権は、原則として、被保
全債権の弁済期前には行使できないことと比較しよう。

**リンク➡** Section1 **Q** 2

---

**A 21** ✗ 　資力の十分な連帯保証人がある場合でも、被保全債権の全額につ
いて詐害行為の取消しを請求できる。（連帯）保証人は、保証債務の
履行により債務者に求償権を有することとなるため、債務者の責任
財産を充実させることを要するのである。

**Q 22** Aに対し300万円の債務を負担しているBが、その所有する甲動産をCに贈与したことにより無資力となった。Aが、物上保証人所有の不動産に抵当権の設定を受けているときであっても、Aは、BC間の贈与の取消しを請求することができる。

**Q 23** Aに対し1000万円の債務を負担しているBが、その所有する甲動産をCに贈与したことにより無資力となった。Aが、B所有の甲土地（700万円）に抵当権の設定を受けているときは、Aは、詐害行為取消請求をすることができない。

**Q 24** 離婚に伴う財産分与は、分与者が債務超過の状態にあったとしても、財産分与が法の規定の趣旨に反して不相当に過大でない限り、詐害行為取消請求の対象とはならない。

**Q 25** 離婚に伴う財産分与として金銭の給付をする旨の合意は、財産分与の趣旨に反して不相当に過大であり、財産分与に仮託して行われた財産処分であると認めるに足りる特段の事情があるときは、その全額を詐害行為としてその取消しを請求することができる。

**Q 26** 遺産分割協議は、詐害行為取消請求の対象とはならない。

**Q 27** 相続の放棄は、詐害行為取消請求の対象とはならない。

**A 22** ◯ 被保全債権の全額につき、詐害行為取消請求をすることができる（大判昭20.8.30）。前問と同じく、物上保証人の求償権を確保するため、債務者の責任財産を充実させることを要するからである。

**A 23** ✕ 被保全債権の額（1000万円）と甲土地の価額（700万円）の差額（300万円）の限度で取消しを請求できる（大判昭7.6.3）。つまり、Aは、債務者Bの担保物で優先弁済を受けられない範囲で取消しを請求できるのである。仮に、甲土地の価額が被保全債権の額を上回るときは、甲土地から全額の優先弁済を受けられるため、詐害行為取消請求をすることができない。

**A 24** ◯ そのとおり（最判昭58.12.19）。離婚は身分行為であり、債権者が離婚を取り消すことができないというのが、その理由である。ただし、財産分与に仮託された不相当に過大な財産処分であるときは取消しの対象となることにも注意を要する。

**A 25** ✕ 最後の一文が誤りである。全額が取消しの対象となるのではなく、**不相当に過大な部分**につき、その限度で詐害行為として取消しの請求ができる（最判平12.3.9）。

**A 26** ✕ 遺産分割協議は、財産権を目的とする法律行為ということができるから、詐害行為取消請求の対象となりうる（最判平11.6.11）。

**A 27** ◯ そのとおり。相続の放棄は身分行為であり、詐害行為取消請求の対象とならない（最判昭49.9.20）。

Part
4

債

権

# Chapter **13** その他の問題点

## ① 代物弁済

**Q 1** 債務者以外の第三者は、代物弁済をすることができない。

**Q 2** 代物弁済として給付する物は、本来の給付と同価値かそれ以上の価値を有するものであることを要しない。

**Q 3** 債権者と債務者の間で代物弁済の合意が成立したときは、その合意のときに債務消滅の効果が生じる。

**Q 4** 不動産の所有権を移転することを代物弁済の目的としたときの債務消滅の効力は、所有権の移転の登記をした時に生じる。

## ② 受領権者としての外観を有する者への弁済

**Q 5** 受領権者としての外観を有する者に対してした弁済は、弁済をした者が善意であるときに限り、その効力を有する。

**Q 6** Aに対して100万円の債務を負担しているBは、Cを受領権者であると過失なく誤信して、Cに100万円の全額を弁済した。Bは、Cに対して100万円の返還を請求することができる。

**A 1** ✗　　第三者も代物弁済をすることができる（民法482条参照）。弁済は第三者もできるから、当たり前のハナシである。

---

**A 2** ○　　そのとおり（大判大10.11.24）。給付物の価値が低くとも、当事者間に債務消滅の合意があれば、これに従うべきである。

---

**A 3** ✗　　他の給付をしたときに債務消滅の効果が生じる（民法482条参照）。

---

**A 4** ○　　そのとおり（最判昭40.4.30）。第三者対抗要件を備えたときに、債務が消滅する。

> 🐕 **One Point ◆ 所有権移転の時期**
>
> 　債務者から債権者に不動産の所有権が移転するのは、代物弁済契約の成立（その旨の合意のときをイミする）の時です（最判昭57.6.4）。代物弁済による所有権の移転の効果と、債務消滅の効果は区別する必要があります。この点は、不動産登記法で、もう少し詳しく学習することになります。

---

**A 5** ✗　　善意・無過失であるときに限り、弁済が有効となる（民法478条）。善意のみでは足りない。なお、受領権者としての外観を有する者の具体例としては、預金通帳とそのハンコを持っている盗人や債権者の代理人と称する者などである。

---

**A 6** ✗　　Bの弁済は有効であり、すでに免責されているため、返還請求できない（民法478条、大判大7.12.7）。この場合、AがCに対して、不当利得等を根拠に返還請求をすることとなる。

**Q 7** 　Aに対して100万円の債務を負担しているBは、受領権者ではないCに弁済
をしたが、Bには過失があった。その後、Cが、Aに80万円を引き渡した場
合、Bの弁済は80万円の限度で有効となる。

## ③ 選択債権

**Q 8** 　Aは、自己所有の甲建物または乙建物のいずれか一方をBに売却する旨の
契約を締結した。この場合、当事者間に別段の定めがないときは、不動産の
給付についての選択権は、Bが有する。

**Q 9** 　第三者が選択権を有する場合、その選択は、債権者または債務者に対する
意思表示によってする。

**Q 10** 　選択権を有する第三者が、その選択の意思表示を撤回するときは、債権者
または債務者の承諾を要する。

**Q 11** 　選択債権を有する第三者が選択をすることができず、または、選択をする
意思を有しないときは、選択権は、債権者に移転する。

**Q 12** 　Aは、自己所有の甲建物または乙建物のいずれか一方をBに売却する旨の
契約（選択権はAにあるものとする。）を締結した。契約の前日に、当事者の
いずれの過失にもよらないで甲建物が滅失したときは、Aは、甲建物を選択
することができる。

**Q 13** 　Aは、自己所有の甲建物または乙建物のいずれか一方をBに売却する旨の
契約を締結した。選択権を有するAの過失によって甲建物が滅失したときは、
売買の目的物は乙建物に特定する。

**A 7** ◯ 　そのとおり（民法479条）。債権者のＡが利益を受けた限度（本問の場合、80万円）で、有効な弁済となる。

**A 8** ✕ 　引渡債務を負う債務者のＡが有する（民法406条）。

> 🐕 **One Point ◆ 選択債権**
>
> 　選択債権は、当事者間の契約によって生じるほか、法律によって選択債権とされているものもあります。その代表例が、民法117条1項の無権代理人の責任（履行または損害賠償）と民法196条2項の占有者の有益費の償還請求権（支出した金額または増加額）です。

**A 9** ◯ 　そのとおり（民法409条1項）。第三者の選択の意思表示は、どちらか一方にすればよい。

**A 10** ✕ 　選択の意思表示を撤回するには、その相手方の承諾を要する（民法407条2項）。そして、第三者が選択した場合、その意思表示の撤回には、債権者と債務者の双方の承諾を要する。

**A 11** ✕ 　債務者に移転する（民法409条2項）。選択権は、もともと債務者にあるのが原則だからである。

**A 12** ◯ 　そのとおり。このケースでは、目的物が特定しないためである（民法410条参照）。Ａが甲建物を選択したときは、Ｂとしては、代金の支払を拒絶するか、契約の解除等をすることとなろう（民法536条1項、542条1項1号）。なお、契約後に不可抗力で甲建物が滅失した場合も、同じ結論となる。

**A 13** ◯ 　そのとおり（民法410条）。選択権のないＢは、もともと目的物がどちらに決まっても口出しする筋合いではないのである。

**Q 14** Aは、自己所有の甲建物または乙建物のいずれか一方をBに売却する旨の契約を締結した。選択権がBにある場合において、Aの過失により甲建物が滅失したときは、Bは、甲建物を選択することができる。

**Q 15** 選択権を有する者が選択をしたときは、選択の時からその効力を生ずる。

# ④ 第三者による弁済

以下、設問の中で明記されている場合を除いて、当事者間には第三者の弁済を禁止し、または制限する旨の意思表示はないものとして解答してください。

**Q 16** 当事者が第三者の弁済を禁止し、または、制限する旨の意思表示をしたときは、弁済をするについて正当な利益を有する第三者であっても、弁済をすることができない。

**Q 17** 弁済をするについて正当な利益を有する第三者が弁済をしたときは、債権者は、その受領を拒絶することができない。

**Q 18** Bは、Aに対して金銭債務を負担している。弁済をするについて正当な利益を有しないCが、Bの意思に反して弁済をした場合、Aが、その弁済がBの意思に反することを知らなかったときでも、Cの弁済は、その効力を生じない。

**Q 19** Bは、Aに対して金銭債務を負担している。弁済をするについて正当な利益を有しないCが、Bからの委託を受けることなく自らの意思でBのために弁済をしたときは、Aは、その受領を拒むことができる。

**Q 20** 弁済をするについて正当な利益を有しない第三者が、債務者の委託を受けて弁済をするときは、その事情を債権者が知っていた場合であっても、債権者は、その弁済の受領を拒むことができる。

**A 14** ◯ そのとおり。結局のところ、選択権を有する者の過失によって履行が不能となったときでなければ、目的物は特定しないのである（民法410条）。このため、Bが、甲建物を選択した場合、Bは、履行に代わる損害賠償の請求（民法415条2項1号）や、契約の解除をすることができる（民法542条1項1号）。

**A 15** ✗ 債権の発生の時にさかのぼって効力を生じる（民法411条本文）。

**A 16** ◯ そのとおり（民法474条4項後段）。このほか、債務の性質が第三者の弁済を許さないとき（例 画家の絵を描く債務）も、第三者は弁済できない。

**A 17** ◯ そのとおり（民法474条参照）。もし、債権者が受領を拒絶すると、受領遅滞となる（民法413条）。また、債権者が受領すれば、第三者の弁済により債務が消滅する（ただし、債務者に対する求償権が生じる）。

**A 18** ✗ Cの弁済は有効である（民法474条2項ただし書）。善意の債権者に、受領した物の返還義務を負わせるのは酷だからである。

**A 19** ◯ そのとおり（民法474条3項本文）。債権者が弁済をするについて正当な利益を有しない第三者からの弁済（後日、その効力の有無が争われる可能性が生じるもの）を望まないときは、その意思を尊重すべきだからである。

**A 20** ✗ 拒むことはできない（民法474条3項ただし書）。本問の場合、債務者との間で、第三者弁済の効力をめぐる紛争が起きる可能性がゼロであり、債権者が受領を拒む理由もないからである。

## 5 定型約款

**Q 21** ある特定の者が不特定多数の者を相手方として行う取引であって、その内容の一部のみが、当事者双方にとって画一的であることが合理的である場合であっても、その取引は、定型取引に該当する。

**Q 22** 定型取引を行うことの合意をした者が、定型約款を契約の内容とする旨の合意をしたときは、その者が定型約款の個別の条項の一部の内容を認識していなかったときであっても、原則として、定型約款の個別の条項についても合意をしたものとみなされる。

**Q 23** 定型取引の相手方は、定型取引合意の後は、定型約款を記載した書面の交付を受けていない場合でも、定型約款準備者に対し、定型約款の内容の表示を求めることができない。

**Q 24** 定型約款準備者が、定型取引の合意の前において、相手方からの定型約款の内容の表示の請求を拒んだときは、正当な事由がある場合を除いて、定型約款の個別の条項について合意をしたものとはみなされない。

**Q 25** 定型約款準備者は、個別に相手方と合意をしなければ、定型約款の変更をすることによる契約の内容の変更をすることができない。

**Q 26** 定型約款の変更が、契約をした目的に反せず、かつ、変更の必要性や変更後の内容の相当性など、その他の変更に係る事情に照らして合理的なものである場合、その変更の効力発生時期が到来するまでに、定型約款準備者が適切な方法による周知をしなければ、その効力を生じない。

**A 21** ○ 　そのとおり（民法548条の2第1項カッコ書）。設問に記載の取引内容の全部が画一的であり合理的な場合はもとより、取引内容の一部が当事者双方にとって画一的であり合理的である場合も、定型取引に当たる。

**A 22** ○ 　そのとおり（民法548条の2第1項1号）。これを組入合意といい、これにより、契約の相手方は、見たこともない定型約款の条項群に合意をしたものとみなされ、その内容に拘束される。このほか、定型約款を準備した者（定型約款準備者）が、あらかじめその定型約款を契約の内容とする旨を相手方に表示していたときも同様である。

---

> **One Point◆ 定型約款の個別の条項が無効となるケース**
>
> 　定型約款の合意をしたものとみなされる場合でも、その個別の条項のうち、相手方の権利を制限し、または義務を加重する条項であって、その定型取引の態様などに照らして、信義則に反してその利益を一方的に害すると認められるものは、その合意がなかったものとみなされます（民法548条の2第2項）。要するに、相手に一方的に不利な条項はダメということです。そうでなければ、定型約款準備者が、好き勝手な条項を入れかねないからです。

**A 23** ✕ 　合意の前はもちろん、合意の後でも、相当の期間内は、定型約款を見せろといえる（民法548条の3第1項）。自分が何に拘束されているか、知りたいから見せてくれといえるのは、当たり前のハナシ。

**A 24** ○ 　そのとおり。設問の場合、一時的な通信障害の発生等、正当な事由がない限り、個別の条項に合意したものとはみなされない（民法548条の3第2項）。見たいのに見せてもらえないような条項に拘束されるいわれはないのである。

**A 25** ✕ 　定型約款の変更が相手方の一般の利益に適合するなど、一定の要件を満たせば、個別の合意を要することなく、契約の内容を変更することができる（詳細は民法548条の4参照）。

**A 26** ○ 　そのとおり（民法548条の4第1項〜3項）。目的にかない、かつ合理的であっても、相手方に不利益というケースがありうるため、周知を要する。なお、定型約款の変更が相手方の一般の利益に適合するときは、周知がなくても、効力発生時期にその変更の効力が生じる。

## Section **1**　不法行為

### **1**　一般の不法行為

**Q 1** 　不法行為による損害賠償請求権と債務不履行による損害賠償請求権が競合するときは、債権者はその両者を選択的に主張することができる。

**Q 2** 　不法行為による損害賠償の請求を受けた加害者は、自らに故意・過失がなかったことの立証責任を負う。

**Q 3** 　債務不履行による損害賠償の請求をするときは、債権者が債務者に責めに帰すべき事由があることを立証しなければならない。

**Q 4** 　人の生命または身体を害する不法行為による損害賠償請求権は、被害者またはその法定代理人が損害及び加害者を知った時から3年間行使しないとき、または、不法行為の時から20年間行使しないときは、時効によって消滅する。

**Q 5** 　人の生命または身体の侵害による損害賠償請求権は、債権者が権利を行使することができることを知った時から5年間、または、権利を行使することができる時から20年間行使しないときは、時効によって消滅する。

**Q 6** 　夫婦の一方が認知症により責任を弁識する能力がない場合でも、同居の配偶者は、当然には、民法714条第1項が規定する「責任無能力者を監督する法定の義務を負う者」に当たらない。

**A** 1　○　そのとおり。ついでにいうと、その双方を一緒に主張してもよい。

---

**A** 2　✕　被害者が、加害者の故意・過失を立証しなければならない。

---

**A** 3　✕　債務者が自らの免責事由を立証しなければならない（民法415条1項ただし書）。

---

**A** 4　✕　前半の主観的起算点からの3年間の部分が誤り。正しくは、5年間である（民法724条の2、724条1号）。なお、後半の客観的起算点からの20年間は正しい。

---

**A** 5　○　そのとおり（民法167条、166条1項2号）。本問は、債務不履行による損害賠償請求権のハナシ。生命・身体はとても重要な利益であるから、不法行為・債務不履行ともに時効期間を長くしている。その結果、両者の消滅時効期間は、ピタリ一致する（主観的起算点から5年間、客観的起算点から20年間）。

---

**A** 6　○　そのとおり（最判平28.3.1）。これは、認知症の夫による鉄道事故のケースで、鉄道会社がその妻や息子を相手に損害賠償を求めた事件の判例であり、裁判所は、本問のとおりのことを述べて、鉄道会社の請求を認めなかった。また、裁判所は、他方配偶者や子などの家族は、法定の監督義務者に準じる者にも当たらないとして、損害賠償責任を負わないとしている。

**Q 7** 責任弁識能力のない未成年者Aの行為により火災が発生した場合、Aに重大な過失があったときは、Aの親権者であるBの監督に重大な過失がなかったとしても、Bは、失火責任法に基づき、その火災により生じた損害を賠償する責任を負う。

**Q 8** 未成年者が責任能力を有する場合でも、監督義務者の義務違反と当該未成年者の不法行為によって生じた結果との間に相当因果関係があるときは、被害者は、民法709条に基づいて監督義務者に対して損害賠償を請求することができる。

**Q 9** 幼児に対する不法行為による損害賠償請求につき、幼児を引率する保育士に過失があったときは、その過失は、被害者側の過失として過失相殺の対象となる。

**Q 10** 不法行為により死亡した被害者の父母、配偶者および子以外の近親者は、加害者に対して慰謝料を請求することはできない。

**Q 11** 不法行為により身体に傷害を受けた者の母親が、それにより死亡の場合と同等の精神上の苦痛を受けたときは、自らの慰謝料を請求することができる。

**Q 12** 被害者が平均的体格に比べて首が長く、多少の頸椎の不安定症という身体的特徴があっても、その身体的特徴が疾患に当たらないときは、裁判所は、このような被害者の身体的特徴を考慮して、損害賠償の額を減額することはできない。

**Q 13** 被害者の遺族が生命保険金を受け取っていた場合、裁判所は、損益相殺として、その生命保険金の額を損害賠償の額から控除することができる。

**A 7** ✗ 　設問の場合、重過失の有無は未成年者の監督義務者の監督を基準に判断するため、Bの監督に重過失がないときは、Bは、損害賠償責任を負わない（最判平7.1.24）。

> 🐎 **One Point ◆ 失火責任法**
>
> 　失火責任法は、「民法709条の規定は失火の場合には之を適用せず。ただし、失火者に重大なる過失ありたるときはこの限りにあらず。」と規定するわずか1条限りの法令です。類焼による多大な損害を負わないように失火者を保護する趣旨で、軽過失は免責されるとしています。

**A 8** ○ 　監督義務者に民法714条1項の責任が生じないときでも、民法709条の責任が生じる可能性がある（最判昭49.3.22）。

**A 9** ✗ 　幼児を引率する保育士に過失があっても、被害者側の過失として過失相殺の対象とならない（最判昭42.6.27）。保育士に過失があるために賠償額が減額されると、親は困るのである。

**A 10** ✗ 　被害者の父母、配偶者および子以外の者でも、加害者に対して民法711条の類推適用により慰謝料を請求することができる場合がある。たとえば、被害者の夫の妹に慰謝料請求を認めた判例もある（最判昭49.12.17）。

**A 11** ○ 　そのとおり（最判昭33.8.5）。重大な傷害の場合にも、民法709条と710条に基づいて、近親者に独自の慰謝料請求権が生じることがある。

**A 12** ○ 　そのとおり（最判平8.10.29）。通常の人より首の長い被害者が交通事故による損害賠償を求めたところ、一審、二審でその身体的特徴を理由に過失相殺されてしまった事件の最高裁で、裁判所は本問のとおり述べて過失相殺を否定している。

**A 13** ✗ 　控除することはできない（最判昭39.9.25）。生命保険金は、保険会社との契約に基づいて支給されるものであり、損益相殺の対象とはならない。

## ② 特殊な不法行為

---

**Q 14** 被用者の行為が、その行為の外形から見て使用者の事業の範囲内に属するものと認められないときは、使用者責任は成立しない。

---

**Q 15** ピラミッド型の階層的組織を形成する暴力団の組長と下部組織の構成員との間には、使用者と被用者の関係が認められる。

---

**Q 16** 兄が弟に兄所有の自動車を運転させてこれに同乗して弟の運転に気を配り、事故の直前も助手席で運転の指示をしていたような事実があっても、兄と弟との間に使用者と被用者の関係は認められない。

---

**Q 17** 使用者が被害者に損害の賠償をしたときは、使用者は、被用者に求償することができる。

---

**Q 18** 使用者が被害者に損害の賠償をしたときでも、被用者への求償権の範囲が相当と認められる限度に制限されることがある。

---

**Q 19** 使用者の事業の執行について第三者に損害を与えた被用者が、自らその損害を賠償したときは、被用者は、使用者に対して求償することができない。

---

**Q 20** 被用者の過失によって、他の被用者を死亡させたときも、使用者は、民法715条の使用者責任を負う。

---

**Q 21** 請負契約の注文者は、自らの注文または指図に過失があったときでも、請負人がその仕事について第三者に加えた損害を賠償する責任を負わない。

---

**Q 22** 土地の工作物の設置または保存に瑕疵があることによって他人に損害が生じた場合、占有者が損害の発生の防止に必要な注意をしたときは、所有者がその損害を賠償しなければならない。

---

**Q 23** 土地の工作物の占有者または所有者が損害賠償の義務を負う場合、損害の原因について他にその責任を負う者がいるときは、占有者または所有者は、その者に対して求償権を行使することができる。

**A 14** ◯ これを外形標準説という（最判昭40.11.30）。

**A 15** ◯ そのとおり（最判平16.11.12）。暴力団の組長に使用者責任が生じることもある。

**A 16** ✗ 事故の直前も助手席で運転の指示をしていたなどの事実があるときは、兄と弟との間に使用者と被用者の関係が認められる（最判昭56.11.27）。このように、一時的な使用関係にすぎないときでも、使用者責任が生じることがある。

**A 17** ◯ そのとおり（民法715条3項）。使用者責任は、被用者の責任の代位責任である。このため、被害者に損害の賠償をした使用者は、被用者に求償することができる。

**A 18** ◯ そのとおり（最判昭51.7.8）。たとえば、過酷な勤務規定のための過労から被用者が交通事故を起こしたような場合などが、その一例である。この場合、判例は、信義則を持ち出して、使用者の求償を制限する道を開いている。

**A 19** ✗ 使用者の事業の性格や被用者の業務の内容などの諸般の事情に照らして、損害の公平な分担という見地から相当と認められる額につき、使用者に求償することができる（最判令2.2.28）。

**A 20** ◯ そのとおり（最判昭32.4.30）。民法715条1項の第三者とは、不法行為責任を負う被用者と使用者以外のすべての者をイミするのである。

**A 21** ✗ 注文または指図に過失のある注文者は、第三者への損害賠償責任を負う（民法716条）。

**A 22** ◯ そのとおり（民法717条1項）。この所有者の責任は無過失責任である。

**A 23** ◯ そのとおり（民法717条3項）。たとえば、工作物を設置した業者にも責任がある場合、占有者または所有者はこれに求償できるのである。

Part
4

債
権

## Section 1

# 不法行為

急|所|　不法行為責任と債務不履行責任

不法行為責任と債務不履行責任の主な相違点をまとめよう。

**不法行為責任**

1　過失の立証責任

加害者の責任を問うために、被害者の側で加害者の過失を立証することを要する。

2　損害賠償の範囲

相当因果関係の範囲（民法416条　大判大15.5.22）。

3　賠償の方法

金銭賠償を原則とする（民法722条1項）。

4　過失相殺

任意的である（民法722条2項）。

5　過失相殺による加害者の責任免除

不可。

6　加害者が履行遅滞となる時期

不法行為時（最判昭37.9.4）。

### 債務不履行責任

1 過失の立証責任

　責任を免れるためには、債務者の側で自らに過失がなかったことの立証を要する。

2 損害賠償の範囲

　相当因果関係の範囲（民法416条）。

3 賠償の方法

　金銭賠償を原則とする（民法417条）。

4 過失相殺

　必要的である（民法418条）。

5 過失相殺による債務者の責任免除

　可能。

6 債務者が履行遅滞となる時期

　履行の請求を受けた時（民法412条３項）。

Part
4

債

権

# Section 2 不当利得

---

**Q 1** 　不当利得の悪意の受益者は、その受けた利益に利息を付して返還しなければならないが、損害賠償の責任は負わない。

---

**Q 2** 　債務が存在しないことを知りながら弁済をした者は、その給付したものの返還を請求することができない。

---

**Q 3** 　債務が存在しないことを知りながら弁済した場合、それが強制執行を避けるためにやむを得ずにしたものであっても、弁済者は、給付したものの返還を請求することができない。

---

**Q 4** 　不法な原因によって贈与をした者は、その目的物の返還請求をすることができず、また、そのことの反射的効果として、目的物の所有権は受贈者に帰属する。

---

**Q 5** 　不法な原因のために既登記の不動産を贈与し、これを引き渡したときは、贈与者は、その不動産の返還を請求することができない。

---

**Q 6** 　不法な原因のために未登記の不動産を贈与し、これを引き渡したときは、贈与者は、その不動産の返還を請求することができない。

**A 1** ✗ 　最後の一文が誤り。損害があるときは、その賠償の責任も負う（民法704条）。

**A 2** ◯ 　そのとおり（民法705条）。弁済者が債務の不存在を知っているときは、その保護を要しない。

**A 3** ✗ 　返還請求できる。強制執行を避けるためなどの事由によりやむを得ず弁済したときの結論は、前問と相違する（大判大6.12.11）。

**A 4** ◯ 　そのとおり（最大判昭45.10.21）。

**A 5** ✗ 　不動産の返還請求が認められる（最判昭46.10.28）。既登記の不動産においては、引渡しのみでは、いまだその給付が未完成であるためである。

**A 6** ◯ 　そのとおり（最大判昭45.10.21）。未登記の不動産は、引渡しをもって給付が完了する。そして、不法な原因のために給付をした者は、その給付したものの返還を請求することができないのである（民法708条本文）。

Part
4

債

権

# 親　族

# Chapter **1** 親族総論、扶養

---

**Q 1** 6 親等内の血族、配偶者、3 親等内の姻族は、親族である。

---

**Q 2** 自己の兄弟姉妹は、2 親等の傍系血族である。

---

**Q 3** 直系血族および同居の親族は、互いに扶養をする義務を負う。

---

**Q 4** 妻は、夫の両親に対して扶養義務を負うことがある。

---

**Q 5** 嫡出でない子をその父が認知したときは、父は、その子に対する扶養義務を負う。

---

**Q 6** 扶養を受ける権利は、処分することができない。

**A 1** ◯ そのとおり（民法725条）。親族の範囲は、正確に覚えておこう。なお、民法は、一定の血縁者と、婚姻によって生じる続柄にあたる者を、親族と総称する。

---

**A 2** ◯ そのとおり。傍系とは、一度、同一の祖先にさかのぼり、その祖先から他の1人に下る関係をいう（民法726条2項）。

---

**A 3** ✗ 直系血族および**兄弟姉妹**は、互いに扶養をする義務を負う（民法877条1項）。

 **One Point◆ 親族間の扶け合い**

直系血族および同居の親族は、互いに扶け合わなければなりません（民法730条）。扶養義務とひじょうに紛らわしいので、気をつけましょう。

---

**A 4** ◯ 家庭裁判所は、特別の事情があるときは、3親等内の親族間でも扶養義務を負わせることができる（民法877条2項）。妻と夫の両親は1親等の直系姻族なので、妻は扶養義務を負うことがある。

---

**A 5** ◯ 認知によって法律上の父子関係が生じ、民法877条1項により、父の子に対する扶養義務が生じるのである。

---

**A 6** ◯ そのとおり（民法881条）。

# Chapter 2 婚 姻

## Section 1 婚姻の成立

**Q 1** 婚姻は、戸籍法の定めるところにより届け出ることによって、その効力を生じる。

**Q 2** 婚姻意思に基づいて婚姻届を作成した当事者が、届出の受理当時に意識を失っていたとしても、受理前に翻意したなどの特段の事情がない限り、婚姻はその届出の受理により有効に成立する。

**Q 3** 事実上の夫婦の一方が他方に無断で婚姻届を作成して届出をした場合でも、その後も夫婦としての関係を継続し、他方配偶者が届出の事実を知って追認したときは、婚姻は追認の時から有効となる。

**Q 4** 婚姻の届出をする意思があるときは、それが他の目的を達するための便法として提出されたときでも、婚姻は有効に成立する。

**Q 5** 生活保護受給のための手段としての離婚の届出であっても、法律上の婚姻関係を解消する意思の合致に基づいて提出されたときは、離婚は有効に成立する。

**A 1** ◯　婚姻とは、婚姻届により成立する関係である（民法739条1項）。

---

**A 2** ◯　そのとおり（最判昭44.4.3）。届出の時点では意思能力がないケースでも、その前に翻意したなどの特段の事情がなければ、婚姻は有効に成立する。

> 🐕 **One Point ◆ 婚姻はいつ成立するか？**
>
> 婚姻は、戸籍係が婚姻届を受理した時点で成立します（大判昭16.7.20）。戸籍に記録した時点で婚姻成立というわけではありません。

---

**A 3** ✕　最後の一文が誤り。婚姻は、**届出の時**にさかのぼって有効となる（最判昭47.7.25）。

---

**A 4** ✕　いわゆる偽装結婚のケースである。婚姻の届出を出す意思はあっても、それが他の目的を達するための便法として提出されたものにすぎないときは、婚姻は無効である（最判昭44.10.31）。つまり、婚姻意思のない婚姻は無効である。

---

**A 5** ◯　法律上の婚姻関係を解消する意思の合致があるから、離婚は有効である（最判昭38.11.28、最判昭57.3.26）。

Part
5-1

親

族

# Section **2**　婚姻の取消し

## **1** 婚姻障害と婚姻の取消し

**Q 1**　第三者の詐欺により婚姻をした者は、その相手方が詐欺の事実について善意・無過失であっても、婚姻を取り消すことができる。

**Q 2**　婚姻適齢に達していない未成年者の婚姻届が誤って受理されたときは、この婚姻は無効となる。

**Q 3**　婚姻の取消しの効果は遡及し、はじめから婚姻は成立しなかったものとみなされる。

**Q 4**　離婚の取消しには、遡及効がある。

**Q 5**　離婚後再婚したが、後日、その離婚が取り消されたときは、その者は、重婚を理由として後の婚姻を取り消すことができる。

**Q 6**　養子は、養親の実子または養親の兄弟姉妹と婚姻することができる。

**Q 7**　夫は、妻と離婚した後、妻の姉と婚姻することはできない。

**Q 8**　養子は、離縁後であっても、養親と婚姻することはできない。

**Q 9**　成年被後見人が婚姻または離婚をするときは、その成年後見人の同意を要する。

---

**A 1**　◯　　そのとおり。身分行為には、民法96条2項の適用がない。不本意な婚姻に縛り付けるわけにもいかないからである。

---

**A 2**　✕　　無効ではなく、取り消すことのできる婚姻となる（民法744条1項、731条）。なお、婚姻適齢は、男女ともに18歳である（民法731条）。

---

**A 3**　✕　　婚姻の取消しは、将来に向かってのみその効力を生じる（民法748条1項）。これは、取消しの効果は遡及するという規定（民法121条）の特則である。

---

**A 4**　◯　　離婚の取消しの効力は遡及する（民法121条）。その結果、離婚はもともとなかったことになる。

---

**A 5**　◯　　離婚の取消しの効果は遡及することから、離婚後に再婚していたときは、後の婚姻が重婚となり、取消しの対象となる（民法732条、744条1項）。

---

**A 6**　◯　　3親等内であっても、養子と養方の傍系血族は婚姻することができる（民法734条1項ただし書）。

---

**A 7**　✕　　夫は、妻と離婚後、その姉と婚姻することができる（民法735条参照）。直系姻族とは離婚後も婚姻することができないが、傍系姻族との婚姻を禁止する規定は存在しない。

---

**A 8**　◯　　そのとおり。一度、義理の親子の名乗りをした者同士の婚姻は、道徳的にマズいのである（民法736条）。

---

**A 9**　✕　　いずれの場合も、成年後見人の同意を要しない（民法738条、764条）。

## ❷ 取消権者と取消期間

---

**Q 10** 　詐欺または強迫による婚姻は、詐欺または強迫によって婚姻をした者、その親族または検察官から、その取消しを家庭裁判所に請求することができる。

---

**Q 11** 　婚姻障害があることにより取り消すことができる婚姻は、各当事者、その親族または検察官から、その取消しを家庭裁判所に請求することができる。

---

**Q 12** 　婚姻障害がある当事者の一方が死亡した後は、検察官は、婚姻の取消しを請求することができない。

---

**Q 13** 　重婚を理由とする婚姻の取消しは、前婚の配偶者も、その婚姻の取消しを請求することができる。

---

**Q 14** 　婚姻適齢に達する前に婚姻をした者は、適齢に達した後でも、なお6か月の間は婚姻の取消しを請求することができる。

-------------------------------------------------------

**A 10** ✗ 　詐欺または強迫による婚姻の取消権者は、詐欺または強迫によっ
て婚姻をした者のみである（民法747条1項）。その親族や検察官は、
取消権者ではない。

-------------------------------------------------------

**A 11** ◯ 　そのとおり（民法744条1項本文）。公益の代表としての検察官も、
取消権者に加わっている。

-------------------------------------------------------

**A 12** ◯ 　そのとおり（民法744条1項ただし書）。

-------------------------------------------------------

**A 13** ◯ 　前婚の配偶者も婚姻の取消しを請求できる（民法744条2項）。

>  **One Point◆ 具体例**
>
> 　ＡとＢが婚姻中にＢがＣと婚姻した場合、重婚として取消しの対象となる
> のはＢＣ間の婚姻です。この場合、前婚の配偶者Ａも取消しができます。

-------------------------------------------------------

**A 14** ✗ 　「６か月」の部分が誤りである。不適齢者自身は、適齢に達した後
なお３か月間は、婚姻の取消しの請求をすることができる（民法
745条2項）。この期間は、自己の婚姻が軽はずみのものでなかった
どうかを、適齢に達してからよく考えるための猶予期間である。

## 1 婚姻の解消と氏

**Q 1** 夫婦は、婚姻の際に定めるところに従い、夫または妻の氏を称する。

**Q 2** 夫婦の一方が死亡したときは、生存配偶者は、婚姻前の氏に復する。

**Q 3** 婚姻によって氏を改めた妻は、離婚によって婚姻前の氏に復する。

**Q 4** 離婚によって婚姻前の氏に復した妻は、離婚の日から3か月以内に届け出ることによって、離婚の際に称していた氏を称することができる。

**Q 5** 両親の離婚によって母が婚姻前の氏に復した場合、子の親権者を母と定めたときでも、その子は父の氏を称する。

**Q 6** 子の出生前に父母が離婚し、母が婚姻前の氏に復したときは、生まれた子は母の氏を称する。

**Q 7** 子の氏が、父または母の氏と異なるときは、子は、家庭裁判所の許可を得て、戸籍法の定めるところにより届け出ることによって、その父または母の氏を称することができる。

**Q 8** 婚姻中の父母が氏を改めたことにより、その子と父母の氏が異なることとなったときは、家庭裁判所の許可を得て、戸籍法の定めるところにより届け出ることによって、その父母の氏を称することができる。

**Q 9** 父または母と氏を異にすることにより未成年の子がその氏を改めたときは、成年に達した時から1年以内に届け出ることによって、従前の氏に復することができる。

---

**A 1** ◯　そのとおり（民法750条）。これを夫婦同氏の原則という。

---

**A 2** ✕　夫婦の一方が死亡したときは、生存配偶者は、婚姻前の氏に復することができる（民法751条1項）。当然に復するのではない。なお、婚姻前の氏に復することにつき、期間の制限はナイ。

---

**A 3** ◯　離婚の場合、当然に婚姻前の氏に復する（民法767条1項）。

---

**A 4** ◯　そのとおり（民法767条2項）。届出のみで足り、家庭裁判所の許可を要しない。

---

**A 5** ◯　そのとおり。嫡出である子は、父母の氏を称する（民法790条1項本文）。その後、夫婦が離婚して、子の親権者を母と定めても、子の氏は離婚の際の氏（父の氏）のままである。

---

**A 6** ✕　母の氏ではなく、離婚の際における父母の氏を称する（民法790条1項ただし書）。つまり、本問のケースでは、子は、父の氏を称することとなる。

---

**A 7** ◯　そのとおり（民法791条1項）。家庭裁判所の許可を要する。

---

**A 8** ✕　父母が婚姻中であるときは、家庭裁判所の許可を要しない。届出をするだけで、子の氏を父母の氏とすることができる（民法791条2項）。

---

**A 9** ◯　そのとおり（民法791条4項）。成年に達した子に、自らの氏の選択の機会を与えるための仕組みである。

Part
5-1

親

族

------------------------------------------------------------

**Q 10**　夫婦は、いつでもその協議で離婚をすることができる。

------------------------------------------------------------

**Q 11**　配偶者に不貞な行為があったときでも、裁判所は、一切の事情を考慮して婚姻の継続を相当と認めるときは、離婚の請求を棄却することができる。

------------------------------------------------------------

**Q 12**　有責配偶者からの離婚請求は、いかなる事情があっても認められない。

**A 10** ◯　そのとおり（民法763条）。

> **One Point**◆ **成年被後見人と離婚**
>
> 　成年被後見人でも、本心に復している限り、成年後見人の同意を得ること
> なく離婚をすることができます（民法764条、738条）。もし、本心に復す
> ることがないときは、裁判上の離婚によることとなります。

**A 11** ◯　そのとおり（民法770条2項、770条1項1号）。不貞の事実があっ
ても、婚姻の継続が相当であるときは、離婚を認めない主旨の判決
をすることができる。

**A 12** ✕　有責配偶者からの離婚請求も、当然に認められないわけではない
から誤り。一定の事情があるときは、有責配偶者からの離婚請求で
あるという一事をもって、離婚請求が許されないとすることはでき
ないという趣旨の判例がある（最大判昭62.9.2）。

# Section **4**　夫婦の財産関係

## **1** 夫婦の財産関係

**Q 1**　夫婦の一方が日常の家事に関して第三者と法律行為をしたときは、他の一
　　　方は、その第三者に対して責任を負わない旨を予告した場合を除いて、これ
　　　によって生じた債務について連帯してその責任を負う。

**Q 2**　夫婦のいずれに属するか明らかでない財産は、その共有に属するものとみ
　　　なされる。

**Q 3**　婚姻関係が実質的に破綻しているときでも、夫婦の一方は、婚姻中、いつ
　　　でも夫婦間の贈与契約を取り消すことができる。

**Q 4**　破綻的別居状態にある夫婦でも、婚姻費用の分担義務を負う。

## **2** 財産分与と慰謝料

**Q 5**　協議上の離婚のほか、裁判上の離婚や婚姻の取消しの場合でも、夫婦の一
　　　方は、他方に対して財産の分与を請求することができる。

**Q 6**　財産分与の協議が調わないときは、当事者は、離婚の時から2年を経過す
　　　るまで、家庭裁判所に対して協議に代わる処分を請求することができる。

**Q 7**　財産分与請求権と慰謝料請求権はその性質が異なることから、権利者は、
　　　両請求権を選択して行使することができる。

**Q 8**　離婚をした者の一方は、財産分与のほか慰謝料を請求することができない。

**Q 9**　裁判所は、財産分与の内容として、当事者の一方が過当に負担した婚姻費
　　　用の清算のための給付を含めることができない。

---

**A 1** ◯　そのとおり（民法761条）。

---

**A 2** ✕　その共有に属するものと推定される（民法762条2項）。

---

**A 3** ✕　婚姻関係が実質的に破綻しているときは、夫婦間の契約を取り消すことができない（最判昭33.3.6）。

---

**A 4** ◯　そのとおり。たとえば、妻が子を養育しているときに、夫婦関係が事実上破綻していることを理由に、夫が養育費の支払いを免れることは許されない。

---

**A 5** ◯　そのとおり。協議離婚に係る財産分与についての規定は、裁判上の離婚、婚姻の取消しの双方に準用がある（民法768条1項、771条、749条）。

---

**A 6** ◯　そのとおり（民法768条2項）。

---

**A 7** ◯　そのとおり（最判昭31.2.21）。また、裁判所は、財産分与に慰謝料のための給付を含めることもできる。

---

**A 8** ✕　財産分与に慰謝料が含まれる場合を除き、その双方を請求することができる（最判昭46.7.23）。財産分与は夫婦の財産関係の清算、慰謝料は精神的苦痛の慰謝を目的とし、両者は元来ベツモノだからである。

---

**A 9** ✕　財産分与に、婚姻費用の清算のための給付を含めることもできる（最判昭53.11.14）。

## Section **5**  内　縁

---

**Q 1** 　内縁を不当に破棄された者は、婚姻予約の不履行または不法行為を理由と
□□□ して損害賠償を求めることができる。

---

**Q 2** 　内縁の当事者以外の第三者が、内縁関係に不当な干渉をしてこれを破綻さ
□□□ せたときは、その者は、不法行為による損害賠償の責任を負う。

---

**Q 3** 　内縁関係を解消したときは、一方当事者は、他方当事者に対して財産分与
□□□ を求めることができる。

---

**Q 4** 　内縁の夫の死亡により内縁関係が解消した場合、内縁の妻は、相続人に対
□□□ して財産分与を請求することができる。

---

**Q 5** 　内縁の夫婦の一方が死亡して、その相続人がないときは、他方配偶者は、
□□□ 特別縁故者として、家庭裁判所に対して相続財産の分与を求めることができ
る。

**A 1** ○ そのとおり（最判昭33.4.11）。この点、離婚の際に一方から他方への損害賠償請求があり得ることと同様である。

**A 2** ○ そのとおり（最判昭38.2.1）。たとえば、ＡＢ間の内縁関係がＣの不当な干渉により破綻したときは、ＡまたはＢは、Ｃに損害賠償を求めることができる。

**A 3** ○ 内縁の解消の場合も、離婚の際の財産分与について定めた民法768条の類推適用により、一方当事者は、他方に財産分与を請求できる（最判平12.3.10）。

**A 4** ✗ 内縁の夫婦の一方が死亡した場合、他方が財産分与を求めることはできない（最判平12.3.10）。前問とよく比較しておこう。

**A 5** ○ 内縁の当事者には相続権はない。しかし、相続人不存在の場合、特別縁故者として財産分与を求めることができる（民法958条の2）。

Part
5-1

親

族

# Chapter 2

# 婚　姻

急所 　婚姻障害と取消権者

婚姻の取消しと婚姻障害

　婚姻の取消事由には、詐欺・強迫によるものと、公益上の理由によるもの（婚姻障害、以下の５つ）がある。婚姻障害に該当する婚姻が誤って受理されたときは、取り消すことのできる婚姻となる。

1　婚姻適齢（民法731条）
　婚姻は、18歳にならなければ、することができない。

> 🐕 **One Point✦ 成年年齢とお酒やタバコの解禁**
>
> 　婚姻適齢は男女とも18歳であり、これは成年年齢と一致します（民法4条）。なお、成年年齢は18歳であっても、20歳にならなければ、飲酒や喫煙、公営競技（競馬などのギャンブル）をすることはできません。

2　重婚の禁止（民法732条）
　配偶者のある者は、重ねて婚姻をすることができない。

3　近親者間の婚姻の禁止（民法734条）
　直系血族または３親等内の傍系血族の間では、婚姻をすることができない（民法734条1項本文）。

4　直系姻族間の婚姻の禁止（民法735条）
　直系姻族の間では、婚姻をすることができない（民法735条本文）。

5　養親子等の間の婚姻の禁止（民法736条）
　養子もしくはその配偶者または養子の直系卑属もしくはその配偶者と養親またはその直系尊属との間では、親族関係が終了した後でも、婚姻をすることができない。

**取消権者**

　婚姻の取消しは、家庭裁判所への請求によってこれを行う（民法744条1項、747条1項）。以下、取消権者を整理しよう。

1　詐欺または強迫による婚姻の取消し（民法747条）

　　1．取消権者

　　　詐欺または強迫によって婚姻をした者

　　2．取消権の消滅

　　　当事者が詐欺を発見し、もしくは強迫を免れた後3か月を経過し、または追認したときは、取消権が消滅する。

2　婚姻障害に該当する婚姻の取消し（民法744条）

　　1．取消権者

　　①各当事者　②各当事者の親族　③検察官

　　2．重婚の場合

　　　上記の①〜③の者に加えて、前婚の配偶者も婚姻の取消しを請求することができる。

　　　→重婚とは配偶者のある者が重ねて婚姻をすることであり、前後2つの婚姻のうち、後婚が重婚として取消しの対象となる。

　　　→前婚の配偶者の親族は、取消しを請求できないことに注意。

　　3．取消権の消滅

　　・取り消すことができる婚姻の当事者の一方が死亡した後は、検察官はその取消しを請求することができない（民法744条1項ただし書）。

　　・婚姻不適齢のケースにおいて、不適齢者が適齢に達したときは、婚姻の取消しを請求することができない（民法745条1項）。

　　　→不適齢者自身は、追認した場合を除いて、適齢に達した後もなお3か月間、婚姻の取消しを請求することができる（同条2項）。

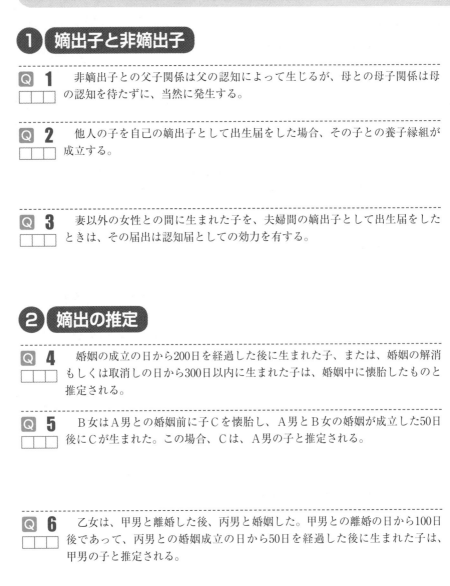

# Chapter 3 親子（実子）

## Section 1 嫡出子と非嫡出子

### 1 嫡出子と非嫡出子

**Q 1** 非嫡出子との父子関係は父の認知によって生じるが、母との母子関係は母の認知を待たずに、当然に発生する。

**Q 2** 他人の子を自己の嫡出子として出生届をした場合、その子との養子縁組が成立する。

**Q 3** 妻以外の女性との間に生まれた子を、夫婦間の嫡出子として出生届をしたときは、その届出は認知届としての効力を有する。

### 2 嫡出の推定

**Q 4** 婚姻の成立の日から200日を経過した後に生まれた子、または、婚姻の解消もしくは取消しの日から300日以内に生まれた子は、婚姻中に懐胎したものと推定される。

**Q 5** B女はA男との婚姻前に子Cを懐胎し、A男とB女の婚姻が成立した50日後にCが生まれた。この場合、Cは、A男の子と推定される。

**Q 6** 乙女は、甲男と離婚した後、丙男と婚姻した。甲男との離婚の日から100日後であって、丙男との婚姻成立の日から50日を経過した後に生まれた子は、甲男の子と推定される。

**A 1**  ○　そのとおり。母子関係は分娩の事実から明らかであるため、母の認知は不要である（最判昭37.4.27）。

---

**A 2**  ✕　本問の出生届は無効であり、これを縁組の届出とみることもできない（最判昭50.4.8、最判昭25.12.28）。出生届は自分の子であることの申告、縁組届は他人の子と縁組することを意味し、両者にその意味の重なり合いがないためである。

---

**A 3**  ○　そのとおり。本問の子は、父の子である。そして、出生届にも認知届にも自己の子であることの申告という意味の重なり合いがあるため、出生届をもって認知の効力が生じる（最判昭53.2.24）。

---

**A 4**  ○　そのとおり（民法772条2項後段）。また、妻が婚姻中に懐胎した子は、その婚姻における夫の子と推定される（同条1項前段）。

---

**A 5**  ○　そのとおり。婚姻成立の日から200日以内に生まれた子は、婚姻前に懐胎したものと推定される（民法772条2項前段）。また、女が婚姻前に懐胎した子であって、婚姻成立後に生まれた子は、その婚姻における夫の子と推定される（同条1項後段）。以上から、Cは、A男の子と推定される。

---

**A 6**  ✕　乙女が子を懐胎した時からその出生の時までの間に2以上の婚姻をしていたときは、その子は、その出生の直近の婚姻の夫（丙男）の子と推定される（民法772条3項）。

**Q 7** 　重婚禁止の規定に違反して婚姻したA女が子を出産したため、嫡出推定の規定によってその子の父を定めることができないときは、父を定めることを目的とする訴えにより、裁判所がこれを定める。

**Q 8** 　子Xは、A男とB女の嫡出子であると推定されている。A男は嫡出否認の訴えを提起することができるが、B女は、嫡出否認の訴えを提起することができない。

**Q 9** 　父の否認権は、子または親権を行う母に対する嫡出否認の訴えによって行う。

**Q 10** 　父が、親権を行う母を被告として嫡出否認の訴えを提起しようとする場合において、親権を行う母がないときは、検察官を被告としなければならない。

**Q 11** 　子Xは、A男とB女の嫡出子であると推定されている。A男、B女、子Xによる否認権の行使に係る嫡出否認の訴えは、いずれも、子の出生の時から3年以内に提起しなければならない。

**Q 12** 　子の否認権は、親権を行う母が、子のために行使することができる。

**A 7** ◯　　そのとおり（民法773条）。父を定めることを目的とする訴えは、設問のケースにおいて、その存在意義を有する。

**A 8** ✕　　A男はもとより、B女も、嫡出否認の訴えを提起することができる（民法774条3項本文）。さらに、子のXも提起することができる（同条1項）。

> 🐶 **One Point ◆ 母の否認権**
>
> 否認権の行使が子の利益を害することが明らかであるときは、母は、その否認権を行使することができません（民法774条3項ただし書）。たとえ血のつながりがなくとも、仲の良い父子関係を保つことがありうるというのが民法の考えであり、そのような場合は、母といえども、その仲を引き裂くことはまかりならんというわけです。

**A 9** ◯　　そのとおり（民法775条1項1号）。被告に親権を行う母が含まれるのは、昔から「子の出生の秘密を知るのは母のみ」といわれるためである。

> 🐶 **One Point ◆ 子、母の否認権行使の相手方**
>
> 子または母が嫡出否認の訴えを提起するときは、いずれも父を相手方とします（民法775条1項2号・3号）。

**A 10** ✕　　設問の場合、家庭裁判所が特別代理人を選任すべきこととなる（民法775条2項）。

**A 11** ✕　　父であるA男の提訴期間が誤り。正しくは、父が子の出生を知った時から3年以内である（民法777条1号）。母と子の提訴期間は、設問の記述のとおりであり、いずれも子の出生の時から3年以内である（同条2号・3号）。

**A 12** ◯　　そのとおり。親権を行う母のほか、親権を行う養親、未成年後見人も、子のためにその否認権を行使することができる（民法774条2項）。子の嫡出性に争いがある局面では、通常、子は幼少である。そのような子が、本当のお父さんと仲良く暮らせるようにとの配慮から、民法は幅広い者からの否認権の行使を認めている。

**Q 13** 子の否認権の行使に係る嫡出否認の訴えの提訴期間の満了前6か月以内の間に親権を行う母、親権を行う養親または未成年後見人がないときは、子は、嫡出否認の訴えを提起することができない。

**Q 14** 子は、その父と継続して同居した期間（その期間が2以上あるときは、そのうち最も長い期間）が3年を下回るときは、否認権の行使が父による養育の状況に照らして父の利益を著しく害するときを除いて、成年に達するまでの間、嫡出否認の訴えを提起することができる。

**Q 15** 子のXは、A男とB女の嫡出子であると推定されている。B女は、Xを懐胎した時からその出生の時までの間に、A男のほか、C男と婚姻関係にあった。C男は、その否認権の行使が子の利益を害することが明らかであるときを除き、Xの出生を知った時から3年以内に、嫡出否認の訴えを提起することができる。

**Q 16** 前夫が嫡出否認の訴えを提起するときは、父のみが被告となる。

**Q 17** 前夫による否認権の行使に係る嫡出否認の訴えは、子が成年に達した後は、提起することができない。

**Q 18** 子のXは、A男とB女の嫡出子であると推定されている。B女は、Xを懐胎した時からその出生の時までの間に、A男以外にC男と婚姻関係にあったが、その他にB女と婚姻関係にあった者はいない。C男が否認権を行使したことにより、Xの父がC男であると定められた後は、C男は、Xが嫡出であることを否認することができない。

**A 13**　✕　　設問の場合、新たに子のために否認権を行使することができる者が出現した時（母や養親の親権の回復、新たな養子縁組の成立、未成年後見人の就職など）から6か月を経過するまでの間、子は、嫡出否認の訴えを提起することができる（民法778条の2第1項）。提訴期間中、子は幼少であることが通常であるため、時効の完成猶予に類似の仕組みが存在するのである。

**A 14**　✕　　成年に達するまでの間、の部分が誤り。正しくは、21歳に達するまでの間である（民法778条の2第2項）。その余の記述は正しい。子には、幼少期の否認権（出生の時から3年以内）のほか、21歳に達するまでの間、父に対する否認権が認められている。なお、この場合の否認権は、子自らが行使することとなる（同条3項）。

**A 15**　〇　　前夫のC男も、嫡出否認の訴えを提起することができる。また、その提訴期間も正しい（民法774条4項、777条4号）。本問は、前夫であるC男が「その子はオレの子だ」として、いわばA男の家庭になぐりこみをかけるようなケースである。

> **One Point ◆ 前夫の定義**
>
> 設問の場面は、母が子の懐胎の時からその出生の時までに、2以上の婚姻をしていたことを前提とします。そして、その期間に母と婚姻していた者であって、子の父以外の人物のことを、民法は「前夫」と命名しており、C男がこれに当てはまります（民法774条4項）。

**A 16**　✕　　正しくは、父および子または親権を行う母が被告となる（民法775条1項4号）。なお、親権を行う母を被告とする場合に、親権を行う母がないときは、家庭裁判所が特別代理人を選任する（同条2項）。

**A 17**　〇　　そのとおり（民法778条の2第4項）。子が成年に達した後は、親が子の扶養を受けうる立場となるので、その利益の享受のみを求める否認権の行使を認めないという趣旨である。

**A 18**　〇　　そのとおり（民法774条5項）。自らの否認権の行使によりその子の父と定められた以上、「やっぱりこの子は私の子ではありません」という身勝手な主張が認められないのは、当たり前のハナシである。

Part 5-1

親族

　子のXは、A男とB女の嫡出子であると推定されている。B女は、Xを懐胎した時からその出生の時までの間に、A男のほか、C男、D男と婚姻関係にあった。A男が提起した嫡出否認の訴えにより、D男がXの父と定められた場合、D男は、A男による嫡出否認の裁判が確定したことを知った時から3年以内に、嫡出否認の訴えを提起することができる。

　嫡出否認の訴えにより、乙が、甲の嫡出であることが否認されたときは、乙は、甲が支出した子の監護に要した費用を償還しなければならない。

　父が子の出生届を提出したときは、父は、否認権を失う。

　推定の及ばない子との父子関係の否定は、親子関係不存在確認の訴えによってすることができる。

**A 19** ✕ 　提訴期間が誤り。正しくは、Ｄ男が子のＸに係る嫡出否認の裁判の確定を知った時から１年以内である（民法778条１号）。

> 🐕 **One Point◆ 提訴権者**
>
> 　設問の事案では、Ｄ男のほか、子のＸ、母のＢ女、前夫のＣ男も嫡出否認の訴えを提起することができます。そして、この場合の提訴期間は、いずれも、子、母、前夫が裁判の確定を知った時から１年以内となります（民法778条）。子の父を早期に確定させることが子の福祉のためにも望ましいことから、否認権が行使された後の提訴期間を短縮する趣旨です。

**A 20** ✕ 　償還する義務を負わない（民法778条の３）。乙は、貰いっぱなしでオッケー。

**A 21** ✕ 　失わない。父または母が、子の出生後に、その嫡出であることを承認したときは、それぞれその否認権を失う（民法776条）。しかし、出生届の提出は公法上の義務の履行であって、嫡出の承認には当たらない。

**A 22** ○ 　そのとおり。

> 🐕 **One Point◆ 親子関係不存在確認の訴え**
>
> 　推定の及ばない子との間の父子関係の否定は、親子関係不存在確認の訴えによります。この訴えは、利害関係人であれば誰でも提起できますし、提訴期間にも制限はありません。

## Section **2** 認　知

### ① 認　知

**Q 1** ☐☐☐☐　未成年者である父が認知をするには法定代理人の同意を要しないが、成年被後見人である父が認知をするには、法定代理人の同意を要する。

**Q 2** ☐☐☐　認知は、遺言によってすることもできる。

**Q 3** ☐☐☐　成年の子は、その承諾がなければ、これを認知することができない。

**Q 4** ☐☐☐☐　父は、死亡した子に直系卑属がないときでも、その子を認知することができる。

**Q 5** ☐☐☐☐　A男が、B女の子Cを認知した。B女またはCは、認知について反対の事実があることを理由として、認知の無効の訴えを提起することができるが、認知をしたA男は、認知の無効の訴えを提起することができない。

**Q 6** ☐☐☐☐　B女が子Cを出産した後、A男がCを認知した。B女は、A男による認知の時から7年以内に限り、認知について反対の事実があることを理由として、認知の無効の訴えを提起することができる。

🅰 1 ✖️ 　後段が誤り。いずれも、その法定代理人の同意を要しない（民法780条）。

🅰 2 ⭕ 　そのとおり（民法781条2項）。

🅰 3 ⭕ 　そのとおり（民法782条）。子の幼少時に扶養をしなかった親が、老後に子に面倒をみてもらいたいがための認知を制限する趣旨の規定である。

🅰 4 ✖️ 　父は、死亡した子に直系卑属があるときに限り、認知することができる（民法783条3項前段）。

🅰 5 ✖️ 　A男も提起することができる。認知の無効の訴えの提訴権者は、①子またはその法定代理人、②認知をした者、③子の母である（民法786条1項）。

 **One Point ◆ 母と認知の無効の訴え**

　認知の無効の訴えの提訴権者のうち、子の母は、子の利益を害することが明らかなときは、認知の無効の訴えを提起することができません（民法786条1項ただし書）。認知により父の扶養を受けることができることとなった子の地位を、母の利益よりも優先する趣旨です。

🅰 6 ✖️ 　提訴期間の起算点が誤り。子の母（B女）の提訴期間は、認知を知った時から7年以内である（民法786条1項3号）。なお、A男の提訴期間は認知の時から7年以内であり、子C（またはその法定代理人）の提訴期間はB女に同じである（同項1号・2号）。

**One Point ◆ 胎児の認知と無効の訴え**

　胎児の認知があったときの認知の無効の訴えの提訴期間は、提訴権者のいずれにおいても、子の出生の時から7年以内となります（民法786条1項カッコ書）。設問は、子の出生後の認知の事案であり、提訴期間の起算点およびその期間は、解説のとおりとなります。

**Q 7** 　A男は、B女の子Cを認知した時から2年間、Cと継続して同居している。Cは、A男による養育の状況に照らしてA男の利益を著しく害するときを除いて、21歳に達するまでの間、認知の無効の訴えを提起することができる。

---

**Q 8** 　認知の無効の訴えにより認知が無効となった場合であっても、子は、認知をした者が支出した子の監護に要した費用を償還する義務を負わない。

---

**Q 9** 　認知者の意思に基づかない届出による認知でも、認知者と被認知者との間に親子関係があるときは、有効である。

---

**Q 10** 　父が胎児を認知するには、母の承諾を得なければならない。

---

**Q 11** 　A男が、B女の承諾を得てその胎内に在る子を認知した。その後、B女がC男と婚姻したことにより、生まれてきた子がC男の子と推定されるときは、A男による認知は、その効力を生じない。

## ② 認知と氏

---

**Q 12** 　嫡出でない子は、母の氏を称する。

---

**Q 13** 　父が嫡出でない子を認知したときは、子は、父母が婚姻中でなくても、家庭裁判所の許可を得ないで、戸籍法の定めるところにより届け出ることによって、父の氏を称することができる。

466

**A 7** ◯　そのとおり。本問の場合、Ａ男による認知後の継続した同居期間が３年を下回るため、Ｃは、前問の提訴期間とは別に、21歳に達するまでの間、認知の無効の訴えを提起することができる（民法786条２項）。

> 🐕 **One Point ♦ 認知者による養育の状況**
>
> 　Ｃは、認知をしたＡ男による養育の状況によっては、認知の無効の訴えを提起することができません。これは、Ａ男への配慮のためです。たとえ認知後の同居期間が短く、また、認知に係る反対の事実があっても、子の利益よりも認知者の利益を優先すべきケースもありうると民法は考えるのです。

**A 8** ◯　貰いっぱなしでオッケー（民法786条４項）。

**A 9** ✗　無効である（最判昭52.2.14）。認知には、親子関係を創設するという認知者の意思を要する。

**A 10** ◯　そのとおり（民法783条1項）。子を身ごもった事情や環境などから、母親が父による認知を望まないこともありうるからである。

**A 11** ◯　そのとおり（民法783条２項）。もともと、嫡出の推定を受ける子を認知することができないためである（法律上、父親が２人存在するという事態がありえない）。

Part<br>5-1<br><br>親<br>族

**A 12** ◯　そのとおり（民法790条2項）。婚姻外の子は、母の戸籍に入り、母と同じ氏を称する。なお、父の認知があるまでは、戸籍上、子の父親の欄は空欄となる。

**A 13** ✗　家庭裁判所の許可を要する（民法791条1項）。
**リンク ➡ Chapter 2 Section 3 Q 7、8**

## ③ 認知その他

**Q 14** 　内縁の妻が、内縁関係成立の日から200日経過後に出生した子は、内縁の夫の子と事実上推定される。

**Q 15** 　子、その直系卑属またはこれらの者の法定代理人は、認知の訴えを提起することができる。

**Q 16** 　認知の訴えは、父の生存中はいつでも提起することができるが、父の死亡の日から3年を経過したときは提起することができない。

**Q 17** 　子の父に対する認知請求権は、放棄することができる。

**Q 18** 　認知請求権は、父が生存していても長期間行使しないときは、これを行使することができなくなる。

**Q 19** 　認知は、認知の時からその効力を生じる。

**Q 20** 　父の死亡後に認知の訴えにより相続人となった子は、他の共同相続人間で既に遺産分割協議が成立していたときでも、遺産分割のやり直しを請求することができる。

**Q 21** 　甲が死亡した後、嫡出否認の訴えにより、乙の父が甲と定められた場合において、甲の他の共同相続人がすでに遺産分割をしていたときは、乙は、他の共同相続人に対して、価額のみによる支払を請求することができる。

**A 14** ○  そのとおり（最判昭29.1.21）。なお、その推定は事実上のものにすぎないため、父子関係が成立するためには父の認知を要する。

**A 15** ○  そのとおり（民法787条本文）。認知の訴えは、子が父に認知を強制する仕組みである。

**A 16** ○  そのとおり（民法787条）。３年の起算点は、父の死亡の日からであり、子が父の死亡の事実を知った時から３年ではないので注意しよう。

**A 17** ✕  放棄できない（最判昭37.4.10）。また、子が認知請求権を放棄するという契約も無効である。

**A 18** ✕  父の生存中は、いつでも認知の訴えを提起することができ、長期間認知請求権を行使しなかった場合であっても、行使できなくなることはない（最判昭37.4.10）。

**A 19** ✕  認知は、出生の時にさかのぼってその効力を生じる（民法784条本文）。認知により、父は、子の出生の時からの養育費を支払う義務を負う。

**A 20** ✕  本問の場合、認知された子は、価格のみによる支払の請求権を有する（民法910条）。

> **One Point◆ 遺産分割と非嫡出子**
>
> 本問と異なり、遺産分割前に認知を受けた非嫡出子が存在するときは、その者を除外して行った遺産分割は無効となります。遺産分割協議は、相続人の全員で行わなければいけないからです。

**A 21** ○  そのとおり（民法778条の４）。前問の相続開始後に認知された子に係る民法910条と同趣旨の規定である。

**Q 22** 出生前の胎児には、いかなる場合にも権利能力が認められない。
□□□

**④ 準 正**

**Q 23** 父が認知した子は、その父母の婚姻によって嫡出子の身分を取得する。
□□□

**Q 24** 婚姻中、父が認知した子は、その認知の時から嫡出子の身分を取得する。
□□□

**Q 25** 子がすでに死亡しているときは、準正が生じることはない。
□□□

**A 22** ✗ 　胎児には権利能力が認められないのが原則である。しかし、民法上、①不法行為に基づく損害賠償請求権（民法721条）、②相続（民法886条1項）、③遺贈（民法965条）のケースでは、例外的に権利能力が認められる。

**A 23** ○ 　これを婚姻準正という（民法789条1項）。

**A 24** ○ 　これを認知準正という（民法789条2項）。

**A 25** ✗ 　子がすでに死亡しているときでも、準正が生じることがある（民法789条3項）。たとえば、父母の婚姻中に、父が死亡した子を認知したケースが考えられる。

Part
5-1

親

族

# Chapter 4 親子（養子縁組）

## Section 1 普通養子

### 1 縁組全般

**Q 1** 養子は、縁組の日から養親の嫡出子となる。

**Q 2** 養子縁組が成立すると、養子と養親の血族の間に法定血族関係が生じるが、養子の血族と養親の間には法定血族関係は生じない。

**Q 3** 養子が養親の相続開始以前に死亡した場合、養子縁組前に出生した養子の子がいるときは、その者が養子を代襲して養親の相続人となる。

**Q 4** 普通養子縁組が成立した後も、養子と実方の親族との血族関係は存続する。

**Q 5** 養子は養親の氏を称することが原則であるが、婚姻によって氏を改めた妻が単独で養子となったときは、その妻は、夫の氏を称する。

### 2 縁組障害

**Q 6** 成年に達した者は、自らを養親とする養子縁組をすることができる。

**A 1** ◯ そのとおり（民法809条）。

**A 2** ◯ そのとおり（民法727条）。

**A 3** ✕ 代襲相続は生じない（民法887条2項ただし書）。養子縁組前の養子の子は、養親の血族ではないからである。

**A 4** ◯ そのとおり。普通養子縁組をしても、養子と実親の血族関係は存続する。

**A 5** ◯ そのとおり（民法810条）。夫婦別姓はありえないので、このケースは夫の氏が優先する。

**A 6** ✕ 成年者であっても、20歳に達しない者は、養親となることができない（民法792条）。

**Q 7** 未成年者を養親とする養子縁組が誤って受理されたときは、養子とその親族からその取消しを家庭裁判所に請求することができる。

**Q 8** 自己の尊属や年長者を養子とすることはできないが、自己の孫や妹を養子とすることはできる。

**Q 9** 年長者を養子とする縁組届が誤って受理されたときは、各当事者またはその親族から縁組の取消しを家庭裁判所に請求することができる。

**Q 10** 後見人が被後見人を養子とするには家庭裁判所の許可を要する。

**Q 11** 家庭裁判所の許可を得ずに、後見人が被後見人を養子としたときは、養子またはその実方の親族から、縁組の取消しを家庭裁判所に請求することができる。

**Q 12** 配偶者のある者が未成年者を養子とする場合、その子が配偶者の非嫡出子であるときは、その者は単独で縁組をすることができる。

**Q 13** 夫婦である養親が未成年者と離縁をするときは、夫婦の一方が意思を表示することができない場合を除いて、夫婦が共にしなければならない。

**Q 14** 夫婦が共同で未成年者と養子縁組をしなければならないにもかかわらず、一方の配偶者が単独で縁組をしたときは、他方配偶者はその取消しを家庭裁判所に請求することができる。

**Q 15** 配偶者のある者が縁組をするには、配偶者とともに縁組をする場合またはその配偶者が意思を表示することができない場合を除いて、その配偶者の同意を得なければならない。

**A 7** ✗ 　縁組の取消しを請求できるのは、養親またはその法定代理人である（民法804条）。この縁組は、養親の側に瑕疵があるためである。

> 🐕 **One Point◆ 取消しの請求期間**
>
> 　設問の養子縁組は、養親が20歳に達した後6か月を経過し、または、追認をしたときは、その取消しを家庭裁判所に請求することができなくなります（民法804条ただし書）。

**A 8** ○ 　そのとおり（民法793条参照）。孫や弟または妹を養子とすることを禁止する規定は存在しない。

**A 9** ○ 　そのとおり（民法805条）。年長者養子は当事者の双方にとって瑕疵がある縁組であるから、各当事者およびその親族が取消しの請求をすることができる。

**A 10** ○ 　そのとおり（民法794条前段）。後見人が被後見人を食いモノにする形の縁組を防止する趣旨の規定である。

**A 11** ○ 　そのとおり（民法806条）。養子である被後見人の保護が、その制度趣旨である。養親が取消権者に入っていないことに注意しておこう。

**A 12** ✗ 　他方配偶者の非嫡出子を養子とするときは、配偶者とともに縁組をしなければならない（民法795条）。なお、配偶者の嫡出子を養子とするときは、他方配偶者が単独で縁組できる。

**A 13** ○ 　そのとおり（民法811条の2）。これは、前問の夫婦共同縁組の逆バージョンである。

**A 14** ✗ 　基本的に、配偶者とともにしなかった未成年者との縁組は、取り消すまでもなく無効である。

**A 15** ○ 　そのとおり（民法796条）。配偶者が養子縁組をすると相続関係に変化が生じるため、ともに縁組をする場合などの例外を除いて、他方配偶者の同意を要する。

**Q 16** 配偶者のある者が未成年者を養子とする場合、その子が配偶者の非嫡出子であるときは、配偶者の同意を要しない。

**Q 17** 配偶者のある者が未成年者を養子とする場合、その子が配偶者の嫡出子であるときは、配偶者の同意を得ることを要しない。

**Q 18** 養子となる者が16歳であるときは、その法定代理人が未成年者に代わって縁組の承諾をすることができる。

**Q 19** 親権者が15歳未満の子に代わって縁組の承諾をする場合に、監護者が他にあるときは、その者が養子となる子の父母以外の者であっても、その同意を得なければならない。

**Q 20** 真実の親ではない戸籍上の親が子に代わって縁組の承諾をしても養子縁組は無効であるが、その子が満15歳に達した後に追認したときは、養子縁組は届出の時にさかのぼって有効となる。

**Q 21** 未成年者を養子とする場合でも、自己または配偶者の直系卑属を養子とするときは、家庭裁判所の許可を要しない。

**Q 22** 未成年者と離縁をするときは、家庭裁判所の許可を得なければならない。

**Q 23** 縁組障害のある縁組が誤って受理されたときでも、検察官は、その取消しを家庭裁判所に請求することができない。

**A 16** ◯　そのとおり。本問は夫婦共同縁組のケースなので、配偶者の同意は不要である（民法795条本文、796条ただし書）。

**A 17** ✕　配偶者の同意を得なければならない（民法795条ただし書、796条本文）。本問は、一方配偶者が単独で縁組できるケースだから、他方の同意を要するのである。

**A 18** ✕　15歳以上の子は、自ら縁組をすることができる。

>  **One Point ◆ 代諾養子**
>
> 　養子となる者が15歳未満であるときは、その法定代理人が未成年者に代わって縁組の承諾をすることができます（民法797条1項）。これを代諾養子といいます。

**A 19** ✕　代諾養子の場合に監護者の同意を要するのは、その監護者が養子となる子の父母であるときである（民法797条2項前段）。父母が離婚後に、父が親権者で母が監護者ということもあり、この場合、父が縁組の承諾をするときは、母の同意を要するのである。

Part
5-1

親

族

**A 20** ◯　そのとおり。戸籍上の親の代諾は一種の無権代理となり、子の追認により有効となる（最判昭27.10.3）。

**A 21** ◯　未成年者を養子とするには、原則として家庭裁判所の許可を要する。しかし、本問はその例外であり、家庭裁判所の許可を要しない（民法798条）。

**A 22** ✕　未成年者との離縁の際に、家庭裁判所の許可を要するという規定は存在しない。

**A 23** ◯　検察官は、縁組の取消しを請求することができない。この点、婚姻の取消しのケースと相違することが急所である。

リンク　Chapter 2 Section 2 **Q** 11

**Q 24** 詐欺または強迫によって縁組をした者は、その縁組の取消しを家庭裁判所に請求することができるが、当事者が詐欺を発見し、もしくは強迫を免れた後3か月を経過し、または追認したときは、取消権は消滅する。

**A 24** ✗ 　3か月ではなく、6か月が正しい（民法808条1項後段、747条2項）。

>  **One Point ◆ 婚姻の取消し**
>
> 　詐欺または強迫による婚姻の取消権は、当事者が詐欺を発見し、もしくは強迫を免れた後3か月を経過したときに消滅します（民法747条2項）。縁組の取消しと比較して学習しましょう。

Part
5-1

親

族

Q 1　縁組の当事者の一方が死亡した後に生存当事者が離縁をしようとするときは、家庭裁判所の許可を得ることを要する。

Q 2　夫婦の一方が死亡したときは、生存配偶者は、いつでも姻族関係を終了させる意思表示をすることができる。

Q 3　養子縁組により生じた法定血族関係は、離縁によって終了する。

Q 4　縁組当事者の一方が強度の精神病にかかり、回復の見込みがないときは、他方当事者は、離縁の訴えを提起することができる。

Q 5　養子が15歳未満であるときは、養親は、離縁後に養子の法定代理人となるべき者との協議で離縁をすることができる。

Q 6　15歳未満の養子が離縁をする場合、離縁後に法定代理人となるべき実父母が離婚しているときは、その協議で、その一方を養子の離縁後にその親権者となるべき者と定めなければならない。

Q 7　養子は離縁によって縁組前の氏に復するが、養親夫婦の一方のみと離縁したときは、縁組前の氏に復さない。

Q 8　離縁によって縁組前の氏に復した者が、離縁の日から3か月以内に届け出ることによって離縁の際の氏を称するためには、縁組の日から7年を経過していることを要する。

**A 1** ○　そのとおり（民法811条6項）。死後離縁には、家庭裁判所の許可を要する。なお、死亡した当事者の血族は死後離縁をすることはできない。

**A 2** ○　そのとおり。なお、こちらは、家庭裁判所の許可を要しない（民法728条2項参照）。

**A 3** ○　縁組により生じた法定血族関係は、離縁によって一気に解消する（民法729条）。

**A 4** ✕　強度の精神病にかかり回復の見込みがない云々というのは、裁判上の離婚原因ではあるが、離縁の原因とはなっていない（民法814条1項参照）。民法は、親や子が病気だから離縁するという態度を許さない。

**A 5** ○　そのとおり（民法811条2項）。なお、離縁後に法定代理人となるべき者とは、実親か未成年後見人を意味する。

**A 6** ○　そのとおり（民法811条3項）。なお、協議が調わないときや協議をすることができないときは、家庭裁判所が協議に代わる審判をすることができる（同条4項）。

**A 7** ○　そのとおり。他方との養親子関係は継続するからである（民法816条1項）。

**A 8** ○　そのとおり（民法816条2項）。急所は、縁組の日から7年を経過した場合でなければ、離縁の際の氏を称することができない点である。離婚の場合には、このような制限はなかったことと比較しておこう（民法767条2項）。

リンク Chapter 2 Section 3 Q 4

Part 5-1

親族

Q 1　特別養子縁組が成立すると、養子と実方との親族関係が終了する。

Q 2　特別養子縁組は、家庭裁判所の審判が確定した後、戸籍法に定めるところにより届け出ることによって効力が生じる。

Q 3　特別養子縁組の成立の審判の申立ての時点で、養子となる者が15歳に達しているときは、その者が15歳に達する前から引き続き養親となる者に監護されている場合であっても、特別養子となることはできない。

Q 4　特別養子縁組が成立するまでに18歳に達した者は、特別養子となることができない。

Q 5　特別養子縁組の成立の審判の時において、養子となる者が15歳に達している場合であっても、特別養子縁組の成立には、その者の同意を要しない。

Q 6　特別養子縁組は、夫婦の一方の実子である嫡出子を養子とするときでも、夫婦が共同でしなければならない。

Q 7　夫婦の一方が25歳に達しているときは、他方が20歳に達していなくても特別養子縁組の養親となることができる。

Q 8　特別養子縁組の成立には、養子となる者の父母の同意を要しない。

Q 9　特別養子は、特別養子縁組の日から、養親の嫡出子となる。

Q 10　特別養子縁組の離縁は、家庭裁判所の審判によらなければならず、協議によって離縁をすることはできない。

**A 1** ○　そのとおり（民法817条の2第1項）。実方との縁を切るのが、特別養子縁組の制度の目玉である。

**A 2** ✕　特別養子縁組は、家庭裁判所の審判の確定によってその効力が生じる。その届出は、報告的届出にすぎない。

**A 3** ✕　設問の場合であって、かつ、15歳に達するまでに申立てをすることができなかったことについてやむを得ない事由があるときは、特別養子となることができる（民法817条の5第2項）。

**A 4** ○　そのとおり（民法817条の5第1項後段）。特別養子となるためには、前問の申立て時点の年齢の要件のほか、成立時の年齢の要件も満たすことを要する。

**A 5** ✕　養子となる者の同意を要する（民法817条の5第3項）。

**A 6** ✕　本問のケースは、単独縁組が可能である（民法817条の3第2項）。

**A 7** ✕　夫婦の一方が25歳に達していても、他方が20歳に達していないときは養親となることができない（民法817条の4）。

**A 8** ✕　原則として養子となる者の父母の同意を要する（民法817条の6本文）。なお、父母が意思を表示できない場合や虐待などの事情があるときは、同意は不要である（同条ただし書）。

**A 9** ○　そのとおり（民法809条）。嫡出子の身分を取得する日に関して、特別養子の特則は存在しないため、普通養子の場合と同じ取扱いとなる。

**A 10** ○　特別養子の縁組と離縁は、いずれも家庭裁判所の審判により行う（民法817条の10参照）。

Q **11** 特別養子縁組の離縁は、養親、養子、実父母または検察官が請求すること
☐☐☐ ができる。

Q **12** 特別養子縁組の離縁が認められたときは、離縁の日から、養子と実父母お
☐☐☐ よびその血族との間の親族関係が回復する。

**A 11** ✕　特別養子縁組の離縁の請求権者は、養子、実父母または検察官である（民法817条の10）。養親は請求できない。

**A 12** ○　そのとおり（民法817条の11）。離縁の日から実方との親族関係が回復する。

**急|所** 縁組の取消しと取消権者

　縁組の取消しと取消権者を整理しよう。検察官が縁組の取消しを請求することができない点が急所である。以下、各号の場合に、①の者が、②の期間、縁組の取消しを家庭裁判所に請求することができる。

1　詐欺または強迫による縁組（民法808条１項、747条）
　①　請求権者　　詐欺または強迫により縁組をした者
　②　請求期間　　詐欺を発見し、強迫を免れてから６か月以内または追認するまで

2　養親が20歳未満の者である場合（民法804条）
　①　請求権者　　養親またはその法定代理人
　②　請求期間　　養親が20歳に達した後６か月以内または養親が追認するまで

3　尊属養子・年長者養子（民法805条）
　①　請求権者　　各当事者またはその親族
　②　請求期間　　定めナシ

4　後見人と被後見人の家庭裁判所の許可を得ずにした縁組（民法806条）
　①　請求権者　　養子またはその実方の親族
　②　請求期間　　管理の計算の終了後６か月以内または養子が追認するまで

5　配偶者の同意のない縁組（民法806条の2第1項）
　①　請求権者　　同意をしていない者
　②　請求期間　　縁組を知った後６か月以内または①の者が追認するまで

6　養子となる者の父母で子の監護をすべき者の同意がない場合（民法806条の3）
　①　請求権者　　同意をしていない者
　②　請求期間　　養子が15歳に達した後６か月以内または①の者、養子が追認するまで

7 養子となる者の父母で親権を停止されたものの同意がない場合（民法806条の3）

　① **請求権者**　　同意をしていない者
　② **請求期間**　　養子が15歳に達した後6か月以内または①の者、養子が追認するまで

8 養子が未成年者である場合の家庭裁判所の許可を得ずにした縁組（民法807条）

　① **請求権者**　　養子、その実方の親族または養子に代わって縁組の承諾をした者
　② **請求期間**　　養子が成年に達した後6か月以内または養子が追認するまで

9 上記の5〜7の同意が詐欺・強迫によるものであった場合（民法806条の2第2項、民法806条の3第2項）

　① **請求権者**　　詐欺・強迫により同意をした者
　② **請求期間**　　詐欺を発見し、強迫を免れた後6か月を経過したときまたは追認するまで

 **One Point◆ 配偶者のある者がする未成年者養子**

　縁組障害のうち、次の事案にご注意いただきたい。
　配偶者のある者が未成年者と縁組をするには、原則として、配偶者とともにしなければなりません（民法795条本文）。しかし、この規定に反する縁組は取消しをすることができません。なぜなら、その縁組は取り消すまでもなく無効であるためです。

# Chapter 5 親権、後見

## Section 1 親 権

### 1 親権全般

**Q 1** 親権を行う者は、善良な管理者の注意をもって、その管理権を行わなければならない。

**Q 2** 未成年後見人は、善良な管理者の注意をもって、被後見人の財産を管理しなければならない。

**Q 3** 家庭裁判所は、親権者の身上監護権のみを喪失させることはできない。

**Q 4** 家庭裁判所は、一定の者からの請求により、父または母の管理権喪失の審判をすることができる。

**Q 5** 父または母による親権の行使が困難または不適当であることにより、子の利益を害するときは、家庭裁判所は、子またはその親族等の請求により、子の父または母について親権喪失の審判をすることができる。

**Q 6** 検察官は、家庭裁判所に対し、子の父または母について親権喪失の審判を請求することができるが、親権停止の審判を請求することはできない。

**Q 7** 親権停止の期間は、2年を超えることができない。

**A 1** ✕ 　親権を行う者は、自己のためにするのと同一の注意をもって、その管理権を行わなければならない（民法827条）。善管注意義務は要求されていない。

---

**A 2** ○ 　そのとおり（民法869条、644条）。なお、成年後見人も同様に、財産管理につき善管注意義務を負う。

---

**A 3** ○ 　そのとおり。身上監護権のみの喪失という制度は存在しない。

---

**A 4** ○ 　そのとおり（民法835条）。親権のうち財産管理権のみを奪う制度である。前問と比較して学習しておこう。なお、請求権者は、子、その親族、未成年後見人、未成年後見監督人、検察官である。

---

**A 5** ✕ 　審判の要件が誤り。正しくは、親権の行使が「著しく」困難・不適当であることにより、子の利益を「著しく」害するとき、である（民法834条）。なお、設問の記述は、親権停止の審判の要件である（民法834条の2第1項）。双方をよく比較しておこう。

---

**A 6** ✕ 　検察官は、親権喪失の審判、親権停止の審判のいずれも請求することができる（民法834条、834条の2第1項参照）。なお、両審判の請求権者は共通であり、いずれも、「子、その親族、未成年後見人、未成年後見監督人、検察官」である。

---

**A 7** ○ 　そのとおり（民法834条の2第2項）。なお、親権喪失の審判は、2年以内にその原因が消滅する見込みがあるときはすることができないこととなっている。2年以内の消滅の見込みがあれば、親権停止の審判で足りると考えられるからである。

## ② 親権者

**Q 8** 父母の婚姻中は、父母が共同して未成年の子の親権を行う。

**Q 9** 未成年者である養子が養親と離縁したときは、実親の親権が回復する。

**Q 10** 未成年者である養子の養親が死亡したときは、実親の親権が回復する。

**Q 11** 非嫡出子の親権は母親が行うが、父が認知したときは、その子の親権は父母が共同して行う。

**Q 12** 婚姻をしていない未成年の女が子を出産したときは、未成年の母がその子の親権を行う。

**Q 13** 未成年の子がいる父母が協議上の離婚をするときは、その協議で、その一方を親権者と定めなければならない。

**Q 14** 子が出生する前に父母が離婚したときは、出生した子の親権は母が行うが、出生後に父母の協議によって父を親権者と定めることができる。

**Q 15** 離婚の際に父母の協議で親権者を父と定めた後、その協議によって親権者を母に変更することができる。

**Q 16** 離婚の際に父母の協議で父を監護者と定めた後、その協議によって、監護者を母に変更することができる。

**A 8** ◯　そのとおり。これを共同親権行使の原則という（民法818条3項本文）。

**A 9** ◯　そのとおり（民法811条2項参照）。

**A 10** ✕　実親の親権は回復せず、未成年後見が開始する。

**A 11** ✕　父が認知した場合、父母の協議で父を親権者と定めたときに限り、父がその子の親権を行う（民法819条4項）。共同親権となるのは、父母が婚姻中のハナシである。

**A 12** ✕　本問の場合、未成年の母の親権者または未成年後見人が代わってその子の親権を行う（民法833条、867条1項）。

**A 13** ◯　そのとおり（民法819条1項）。離婚後は単独親権となる。また、裁判上の離婚をしたときは、裁判所が親権者を指定する（同2項）。

> **One Point◆ 親権者の定めのない離婚届**
>
> 親権者の定めのない離婚届が誤って受理されたときは、例外的に、婚姻関係にない父母の共同親権となります（先例昭24.3.7-499）。この場合、協議または審判で一方を親権者と定めて、届け出ることになります。

**A 14** ◯　そのとおり（民法819条3項）。

**A 15** ✕　協議によって親権者を変更することはできない。なお、子の利益のため必要があると認めるときは、家庭裁判所は、子の親族の請求によって、親権者を他の一方に変更することができる（民法819条6項）。

**A 16** ◯　いったん定めた監護者を、当事者が自由に変更することができる。また、父母以外の者を監護者とすることもできる。

## ③ 親と子の利益相反

**Q 17** 　親権を行う父または母と、その親権に服する子の利益が相反する行為については、親権者は、家庭裁判所の許可を得なければならない。

**Q 18** 　父母の共同親権に服する子が所有する不動産を父が買い受けるときは、母のみが子を代理すれば足りる。

**Q 19** 　利益相反行為にあたるかどうかは、親権者の行為を外形的、客観的にみて判断すべきであり、親権者の動機や意図をもって判断すべきではない。

**Q 20** 　親権者を債務者として、未成年の子の不動産に抵当権を設定する行為は、借り入れた金銭を未成年者の養育費に充てる意図であったとしても、利益相反行為となる。

**Q 21** 　第三者の債務につき、親権者が自ら連帯保証人となり、さらに子を代理して連帯保証契約を締結し、不動産に抵当権を設定する行為は、利益相反行為にあたる。

**Q 22** 　親権者が共同相続人である子を代理して遺産分割協議をすることは、利益相反行為にあたる。

**Q 23** 　親権者が、その親権に服する子に負担のない贈与をすることは、利益相反行為にあたる。

**Q 24** 　親権者が子を代理して相続放棄をすることは、親権者自らが相続放棄をした後、または子と同時にするときであっても、利益相反行為にあたる。

**Q 25** 　親と子の利益相反行為にあたるにもかかわらず、特別代理人を選任することなく親権者が子を代理して行った行為は無効であり、成人した子がこれを追認することができない。

----

**A 17** ✗ 　親権者とその子の利益相反行為については、親権者は、その子のために特別代理人の選任を家庭裁判所に請求しなければならない（民法826条1項）。家庭裁判所の許可を要するわけではない。

----

**A 18** ✗ 　母と特別代理人が子を代理する（最判昭35.2.25）。親権は共同行使を原則とするのであり、利益相反のない母の単独親権となるのではない。

----

**A 19** ○ 　そのとおり（最判昭42.4.18）。これを外形標準説といい、取引の安全を優先する考え方である。

----

**A 20** ○ 　行為の外形からみて利益相反行為にあたる（最判昭37.10.2）。親の内心がその行為の有効・無効に影響を与えるとすると取引の安全を害することとなるため、行為の外形のみによって利益相反行為にあたるかどうかを判断するのである。

----

**A 21** ○ 　そのとおり。本事例は親子間の間接取引であり、親権者は子を代理できない（最判昭43.10.8）。将来、親子の間に共同保証人間の求償関係を生じうるからである。

----

**A 22** ○ 　そのとおり（最判昭48.4.24）。たとえ、親権者が遺産の分配を一切受けないことを内容とするものであっても、その行為の外形からみて利益相反行為にあたる。

----

**A 23** ✗ 　負担のない贈与をすることは、利益相反行為にはあたらない（大判昭6.11.24）。子にとって利益でしかないからである。

----

**A 24** ✗ 　親権者自ら相続放棄をするときは、利益相反行為にあたらない（最判昭53.2.24参照）。

----

**A 25** ✗ 　最後の一文が誤り。本事例の親権者の行為は、無権代理行為となるので、子が成年に達した後に追認したときは、その行為はさかのぼって有効となる（民法108条2項本文、大判昭11.8.7）。

# ④ 親権その他

**Q 26** 　父母が共同して親権を行う場合、父の意思に反して、母が共同の名義で子
□□□　に代わって売買契約をしたときでも、相手方の善意・悪意を問わず、その売
買は有効となる。

-------------------------------------------------------------

**A 26** ✗ 　善意・悪意を問わずの部分が誤りである。相手方が善意の場合に、売買が有効となる（民法825条）。

# Section 2 後 見

**Q 1** 未成年後見人および未成年後見監督人の指定は、遺言でのみ行うことができる。

**Q 2** 成年後見人の数は1名であることを要しないが、未成年後見人の数は1名でなければならない。

**Q 3** 法人は後見人となることができない。

**Q 4** 後見人は、正当な事由があるときは、家庭裁判所の許可を得て辞任することができる。

**Q 5** 親権を行う父または母は、正当な事由があるときは、家庭裁判所の許可を得て、親権または管理権を辞することができる。

**Q 6** 未成年者は後見人となることができないが、破産者は後見人となることができる。

**Q 7** 家庭裁判所から免ぜられた法定代理人、保佐人または補助人は、後見人となることができない。

**Q 8** 家庭裁判所は、後見人及び被後見人の資力その他の事情によって、被後見人の財産の中から相当な報酬を後見人に与えなければならない。

**Q 9** 後見人と被後見人との利益が相反する行為については、後見人は、後見監督人があるときでも、被後見人のために家庭裁判所に特別代理人の選任を請求しなければならない。

**Q 10** 成年後見人が、成年被後見人に代わって、その居住の用に供する建物を売却するときは、家庭裁判所の許可を得なければならない。

**A 1** ○ そのとおり（民法839条1項、848条）。いずれも、遺言でのみすることができる。

**A 2** ✕ 後見人の数に制限はなく、成年後見、未成年後見のいずれも複数後見が可能である（民法840条2項、843条3項）。

**A 3** ✕ 成年後見、未成年後見のいずれも法人を後見人とすることができる（民法840条3項、843条4項）。

**A 4** ○ そのとおり（民法844条）。家庭裁判所の許可を要する点に注意しておこう。

**A 5** ✕ 親権を行う父または母は、やむを得ない事由があるときは、家庭裁判所の許可を得て、親権または管理権を辞することができる（民法837条1項）。

**A 6** ✕ 後半が誤り。破産者も、後見人となることができない（民法847条1号、3号）。

**A 7** ○ そのとおり。たとえば、親権喪失の審判を受けた親権者、家庭裁判所から解任された成年後見人や保佐人、補助人などがその例である（民法847条2号）。

**A 8** ✕ 最後の記述が誤り。後見人は無報酬が原則であり、家庭裁判所は、被後見人の財産の中から相当な報酬を後見人に与えることができる（民法862条）。

**A 9** ✕ 後見監督人があるときは、家庭裁判所に特別代理人の選任を請求することを要しない（民法860条ただし書）。この場合、後見監督人が、被後見人を代理する。

**A 10** ○ そのとおり（民法859条の3）。居住用の建物またはその敷地についての処分（売却、賃貸、賃貸借の解除、抵当権の設定等）には、家庭裁判所の許可を要する。

Part **5**-2

# 相　続

# Chapter 1 | 相続人

## Section 1　相続人の範囲と相続分

### 1　相続人

**Q 1**　被相続人の死亡以前に死亡した者は、相続人となることができない。

**Q 2**　被相続人の配偶者は常に相続人となり、他に相続人がいるときは、配偶者はその者と同順位となる。

### 2　配偶者と子の相続分、代襲相続

**Q 3**　被相続人には妻のAと嫡出子のB、C、認知した非嫡出子のDがいる場合の相続人は、A、B、CおよびDであり、それぞれの相続分は、Aが10分の5、BおよびCが各10分の2、Dが10分の1である。

**Q 4**　被相続人の子が相続の開始以前に死亡したとき、相続の放棄をしたとき、欠格事由に該当したとき、廃除によって相続権を失ったときは、その者の子が代襲して相続人となる。

**Q 5**　被相続人Aとその子Bが同時に死亡したものと推定される場合、Bに子のCがいるときは、CがBを代襲してAの相続人となる。

**Q 6**　被相続人に、妻のA、子のBとCがいるが、Cはすでに死亡しており、Cには、妻のD、子のEとFがいる。この場合、相続人はA、B、E、Fであり、それぞれの相続分は、Aが8分の4、Bが8分の2、EおよびFが各8分の1である。

**Q 7**　被相続人Aの相続開始以前に子のBおよびBの子Cが死亡している場合、Cに子のDがいるときでも、DはBとCを代襲してAの相続人となることはできない。

**A 1** ◯  これを、相続人同時存在の原則という。

**A 2** ◯  そのとおり（民法890条）。

**A 3** ✗  相続分は、Aが6分の3、BCDが各6分の1となる（民法900条1号、3号本文）。嫡出子と非嫡出子の相続分は異ならない。ついでにいうと、実子と養子の相続分も異ならない。

**A 4** ✗  相続放棄をした者の子は代襲相続人となることができない（民法887条2項参照）。相続放棄をした者は、その相続に関しては、初めから相続人とならなかったものとみなされるからである（民法939条）。なお、それ以外の記述は正しい。

**A 5** ◯  同時死亡の推定がはたらくケースも、代襲相続が発生する（民法32条の2、887条2項）。

**A 6** ◯  そのとおり。代襲相続人の相続分は、被代襲者（本問のC）が受けるべきだった相続分と同じである。そして、Cの取り分をCの子E、Fが分け合う（民法901条1項、900条4号）。

**A 7** ✗  いわゆる再代襲の事案である。DがBとCを代襲してAの相続人となる（民法887条3項）。

**Q 8** 被相続人Aの推定相続人が兄のBであったが、Aの死亡以前にBおよびB
□□□ の子Cが死亡したときは、Cの子DがAを相続する。

## ③ 配偶者と直系尊属、兄弟姉妹の相続分

**Q 9** 被相続人Aに、妻のBがいるが子はいない。また、Aには、実親のXとY、
□□□ 祖母のZがいるが、XはAよりも先に死亡している。Aの相続人は、B、Y
およびZである。

**Q 10** 配偶者と兄弟姉妹が相続人であるときの相続分は、配偶者が4分の3、兄
□□□ 弟姉妹が4分の1である。

**Q 11** 被相続人と父母の一方のみを同じくする兄と、父母の双方を同じくする妹
□□□ の相続分は、異ならない。

## ④ 相続分の応用問題

**Q 12** 相続人の中に代襲相続人としての地位と、養子である嫡出子としての地位
□□□ を有する者がいるときは、その者は、代襲相続人および嫡出子としての相続
分を取得する。

**A 8** ✗ DはCを再代襲しない（民法889条2項、887条2項参照）。兄弟姉妹の相続のケースで代襲相続人となることができるのは、甥姪の代までである（本問ではCまで）。

**A 9** ✗ Aの相続人は、BおよびYである（民法889条1項1号ただし書）。直系尊属が相続人の場合で、親等が異なる者がいるときは、親等の近い者のみが相続人となる。

> **One Point ◆ 相続分**
>
> 配偶者と直系尊属が相続人であるときの相続分は、配偶者が3分の2、直系尊属が3分の1です（民法900条2号）。したがって、本問では、妻のBの相続分が3分の2、親のYが3分の1となります。

**A 10** ○ そのとおり（民法900条3号）。

**A 11** ✗ 父母の一方のみを同じくする兄弟姉妹の相続分は、父母の双方を同じくする兄弟姉妹の相続分の2分の1である（民法900条4号ただし書）。

> **One Point ◆ 具体例**
>
> 被相続人Aの相続人が、妻のB、Aと両親を同じくする兄弟姉妹のCと、父母の一方のみを同じくする兄弟姉妹のDであるとしましょう。この場合、それぞれの相続分は、Bが12分の9、Cが12分の2、Dが12分の1となります。

**A 12** ○ 孫を養子としているケースである。養子となった孫は、二重の資格での相続分を取得する（先例昭26.9.18-1881）。この場合、孫には跡取りの意味合いがあるので、保護が厚くなっているのである。

Part
5-2

相

続

Q **13**　被相続人が養子であり、その配偶者が養方の妹の地位も有しているときは、その者は、配偶者の相続分に加えて妹としての相続分を取得する。

Q **14**　被相続人は遺言で共同相続人の相続分を定め、または、これを定めることを第三者に委託することができる。

## ⑤ 相続人の不存在

Q **15**　相続人のあることが明らかでないときは、相続財産は、法人となる。

Q **16**　被相続人の特別縁故者は、相続人の不存在が確定してから6か月以内に、家庭裁判所に対して相続財産の分与を請求することができる。

Q **17**　相続人なくして死亡した者の抵当権者は、その仮登記がなくても、相続財産法人に対して抵当権設定登記手続を請求することができる。

## ⑥ 相続回復請求権

Q **18**　相続回復請求権は、相続人またはその法定代理人が相続権を侵害された事実を知った時から5年間行使しないとき、または、相続開始の時から20年を経過したときは、時効によって消滅する。

Q **19**　共同相続人の1人が他の相続人の相続権を侵害している場合、その者が他に相続人がいることを知っているときは、他の相続人からの侵害の排除の請求に対して、相続回復請求権の消滅時効を援用することができない。

Q **20**　共同相続人の1人が、他の共同相続人に対して相続回復請求権の消滅時効を援用することができないときであっても、その者から不動産を譲り受けた第三者は、その消滅時効を援用することができる。

**A 13** ✗ 　配偶者としての相続分のみを取得する（先例昭23.8.9-2371）。民法は、もともと配偶者の相続分を多めに設定しているので、配偶者は、二重の資格での相続分を取得することができない。

**A 14** ○ 　そのとおり（民法902条1項本文）。なお、相続分の指定があるときは、指定相続分が優先する

**A 15** ○ 　そのとおり（民法951条）。

> 🐕 **One Point◆ 相続人不存在と不動産登記法**
> 　相続人不存在のときは、被相続人の財産は「亡Ａ相続財産」という相続財産法人となります。これは、不動産登記法で重要な知識となります。

**A 16** ✗ 　特別縁故者への財産分与の申立期間は、相続人の不存在が確定してから3か月以内である（民法958条の2第2項）。

**A 17** ✗ 　請求することはできない（最判平11.1.21）。このため、仮登記すらない未登記の抵当権者は、優先権を主張することができず、他の一般債権者と同じく、債権者平等の原則により弁済を受けることとなる。

**A 18** ○ 　そのとおり（民法884条）。

**A 19** ○ 　そのとおり（最大判昭53.12.20）。故意に他の相続人の相続分を侵害した者は、相続回復請求権の消滅時効を援用することができない。

**A 20** ✗ 　本問の第三者も、消滅時効を援用することができない（最判平7.12.5）。

# Section 2 相続欠格と廃除

## ① 相続欠格

**Q 1** 相続欠格にあたる者は、法律上当然に相続権を失う。

**Q 2** いったん相続欠格にあたった者は、他の相続事件における相続権も絶対的に失う。

**Q 3** 故意に被相続人または相続について先順位、同順位にある者を死亡するに至らせたために刑に処せられた者は、相続人となることができない。

**Q 4** 婚姻中の父母のうち父を殺害したために刑に処せられた子は、父を相続することはできないが、母を相続することはできる。

**Q 5** 被相続人が殺害されたことを知りながら告発または告訴しなかった者でも、殺害者が自己の兄であったときは、相続欠格にあたらない。

**Q 6** 被相続人の遺言書が押印を欠くために無効であるときに、被相続人の意思を実現する目的でその法形式を整えるため遺言書を偽造または変造した相続人は、相続欠格にあたらない。

**Q 7** 相続人が被相続人の遺言書を破棄したときは、その行為が相続に関して不当な利益を得ることを目的とするものでなかったとしても、その相続人は相続欠格にあたる。

## ② 廃除

**Q 8** 遺留分を有しない相続人を廃除することはできない。

**Q 9** 推定相続人の廃除は、家庭裁判所の審判の確定によりその効力が生じる。

----

**A 1** ◯　そのとおり。

----

**A 2** ✕　相続欠格は、該当者の相続権を絶対的に奪う制度ではない。ある者が相続欠格にあたるかどうかは、それぞれの相続事件ごとに個別に判断する。

----

**A 3** ◯　そのとおり（民法891条1号）。刑に処せられることにより欠格事由に該当する。

----

**A 4** ✕　子は、母を相続することもできない（民法891条1号）。父は、**母の相続について子と同順位である**ためである。

----

**A 5** ✕　告発または告訴を要しないのは、殺害者が自己の配偶者もしくは直系血族であったときである（民法891条2号ただし書）。

----

**A 6** ◯　そのとおり（最判昭56.4.3）。偽造や変造の意図が、自己の不正な利益を図ることなく、遺言者の意思を実現させるためであったときは、相続欠格にあたらない。

----

**A 7** ✕　不当な利益を目的としていないので、その相続人は、相続欠格にあたらない（最判平9.1.28）。

----

**A 8** ◯　廃除は推定相続人の遺留分を奪う制度だから、その対象は、遺留分を有する相続人（配偶者、子、直系尊属）のみである（民法892条参照）。

----

**A 9** ◯　そのとおり。相続欠格の事由にあたると、その者が当然に相続資格を失うことと比較しておこう。

**Q 10** 推定相続人の廃除は、遺言によってもすることができる。

**Q 11** 被相続人は、推定相続人を廃除したときでも、いつでも廃除の取消しを家庭裁判所に請求することができる。

**Q 12** 被相続人は、廃除した推定相続人に対して遺贈をすることはできない。

**Q 13** 相続欠格者は、被相続人から遺贈を受けることができない。

**A 10** ○ そのとおり。その後、遺言執行者が遅滞なく家庭裁判所に廃除を請求するという段取りとなる（民法893条）。

---

**A 11** ○ そのとおり（民法894条1項）。なお、廃除の取消しも、遺言によってすることができる（民法894条2項、893条）。

---

**A 12** ✕ 廃除をした者に遺贈することができる。

---

**A 13** ○ そのとおり（民法965条）。

Part
5-2

相

続

# Chapter 1

# 相続人

相続人

1 配偶者

被相続人の配偶者は、常に相続人となる（民法890条）。

また、配偶者は、血族相続人と同順位となる。

2 血族相続人

① 第1順位の相続人（民法887条1項）

被相続人の子

 **One Point◆ 代襲相続**

被相続人の子が、①相続開始以前に死亡したとき、②相続欠格事由に該当して相続権を失ったとき、③廃除によって相続権を失ったときは、その者の子（被相続人の孫）が代襲相続人となります（民法887条2項）。さらに、再代襲もあります（同条3項）。

② 第2順位の相続人（民法889条1項1号）

被相続人の直系尊属

なお、親等の異なる直系尊属の間では、親等の近い者が先順位となる。

③ 第3順位の相続人（民法889条1項2号）

被相続人の兄弟姉妹

 **One Point◆ 兄弟姉妹と代襲相続**

代襲相続の民法887条2項の規定は、兄弟姉妹にも準用があります（民法889条2項）。したがって、被相続人の死亡以前に、その兄弟姉妹が死亡していたときは、兄弟姉妹の子（甥、姪）が代襲相続人となります。ただし、再代襲に係る民法887条3項の規定の準用はない（甥・姪の子が甥・姪を代襲して相続人となることはない。）ことに注意を要します。

### 法定相続分

法定相続分の基本を整理しよう。子、直系尊属、兄弟姉妹が数人あるときは、各自の相続分は相等しいものとなる。ただし、父母の一方のみを同じくする兄弟姉妹の相続分は、父母の双方を同じくする兄弟姉妹の相続分の2分の1となる（民法900条4号）。

1　子および配偶者が相続人であるとき（民法900条1号）
　　子の相続分　　　　　　2分の1
　　配偶者の相続分　　　　2分の1

2　配偶者および直系尊属が相続人であるとき（民法900条2号）
　　配偶者の相続分　　　　3分の2
　　直系尊属の相続分　　　3分の1

3　配偶者および兄弟姉妹が相続人であるとき（民法900条3号）
　　配偶者の相続分　　　　4分の3
　　兄弟姉妹の相続分　　　4分の1

**One Point◆ 代襲相続人の相続分**

　代襲相続人の相続分は、被代襲者が受けるべきだった相続分と同じとなります（民法901条1項）。たとえば、被相続人Aに、妻のB、子のC、Dがいたが、Cがすでに死亡しており、Cには子のE及びFがいるとしましょう。この場合、E及びFが受けるべき相続分は、Cの相続分である4分の1となり、これを分け合うE及びFの相続分は各々8分の1となります。

Part
5-2

相

続

# Chapter 2 | 相続の放棄、承認

## Section 1　相続の放棄

### 1　相続の承認、放棄全般

**Q 1**　相続人は、自己のために相続の開始があったことを知った時から3か月以内に、相続について単純承認、限定承認または放棄をしなければならない。

**Q 2**　第一の相続人が承認または放棄をしないで死亡したときは、第二の相続人は、自己のために相続の開始があったことを知った時から3か月以内に第一の相続の承認または放棄をすることができる。

**Q 3**　第一の相続人が承認または放棄をしないで死亡した場合、第二の相続人は、第二の相続を放棄した後、第一の相続を承認または放棄することができる。

**Q 4**　相続財産が全く存在しないと信じていたことにつき相続人に相当な理由があるときは、相続の承認または放棄の熟慮期間は、相続財産の全部または一部の存在を認識した時、または、通常認識することができる時から起算する。

**Q 5**　相続の承認及び放棄は、熟慮期間内であれば、撤回することができる。

**Q 6**　Aの相続の放棄の意思表示が錯誤によるものであった場合でも、Aは、相続の放棄を取り消すことができない。

**Q 7**　相続の承認または放棄の取消権は、追認をすることができる時から1年間行使しないとき、もしくは、相続の承認または放棄の時から10年を経過したときは、時効によって消滅する。

### 2　相続の放棄

**Q 8**　相続の放棄は、家庭裁判所に対する申述によってする。

**A 1** ◯ 　そのとおり（民法915条1項本文）。この3か月の期間のことを、一般に、熟慮期間という。

---

**A 2** ◯ 　そのとおり。本問は、数次相続の事案である。この場合の熟慮期間は、第一の相続、第二の相続ともに、第二の相続人が自己のために相続の開始があったことを知ってから3か月である（民法916条）。

---

**A 3** ✕ 　第一の相続の承認、放棄のいずれもすることができない。先に第二の相続を放棄した時点で、第一の相続における相続人の承継者としての地位を失うからである。

---

**A 4** ◯ 　そのとおり（最判昭59.4.27）。

---

**A 5** ✕ 　熟慮期間内においても、撤回は認められない（民法919条1項）。

---

**A 6** ✕ 　総則編の規定により、取消しができる（民法919条2項、95条）。また、錯誤のほか、行為能力の制限や、詐欺・強迫によるものであるときも、取消しができる。

---

**A 7** ✕ 　前半の記述の「1年間」の部分が誤り。正しくは、追認をすることができる時から6か月間である（民法919条3項）。なお、後半の記述は正しい。

---

**A 8** ◯ 　そのとおり（民法938条）。なお、相続放棄の取消しも、家庭裁判所に対する申述によってする（民法919条4項）。

**Q 9** 相続放棄をした者は、その相続に関しては、初めから相続人とならなかったものとみなされる。

**Q 10** 相続の開始前でも、家庭裁判所の許可を得たときに限り、相続の放棄をすることができる。

**Q 11** 相続の開始前に、家庭裁判所の許可を得て、遺留分を放棄することができる。

**A 9** ◯    そのとおり（民法939条）。

リンク **Chapter 1 Section 1 Q 4**

**A 10** ✕    相続の開始前に、相続の放棄をすることはできない。

**A 11** ◯    そのとおり。相続の開始前に遺留分を放棄することは可能である（民法1049条1項）。

Part 5-2

相

続

# Section **2**　相続の単純承認、限定承認

## **1** 限定承認

**Q 1**　相続人は、限定承認をしようとするときは、熟慮期間内に相続財産の目録
□□□ を家庭裁判所に提出して、限定承認をする旨を申述しなければならない。

**Q 2**　相続人が数人あるときは、限定承認は、共同相続人の一部の者からするこ
□□□ とができる。

**Q 3**　共同相続人の1人が相続の放棄をしたときは、他の共同相続人の全員が共
□□□ 同して限定承認をすることができる。

## **2** 単純承認

**Q 4**　相続人が熟慮期間内に限定承認または相続の放棄をしなかったときは、単
□□□ 純承認をしたものとみなされる。

**Q 5**　相続人が、相続財産の全部または一部を処分したときは単純承認をしたも
□□□ のとみなされる。

**Q 6**　相続人が、相続財産である不動産を不法に占拠している者に対して明渡し
□□□ を求めたときは、単純承認したものとみなされる。

**Q 7**　相続人が、相続財産である甲動産を6か月の約定で賃貸したときは、その
□□□ 者は相続の放棄をすることができない。

**Q 8**　Aが相続放棄をしたことにより相続人となったBが相続を承認した後でも、
□□□ Aが相続財産の一部を私に消費したときは、Aは単純承認をしたものとみな
される。

**A 1** ○ そのとおり（民法924条）。なお、単純承認または放棄をするとき
は、相続財産目録の作成を要しない。

**A 2** ✕ 相続人が数人あるときは、限定承認は、共同相続人の全員が共同
してしなければならない（民法923条）。

**A 3** ○ 相続の放棄をした者は相続人ではないので、他の相続人全員が共
同して限定承認をすることができる。

**A 4** ○ そのとおり（民法921条2号）。世の中の相続事件の大半は、この
民法921条2号の規定により単純承認をしたものとみなされる結果と
なっている。

**A 5** ○ そのとおり（民法921条1号）。なお、民法921条1号の「処分」と
いうためには、相続人が自己のために相続が開始したことを知り、
または、確実に予想しながら相続財産を処分することを要する（最
判昭42.4.27）。

**A 6** ✕ 不法占拠者への明渡請求は、相続した不動産の保存行為にすぎず、
相続人が、保存行為をしても、単純承認したものとみなされること
はない。

**A 7** ✕ 相続放棄をすることができる。前問の保存行為のほか、相続人が、
民法602条に定める期間を超えない賃貸借（短期賃貸借）をしたと
きも、単純承認とはみなされない（民法921条1号ただし書）。

**A 8** ✕ Bが相続を承認しているため、Aは単純承認をしたものとみなさ
れない（民法921条3号ただし書）。相続債権者に迷惑がかかること
を防止する趣旨である。なお、「私に消費」とは、相続財産の単なる
処分ではなく、債権者を害することを知りながら相続財産を消費す
るという意味である。

Part
5-2

相

続

517

# Chapter 3 | 相続財産

## 1 相続財産の中身

**Q 1** 相続人は、被相続人の一身に専属したものを除いて、相続開始の時から、被相続人の財産に属した一切の権利義務を承継する。

**Q 2** 生命保険金の受取人を「相続人」と指定しているときは、その生命保険金は相続財産となる。

**Q 3** 死亡退職金の受給権者につき、民法が規定する相続の順位と異なる定め方をしている場合、その受給権は相続財産に属さず、遺族が自らの固有の権利としてこれを取得する。

## 2 一身専属権

**Q 4** 生活保護の受給権は、相続の対象とならない。

**Q 5** 被害者が交通事故により死亡した場合、その精神的苦痛の慰謝料請求権は、被害者が生前に請求の意思を表明していない限り、相続の対象とならない。

**Q 6** 被害者が即死した場合でも、不法行為による財産的損害の損害賠償請求権は、相続の対象となる。

**Q 7** 占有権は、相続人に承継されない。

**A 1** ◯　そのとおり（民法896条）。

---

**A 2** ✕　その生命保険金は、契約の効力の発生と同時に相続人の固有財産となる（最判昭40.2.2）。

---

**A 3** ◯　そのとおり（最判昭55.11.27）。たとえば、配偶者（内縁の妻を含む）を第1順位として支払うというような内規があれば、その規定に従い（内縁の）妻の固有財産となる。

---

**A 4** ◯　そのとおり。生活保護の受給権は一身専属権であり、相続の対象ではない（最大判昭42.5.24）。

---

**A 5** ✕　被害者が生前に慰謝料請求の意思を表明しなくても、慰謝料請求権は、当然に相続の対象となる（最大判昭42.11.1）。痛いとか苦しいという精神的苦痛は死者に専属するが、これによって生じる慰謝料請求権は金銭債権であるから、相続の対象となるのである。

---

**A 6** ◯　即死の事案では、被害者本人に損害賠償請求権が生じるヒマがなかったのではないかという問題があるが、この場合でも、被害者に逸失利益などの財産的損害が生じ、これが相続の対象となる（大判大15.2.16）。

---

**A 7** ✕　占有権も相続の対象となり、被相続人の死亡と同時に、相続人に承継される（最判昭44.10.30）。

## Section **1** 寄与分、特別受益

### **1** 寄与分

**Q 1** 妻の日常の家事労働は、特別の寄与にあたらない。

**Q 2** 内縁の配偶者にも、寄与分が認められる。

**Q 3** 寄与分は遺贈に優先する。

### **2** 特別受益

**Q 4** 共同相続人中に特別受益者がいるときは、被相続人が相続開始の時において有した財産の価額にその贈与と遺贈の価額を加えたものを相続財産とみなし、法定相続分の規定により算定した相続分の中から、その遺贈または贈与の価額を控除した残額をもって、特別受益者の相続分とする。

**Q 5** 特別受益者が受けた遺贈または贈与の価額が、相続分の価額を超えるときは、その者は、相続分を超える分の額を返還しなければならない。

**Q 6** 被相続人Aは、生前、妻のBに対し、その居住の用に供する建物と敷地を贈与した。AとBの婚姻期間が20年以上である場合、Aは、その贈与について、特別受益財産の持戻しの免除の意思表示をしたものとみなされる。

**A 1** ○  そのとおり。妻の日常の家事は、通常の寄与であり、特別の寄与とはいえない。

---

**A 2** ✕  寄与分が認められるのは、相続人のみである（民法904条の2参照）。

---

**A 3** ✕  **遺贈**が寄与分に優先する。寄与分は、被相続人が相続開始の時において有した財産の価額から遺贈の価額を控除した残額を超えることができない（民法904条の2第3項）。

---

**A 4** ✕  前半の記述のうち「その贈与と遺贈の価額を加えたものを相続財産とみなし」の部分が誤り。相続財産の価額に加えるのは、**贈与の価額**である（民法903条1項）。遺贈の価額は加えない。

---

**A 5** ✕  本問の特別受益者は、相続分を受けることができないにとどまり、超過分返還を要しない。つまり、もらいすぎた分は、もらいっぱなしでかまわないのである。

---

**A 6** ✕  みなされるのではなく、「推定される」が正しい（民法903条4項、1項）。婚姻期間が20年以上の夫婦の一方である被相続人が、他方に、居住用不動産（建物または敷地）を遺贈、または贈与したときは、その遺贈・贈与については、特別受益財産の持戻しの免除の意思表示をしたものと推定される。Aの死亡後、残された配偶者Bの生活を保障する趣旨の規定であり、これにより、Bは、居住用不動産の貰い得となる。

**Q 7** 特別受益にあたる贈与の目的財産が、受贈者の行為によって滅失し、または、その価額の増減があったときは、相続開始の時においてなお原状のままであるものとみなして、贈与の価額を定める。

**A 7** ◯ 　そのとおり（民法904条）。相続開始の時において、なお原状のま
　　　　　　ま、つまり壊れていないものとみなして贈与の価額を定める。滅失
　　　　　　が、受贈者の行為によるものであるときは、きちんと責任をとらせ
　　　　　　る趣旨である。

---

 **One Point ◆ 遺産分割と具体的相続分**

　相続開始の時から10年を経過した後に遺産分割をするときは、相続人は、
原則として、特別受益や寄与分を含めた具体的相続分を主張することができ
ません（民法904条の3本文）。したがって、これ以降は、法定相続分に基
づいて遺産分割をすることとなり、家庭裁判所での手続などがスムーズとな
ります。なお、この例外については、物権編で学習済みです。リンク先に戻
って振り返っておきましょう。

---

**リンク** ➡ Part 2 Chapter 4 Section 2 **Q** 6、7

Part
5-2

相

続

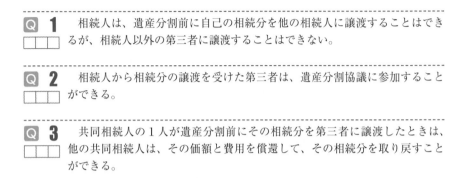

## Section 2 相続分の譲渡

---

**Q 1** 相続人は、遺産分割前に自己の相続分を他の相続人に譲渡することはできるが、相続人以外の第三者に譲渡することはできない。

---

**Q 2** 相続人から相続分の譲渡を受けた第三者は、遺産分割協議に参加することができる。

---

**Q 3** 共同相続人の1人が遺産分割前にその相続分を第三者に譲渡したときは、他の共同相続人は、その価額と費用を償還して、その相続分を取り戻すことができる。

**A 1** ✗ 　相続人以外の第三者にも、相続分を譲渡することができる。

-----

**A 2** ○ 　そのとおり。相続分の譲渡は、相続人としての地位の譲渡であるから、譲受人は相続人と同じ地位を有することとなる。

-----

**A 3** ○ 　前問で述べたように、第三者への相続分の譲渡により、他の共同相続人は、アカの他人との遺産分割協議を余儀なくされる。そこで、その共同相続人の便宜のため、民法は本問の取戻権の規定を置いたのである（民法905条1項）。

# Section **3** 特別寄与料

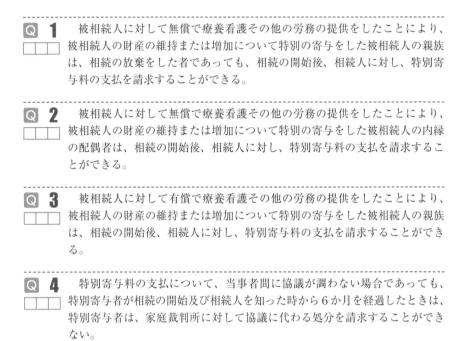

**Q 1**
被相続人に対して無償で療養看護その他の労務の提供をしたことにより、被相続人の財産の維持または増加について特別の寄与をした被相続人の親族は、相続の放棄をした者であっても、相続の開始後、相続人に対し、特別寄与料の支払を請求することができる。

**Q 2**
被相続人に対して無償で療養看護その他の労務の提供をしたことにより、被相続人の財産の維持または増加について特別の寄与をした被相続人の内縁の配偶者は、相続の開始後、相続人に対し、特別寄与料の支払を請求することができる。

**Q 3**
被相続人に対して有償で療養看護その他の労務の提供をしたことにより、被相続人の財産の維持または増加について特別の寄与をした被相続人の親族は、相続の開始後、相続人に対し、特別寄与料の支払を請求することができる。

**Q 4**
特別寄与料の支払について、当事者間に協議が調わない場合であっても、特別寄与者が相続の開始及び相続人を知った時から6か月を経過したときは、特別寄与者は、家庭裁判所に対して協議に代わる処分を請求することができない。

**A 1** ✗　相続放棄をした者は、特別寄与料の支払を請求することはできない（民法1050条1項カッコ書）。相続放棄をした者のほか、相続欠格者、廃除された者も、請求できない。また、相続人も請求できない（相続人は、寄与分を請求すべきであるため）。

**A 2** ✗　被相続人の親族以外の者も、特別寄与料を請求することができない（民法1050条1項）。

**A 3** ✗　特別の寄与は、無償であったことを要する（民法1050条1項）。

**A 4** ○　そのとおり（民法1050条2項ただし書）。このほか、相続開始の時から1年を経過したときも同様である。

# Chapter 5 遺産分割

## 1 遺産分割の性質、効力

**Q 1** ☐☐☐ 共同相続人は、遺言で禁止されている場合を除き、いつでも、その協議で、遺産の全部の分割をすることができるが、一部の分割をすることはできない。

**Q 2** ☐☐☐ 共同相続人のうちの一部の者を除外して遺産分割協議をしても、その協議は無効である。

**Q 3** ☐☐☐ 特定の不動産を特定の相続人に「相続させる」旨の遺言があったときは、その相続人は、登記をしなければ、法定相続分を超える部分の所有権の取得を第三者に対抗することができない。

**Q 4** ☐☐☐ 遺産分割は、その協議または審判が成立した時から、その効力を生じる。

**A 1**  ✗  全部はもちろんのこと、一部の分割をすることもできる（民法907条1項）。

**A 2**  ◯  そのとおり。遺産分割は、相続人の全員で行うことを要する。たとえば、相続人の中に不在者がいるときでも、その者を除外して遺産分割協議をすることはできない。

> 🐕 **One Point ◆ 裁判所の許可**
>
> 不在者の財産管理人が遺産分割協議に参加するときは、家庭裁判所の許可を要します。この点は不動産登記法で重要となるので、頭に入れておきましょう。

**A 3**  ◯  そのとおり。法定相続分を超える部分については、登記をしなければ、これを第三者に対抗することができない（民法899条の2第1項）。

> 🐕 **One Point ◆ 特定財産承継遺言**
>
> 本問の相続させる遺言のように、遺産の分割の方法の指定として、遺産に属する特定の財産を共同相続人の1人または数人に承継させる旨の遺言のことを「特定財産承継遺言」といいます（民法1014条2項）。

**リンク** ▶ Part 2 Chapter 1 Section 2 ©️ 17

**Part 5-2**

**相 続**

**A 4**  ✗  遺産の分割は、**相続開始の時にさかのぼってその効力を生じる**（民法909条本文）。

> 🐕 **One Point ◆ 遺産分割協議と解除**
>
> すでに学習済みですが、共同相続人間で成立した遺産分割協議を債務不履行を理由として解除することはできません（最判平1.2.9）。一方、合意解除することはできます（最判平2.9.27）。改めて振り返っておきましょう。

**リンク** ▶ Part 2 Chapter 3 Section 2 ©️ 7、8

## ② 遺産分割の禁止その他

**Q 5** 　被相続人は、遺言で、相続開始の時から5年を超えない期間を定めて、遺産の分割を禁止することができる。

**Q 6** 　遺産分割の請求を受けた家庭裁判所は、特別の事由があるときは、期間を定めることなく、遺産の全部または一部の分割を禁止することができる。

**Q 7** 　家庭裁判所が期間を定めて遺産分割を禁止したときは、その期間を更新することができない。

**Q 8** 　共同相続人は、期間を10年と定めて、遺産の全部または一部について、その分割をしない旨の契約をすることができる。

**Q 9** 　遺産分割前に共同相続人の1人から相続財産中の特定の不動産の持分を譲り受けた第三者が、その共有関係を解消するためには、共同相続人に対して遺産分割の請求をすべきである。

**Q 10** 　被相続人が有していた普通預金債権は、相続開始と同時に共同相続人の相続分に応じて当然に分割されるため、遺産分割の対象とならない。

**Q 11** 　相続人は、遺産分割前でも、相続財産である現金を保管している他の相続人に対して、自己の相続分に相当する額の支払を求めることができる。

**A 5** ◯ そのとおり。期間は最長で5年である（民法908条1項）。

---

**A 6** ✕ 　期間を定めることなく、とする点が誤り。裁判所は、遺産分割を禁止するに際して、5年以内の期間を定めることを要する（民法908条4項本文）。なお、分割禁止の期間の終期は、相続開始の時から10年を超えることができない（同項ただし書）。

---

**A 7** ✕ 　分割禁止の期間を、5年以内の範囲で更新することができる。なお、更新後の期間の終期は、相続開始の時から10年を超えることができない（民法908条5項）。

---

**A 8** ✕ 　期間が誤り。分割禁止の期間は、5年以内であることを要する（民法908条2項本文）。なお、その期間の終期は、相続開始の時から10年を超えることができない（同項ただし書）。

> **One Point ✦ 分割禁止の期間の更新**
>
> 　遺産分割禁止の期間の更新に係る内容は、前問の家庭裁判所のケースと相違しません。つまり、共同相続人は、5年以内の期間を定めて分割禁止の期間を更新することができますが、その期間の終期は、相続開始の時から10年を超えることができません（民法908条3項）。

---

**A 9** ✕ 　本事例の第三者は、遺産分割ではなく、共有物分割の請求をすべきである（最判昭50.11.7）。特定の不動産の持分の譲渡を受けた場合と、相続分の譲渡を受けた場合とを区別しておこう。

**リンク ➡ Chapter 4 Section 2 Q 2**

---

**A 10** ✕ 　当然に分割されることはなく、遺産分割の対象となる。普通預金債権のほか、通常貯金債権、定期貯金債権、定期預金債権および定期積金債権も同様である（最大決平28.12.19、最判平29.4.6）。

---

**A 11** ✕ 　遺産分割前に、自己の相続分に相当する額の現金の支払を求めることはできない（最判平4.4.10）。預貯金等以外の金銭債権は、遺産分割を要することなく、各相続人に、相続分に応じて当然に承継されることと比較しよう。

**Q 12** Aが死亡し、その相続人は、子のB、C、Dである。Bが、遺産の分割の前に遺産に属する財産を処分したときは、その処分された財産は、遺産の分割時に遺産として存在するものとみなされる。

**Q 13** 各共同相続人は、遺産の分割が成立するまでの間、遺産に属する預貯金債権について、その権利を行使することができない。

**Q 14** Aが死亡し、その相続人は、子のB、C、Dである。遺産の分割により、Xを債務者とする300万円の貸金債権の全額をBが承継した場合、共同相続人の全員が債務者にその承継の通知をしない限り、Bは、法定相続分を超える部分について、Xにその支払を求めることができない。

**Q 15** 遺産分割の効果は相続開始の時にさかのぼって生じることから、相続開始から遺産分割までの間に遺産である賃貸不動産から生じた賃料債権は、遺産分割によりその賃貸不動産を取得した相続人に帰属する。

**A 12** ✕ 　当然にみなされるのではない。その処分が第三者によるものであれば共同相続人の全員の同意により、また、相続人の１人または数人による処分であれば他の相続人の全員の同意により（本問は後者のケース。つまり、Ｃ及びＤの同意により）、遺産として存在するものとみなすことができる（民法906条の2第1項、2項）。

**A 13** ✕ 　最大で、預貯金債権の額に各人の法定相続分を乗じた額の３分の１まで、各共同相続人が単独で行使できる（民法909条の2、預貯金の仮払いの制度）。遺産の分割まで預貯金の払戻しができないとすると、その間、相続人が生活に困ることもあるからである。なお、行使できる額は、標準的な当面の必要生計費、平均的な葬式の費用の額その他の事情を勘案して、預貯金債権の債務者ごとに法務省令で定める額が限度となる（民法909条の2カッコ書）。

**A 14** ✕ 　必ずしも全員からの通知を要しない。債権を承継したＢが、遺産の分割の内容（遺言による承継の場合は遺言の内容）を明らかにして債務者に通知をすれば、共同相続人の全員が債務者に通知をしたものとみなされるため、これにより、全額の支払を請求できる（民法899条の2第2項、第1項）。

> **One Point◆ 民法899条の2**
>
> 改めて、民法899条の2第1項を確認しておきましょう。重要条文です。
> 民法899条の2（共同相続における権利の承継の対抗要件）
> 　1　相続による権利の承継は、遺産の分割によるものかどうかにかかわらず、次条及び第901条の規定により算定した相続分を超える部分については、登記、登録、その他の対抗要件を備えなければ、第三者に対抗することができない。

**Part 5-2** 相続

**A 15** ✕ 　相続開始から遺産分割までの間に生じた賃料債権は金銭債権であるから、各共同相続人がその相続分に応じて当然に承継する（最判平17.9.8）。この間の賃料債権の帰属は、その後にした遺産分割の影響を受けないのである。

# Chapter 6 | 遺 言

## Section 1 遺言の方式

### 1 自筆証書遺言

**Q 1** 　自筆証書にこれと一体のものとして相続財産の全部または一部の目録を添
付する場合、その目録は遺言者が自書したものでなければならない。

**Q 2** 　ワープロや盲人点字器で作成した自筆証書遺言（相続財産の目録を除く）
は、無効である。

**Q 3** 　カーボン紙を用いて複写の方法で作成した自筆証書遺言は、自書の要件に
欠けるところはなく有効である。

**Q 4** 　遺言書の日付として「平成○年4月吉日」と記載されている自筆証書遺言
は、有効である。

**Q 5** 　自筆証書に記載する氏名は、遺言者を特定できれば足りるため、通称やペ
ンネーム、芸名の記載でも、遺言は有効である。

**Q 6** 　自筆証書遺言の押印は、実印その他の印章によらなければならず、指印で
は足りない。

**Q 7** 　他人の添え手による補助を受けて作成した自筆証書遺言は、遺言者が自書
能力を有し、他人の支えを借りただけであり、かつ、他人の意思が介入した
形跡のないときは有効である

**A 1** ✗ 財産目録は、自書を要しない（民法968条2項前段）。目録部分（どこにある不動産や○○銀行の口座番号など遺産のリスト）の手書きはとても疲れるため、この部分について、自書の要件を緩和している。

---

**A 2** ○ 自筆証書遺言は、文字どおり、手書きの遺言のことをいう。

---

**A 3** ○ 本問の遺言書も有効とする判例がある（最判平5.10.19）。

---

**A 4** ✗ 本問の遺言は、日付の記載がないものとして無効である（最判昭54.5.31）。

---

**A 5** ○ 遺言を作成した者を特定できるときは、遺言は有効である（大判大4.7.3）。

---

**A 6** ✗ 押印は、指印でもよい（最判平1.2.16）。

> 🐕 **One Point ◆ 花押は有効か？**
>
> 花押とは、文書の末尾などに書く署名の一種として使われる記号や符合のことをいいます。しかし、この花押は、ハンコと同じものとみることはできません。このため、自筆証書遺言に花押を書いても、ハンコのないものとして、遺言は無効となります（最判平28.6.3）。

---

**A 7** ○ 自書の要件を満たすものとして有効とした判例がある（最判昭62.10.8）。

**Q 8** 自筆証書遺言を訂正した場合に、その訂正の方式が法定の要件を満たさないときでも、遺言書は訂正のないものとして有効となる。

## ② 公正証書遺言、秘密証書遺言

**Q 9** 公正証書によって遺言を作成するためには、証人3人以上の立会いがなければならない。

**Q 10** 公証人が遺言者の作成した書面に基づいて筆記を作成しておき、遺言者に面談の上、遺言の趣旨は先に交付した書面のとおりであるとの陳述を聞き、その筆記をそのまま原本として読み聞かせて公正証書を作成したときでも、口授の要件を満たすものとして、遺言は有効である。

**Q 11** 公正証書遺言は、家庭裁判所による検認を受けることを要しない。

**Q 12** 秘密証書によって遺言をするには、遺言者は、その証書を封じ、証書に用いた印章と同一の印章で、これに封印しなければならない。

**Q 13** 遺言書に日付の記載のない秘密証書遺言は、その効力を生じない。

**Q 14** 秘密証書遺言の方式を欠く遺言であっても、自筆証書遺言の方式を具備しているときは、その遺言は、自筆証書遺言として有効となる。

**A 8** ◯  そのとおり。訂正が法定の要件を満たさなくても、遺言が無効となることはなく、訂正が無効となるだけである（最判昭56.12.18）。

---

**A 9** ✗  証人の人数が誤り。公正証書遺言の作成のためには、証人2人以上の立会いを要する（民法969条1号）。証人の立ち会いなく作成した公正証書遺言は無効である。

---

**A 10** ◯  民法969条は、「遺言者の口授→公証人の筆記→読み聞かせまたは閲覧」の順で規定しているが、本問のように、筆記が先のケースでも遺言は有効である（大判昭9.7.10）。

---

**A 11** ◯  検認の手間を要しないことが、公正証書遺言のメリットのひとつである（民法1004条2項）。なお、自筆証書遺言（法務局において保管されたものを除く）、秘密証書遺言、特別方式による遺言は、すべて検認を要する。

> 🐕 **One Point◆ 自筆証書遺言と検認**
>
> 　自筆証書遺言であっても、法務局（遺言書保管所）に保管されている自筆証書遺言の場合は、検認の手続を要しません（遺言書保管法11条）。遺言書の原本が法務局に保管されるので、証拠保全の必要性がないからです。

---

**A 12** ◯  そのとおり（民法970条2号）。

---

**A 13** ✗  公証人が封紙に日付を記載するため、遺言書そのものに日付の記載がなくても有効である。

---

**A 14** ◯  そのとおり。無効行為の転換として有名な事案である（民法971条）。

## ③ 未成年者、成年被後見人の遺言

**Q 15** 15歳に達した未成年者は単独で有効に遺言をすることができ、法定代理人
の同意を要しない。

**Q 16** 未成年者が死因贈与をするには、15歳に達しているときでも、その法定代
理人の同意を得なければならない。

**Q 17** 15歳未満の未成年者がした遺言は、取り消すことができる遺言となる。

**Q 18** 事理弁識能力を一時回復した成年被後見人は遺言をすることができるが、
この場合、医師2人以上の立会いを要する。

## ④ 共同遺言

**Q 19** 遺言は、2人以上の者が同一の証書ですることができない。

**Q 20** 1通の証書に2人の遺言が記載されている場合は、たとえ両者が容易に切
り離すことができるときであっても、共同遺言として無効である。

## ⑤ 遺言の撤回

**Q 21** 公正証書遺言を、自筆証書遺言で撤回することはできない。

**Q 22** 前の遺言が後の遺言と抵触するときは、その抵触する部分については、後
の遺言で前の遺言を撤回したものとみなされる。

**Q 23** Aは自己所有の甲土地をXに遺贈するとの遺言をした。その後、Aが甲土
地をYに贈与したときは、Aは、Xへの遺贈を撤回したものとみなされる。

**A 15** ○　　そのとおり（民法961条、962条）。

**A 16** ○　　死因贈与は贈与契約に不確定期限がついただけのハナシなので、契約に関する一般論として、未成年者がこれを行うには法定代理人の同意を要する（民法5条1項本文）。

**A 17** ✕　　15歳に達しない者の遺言は、取り消すことができる遺言となるのではなく、当然に無効である。

**A 18** ○　　そのとおり（民法973条1項）。その遺言のときに遺言者が意思能力を有することを見とどけるのが、医師の役割である。

**A 19** ○　　そのとおり。共同遺言は禁止である（民法975条）。

**A 20** ✕　　単に2人の遺言書がホチキスでとめてあるだけで、双方を簡単に切り離すことができるときは、共同遺言にはあたらず、遺言は有効である（最判平5.10.19）。

**A 21** ✕　　遺言の撤回も遺言によって行うが、同じ方式であることまでは要しない（民法1022条）。

**A 22** ○　　そのとおり（民法1023条1項）。遺言の制度は、遺言者の最終意思の実現がその制度の目的だから、後の遺言が優先するのである。

**A 23** ○　　そのとおり（民法1023条2項）。贈与がAの最終意思である。

**Q 24** 遺言者が故意に遺言書を破棄したときは、その破棄した部分については、遺言を撤回したものとみなされる。

**Q 25** 第一の遺言を第二の遺言で撤回した遺言者が、さらに第三の遺言で第二の遺言を撤回した場合、第一の遺言の効力が復活する。

**Q 26** 遺言者は、遺言の撤回行為が錯誤、詐欺または強迫による場合は、その撤回行為を取り消すことができ、これによって遺言の効力は回復する。

**Q 27** 遺言者は、その遺言を撤回する権利を放棄することができる。

**6 特別方式の遺言**

**Q 28** 死亡の危急に迫った者の遺言および船舶遭難者の遺言は、家庭裁判所の確認を得なければ、その効力を生じない。

**Q 29** 特別の方式による遺言は、遺言者が特別の方式によって遺言をした時から6か月間生存するときは、その効力を生じない。

**A 24** ◯    そのとおり（民法1024条前段）。破棄が遺言者の最終意思である。

---

**A 25** ✕    いったん撤回された遺言の効力は、その撤回行為を撤回しても、復活しない（民法1025条本文）。法律関係がややこしくなるから、再度、遺言を書くべきである。

> 🐕**One Point ◆ 判例**
>
> 　本問の例外として、第1の遺言を第2の遺言で撤回した遺言者が、さらに第3の遺言で第2の遺言を撤回した場合に、第3の遺言書の記載から、遺言者が第1の遺言の復活を希望することが明らかなときは、その意思を尊重して、第1の遺言の効力の復活を認めた判例があります（最判平9.11.13）。

---

**A 26** ◯    そのとおり。錯誤、詐欺または強迫による撤回を取り消したときは、撤回した遺言の効力が回復する（民法1025条ただし書）。

---

**A 27** ✕    遺言者は、その遺言を撤回する権利を放棄することができない（民法1026条）。たとえば、遺言者が「遺言を撤回しません」という趣旨の契約をしても、その契約は無効である。なぜなら、「やっぱり撤回したくなった」ときには、それが遺言者の最終意思となるからである。

---

**A 28** ◯    そのとおり（民法976条4項、979条3項）。特別方式による遺言のうち、家庭裁判所の確認の手続を要するのは、本問の2つの遺言のみである。

---

**A 29** ✕    遺言者が普通の方式によって遺言をすることができるようになった時から6か月間生存するとき、が正しい（民法983条）。

# Section 2 遺　贈

## 1 包括遺贈と特定遺贈

**Q 1** 　包括受遺者は、相続人と同一の権利義務を有する。

**Q 2** 　包括受遺者は、遺産分割協議に参加することができる。

**Q 3** 　特定遺贈の受遺者及び包括受遺者は、遺言者の死亡後、いつでも遺贈の放棄をすることができる。

**Q 4** 　遺贈義務者その他の利害関係人が、特定遺贈の受遺者に対して、相当の期間を定めて遺贈の承認または放棄をすべき旨の催告をした場合、受遺者がその期間内に意思を表示しないときは、遺贈を放棄したものとみなされる。

**Q 5** 　停止条件の付されていない遺言は、遺言者の死亡によってその効力を生ずる。

**Q 6** 　負担付遺贈を受けた者がその負担した義務を履行しないため、相続人が相当の期間を定めてその履行を催告したが、その期間内に履行がないときは、受遺者は、負担付遺贈に係る遺言を取り消したものとみなされる。

**Q 7** 　遺言者の死亡以前に受遺者が死亡したときは、遺贈はその効力を生じず、受遺者が受けるべきであったものは、遺言に別段の意思表がない限り、相続人に帰属する。

**A 1** ○   そのとおり（民法990条）。包括受遺者は相続人そのものではないが、考え方として、相続人が1人増えたとみるのである。

---

**A 2** ○   そのとおり（民法990条、906〜914条）。この点、特定遺贈の受遺者と相違する。

---

**A 3** ✕   特定遺贈についてのみ正しい（民法986条1項）。これに対し、包括受遺者は、相続の放棄と同様、熟慮期間内に家庭裁判所に放棄の申述をすることを要する（民法990条、915条、938条）。

---

**A 4** ✕   受遺者がその期間内に意思を表示しないときは、遺贈を承認したものとみなされる（民法987条）。民法は、遺言者の意思を尊重したのである。

---

**A 5** ○   そのとおり（民法985条1項）。なお、停止条件付の遺言の場合、条件が遺言者の死亡後に成就したときは、遺言は、条件成就の時からその効力を生じる（同条2項）。

---

**A 6** ✕   取り消したものとみなされるのではナイ。期間内に履行がない場合、相続人は、家庭裁判所に対し、負担付遺贈に係る遺言の取消しを請求することができる（民法1027条）。

---

**A 7** ○   そのとおり（民法994条1項、995条）。この他、放棄によって遺贈がその効力を失ったときも、受遺者が受けるべきであったものは、相続人に帰属する。

> 🐕 **One Point◆ 相続させる旨の遺言**
>
> Aが、「相続人のBに全財産を相続させる」との遺言をしたが、BがAの死亡以前に死亡した場合も、特段の事情がない限り、その遺言は効力を生じません（最判平23.2.22）。

Part
5-2

相

続

## ② 遺言執行者

**Q 8** 遺言執行者がその権限内において遺言執行者であることを示してした行為
□□□ は、相続人に対して直接にその効力を生ずる。

**Q 9** 遺言執行者がある場合、遺贈の履行は、遺言執行者のみが行うことができ
□□□ る。

**Q 10** 遺言執行者がある場合において、相続人が相続財産を処分したときは、そ
□□□ の行為は無効であり、これをもって、善意の第三者にも対抗することができ
る。

**Q 11** 遺言執行者として指定された者が、その就職を承諾する前であっても、相
□□□ 続人がした相続財産の処分は無効である。

**Q 12** 相続財産中の特定の不動産を共同相続人の1人に相続させる旨の遺言があ
□□□ ったときは、遺言執行者は、その相続人が、法定相続分を超える部分につい
ての対抗要件を備えるために必要な行為をすることができる。

**Q 13** 受遺者は、遺言執行者となることができる。
□□□

## ③ 遺贈と死因贈与

**Q 14** 遺贈も死因贈与も、16歳の未成年者が単独ですることができる。
□□□

**Q 15** 遺贈は一定の方式に従うことを要するが、死因贈与は一定の方式に従うこ
□□□ とを要しない。

**A** 8 ○　そのとおり（民法1015条）。民法上、遺言執行者は、相続人の代理人という位置づけであり、たとえ、遺言の内容が相続人の利益と対立するものであっても、遺言執行者の行為（権限内の行為で、かつ、顕名を要する。）は、直接、相続人に帰属する。このため、遺言執行者は、遺言者の意思に従って、黙々と、遺言の内容の実現のために動けばよいのである。

---

**A** 9 ○　そのとおり（民法1012条2項）。受遺者に、遺贈の履行の請求先を明確にする趣旨である。

---

**A** 10 ✕　善意の第三者に対抗できない（民法1013条2項ただし書）。取引の安全を保護する趣旨である。

---

**A** 11 ○　そのとおり。本問のケースも、遺言執行者がある場合に当たる（最判昭62.4.23、民法1013条2項本文）。

---

**A** 12 ○　そのとおり（民法1014条2項）。つまり、遺言執行者は、相続人の法定代理人として、単独で相続による所有権の移転の登記を申請することができる（先例令和1.6.27-68）。

---

**A** 13 ○　そのとおり。遺言執行者となることができないのは、未成年者と破産者のみである（民法1009条）。

---

**A** 14 ✕　死因贈与について誤り。15歳に達した者は遺言をすることができるため、遺贈は単独ですることができる（民法961条）。他方、死因贈与は契約であり、未成年者が単独ですることができない（民法5条1項本文）。

---

**A** 15 ○　死因贈与の方式については、遺贈の規定の準用がない（最判昭32.5.21）。もともと、贈与契約は不要式である。

# Chapter 7 遺留分

## 1 遺留分全般

**Q 1** 兄弟姉妹には、遺留分がない。

**Q 2** 直系尊属および配偶者が相続人であるときの総体的遺留分は、被相続人の財産の3分の1である。

**Q 3** 相続の開始前に遺留分侵害額の請求をすることはできない。

**Q 4** 遺留分侵害額請求権は、遺留分権利者が、これを第三者に譲渡するなど権利行使の確定的意思を有することを外部に表明したと認められる特段の事情がある場合を除いて、債権者代位権の目的とすることができない。

**Q 5** 共同相続人の1人が遺留分を放棄したときは、他の共同相続人の遺留分が増加する。

## 2 遺留分侵害額請求権の行使

**Q 6** 遺留分権利者及びその承継人は、受遺者または受贈者に対し、遺留分侵害額に相当する金銭の支払を請求することができる。

**Q 7** 当事者の双方が遺留分権利者に損害を加えることを知っていたときは、相続開始の1年前の日よりも前にした贈与も、遺留分を算定するための財産の価額に算入する。

A 1 ○ 　そのとおり（民法1042条1項参照）。兄弟姉妹の遺産をあてにする
ようではいかんと、民法は考えているのである。

A 2 ✕ 　本問の遺留分は、被相続人の財産の２分の１である（民法1042条
1項2号）。なお、**直系尊属のみ**が相続人であるときの遺留分は、被
相続人の財産の３分の１となる（民法1042条1項1号）。

A 3 ○ 　死亡前に遺留分を侵害する可能性のある贈与がされても、その侵
害は単なる将来の見込みにすぎないので、相続開始前の遺留分侵害
額の請求は認められない。

A 4 ○ 　そのとおり（最判平13.11.22）。遺留分侵害額請求権を行使すべ
きか否かの判断は、債務者の一身に専属する。

A 5 ✕ 　共同相続人の１人のした遺留分の放棄は、他の各共同相続人の遺留
分に影響を及ぼさない（民法1049条2項）。なお、相続の開始前に遺
留分を放棄するには、家庭裁判所の許可を要する（民法1049条1項）。
**リンク ➡** Chapter 2 Section 1 **Q** 11

A 6 ○ 　そのとおり（民法1046条1項）。なお、受遺者には、特定財産承継
遺言によって財産を承継し、または相続分の指定を受けた相続人を含
む（同項カッコ書）。ここに、特定財産承継遺言とは、「遺産の分割の
方法の指定として、遺産に属する特定の財産を共同相続人の１人また
は数人に承継させる旨の遺言」のことをいう（民法1014条2項）。

A 7 ○ 　そのとおり（民法1044条1項後段）。なお、本問のケースに当たら
ない贈与は、相続開始前の１年間にしたものに限って算入する（同条
前段）。

**Q 8** 相続人の1人が、生計の資本として贈与を受けていた場合、その贈与が相続開始から15年前のものであっても、遺留分を算定するための財産の価額に算入する。

**Q 9** 受遺者と受贈者とがあるときは、受贈者が先に遺留分侵害額を負担する。

**Q 10** 受遺者が複数あるときは、遺言者が別段の意思を表示したときを除いて、受遺者が、その目的の価額の割合に応じて、遺留分侵害額を負担する。

**Q 11** 受贈者が複数あるときは（同時にされた場合を除く）、前の贈与に係る受贈者から、順次、後の贈与に係る受贈者が、遺留分侵害額を負担する。

**Q 12** 遺留分侵害額を負担すべき受遺者または受贈者が無資力であったときは、遺留分権利者は、次順位の者に対して遺留分侵害額請求をすることができる。

**Q 13** 遺留分を算定するための財産の価額は、被相続人が相続開始の時において有した財産の価額に、その贈与した財産の価額及び遺贈の価額を加えた額から、債務の全額を控除した額とする。

**Q 14** 遺留分侵害額の請求権は、遺留分権利者が、相続の開始及び遺留分を侵害する贈与または遺贈があったことを知った時から1年間、または、相続開始の時から20年を経過したときは、時効によって消滅する。

**Q 15** 被相続人が債務を負担していた場合、遺留分の侵害額は、具体的な遺留分の額から遺留分権利者が遺贈もしくは贈与、または相続によって得た財産の額を控除し、遺留分権利者承継債務の額を加算して算定する。

**A 8** ✗ 相続人への生前贈与（婚姻もしくは養子縁組のため、または生計の資本として受けた贈与に限る。）は、相続開始前の10年間にしたものに限り、その価額を算入する（民法1044条3項、1項）。相続人間の実質的公平を図る趣旨であるが、相続開始前の10年を超える贈与は算入しない。

**A 9** ✗ 受遺者が先に負担する（民法1047条1項1号）。相続開始の日に近いほうから先に負担するのである。

**A 10** ○ そのとおり（民法1047条1項2号）。受贈者が複数ある場合で、その贈与が同時にされたものであるときも、これらの受贈者は、その目的の価額の割合に応じて負担する。

**A 11** ✗ 順番が逆である。正しくは、後の贈与（相続開始から近いほう）から前の贈与（相続開始から遠いほう）の順番で負担する（民法1047条1項3号）。もう一度いうが、遺留分侵害額の負担は、相続開始の日に近いほうから先に負担するのである。

**A 12** ✗ 受遺者または受贈者の無資力によって生じた損失は、遺留分権利者の負担に帰する（民法1047条4項）。

**A 13** ✗ 遺贈の価額は、遺留分を算定するための財産の価額に加えない（民法1043条1項）。遺贈の価額は、相続開始の時に有した財産の価額に含まれているため、これを加えると計算が重複することになり相当ではないからである。

**A 14** ✗ 最後の記述が誤り。相続開始の時から10年の経過で時効消滅する（民法1048条）。なお、その余の記述は正しい。

**A 15** ○ そのとおり（民法1046条2項）。遺留分にあたる金額は、遺留分権利者の生活の糧として法が認めたものであるから、負債があるときでも、この額が現実に遺留分権利者の手元に残ることを要する。このため、最後に負債の額を加えて、遺留分の侵害額を算定するのである。

Part 5-2 相 続

# Chapter 8 | 配偶者の居住の権利

## 1 配偶者居住権

**Q 1** 被相続人の配偶者が、配偶者居住権を取得したときは、配偶者は、居住建物の全部または一部を、無償で使用及び収益をすることができる。

**Q 2** 配偶者居住権を取得した配偶者は、居住建物のうち、従前、居住の用に供していなかった部分については、これを居住の用に供することができない。

**Q 3** 被相続人Aの配偶者Bは、相続開始の時に、Aが所有していた甲建物に居住していなかった場合でも、甲建物について配偶者居住権を取得することができる。

**Q 4** 遺産の分割以外の方法によって、被相続人の配偶者が配偶者居住権を取得することはできない。

**Q 5** 被相続人Aが、相続開始の時に甲建物をCと共有していた場合、Aの配偶者Bは、甲建物について配偶者居住権を取得することができない。

**Q 6** 配偶者居住権の存続期間は、配偶者の終身の間であり、別段の定めをすることはできない。

**Q 7** 配偶者居住権は、居住建物の所有者の承諾があれば、これを譲渡することができる。

**A 1** ✗　「全部または一部を」の部分が誤り。配偶者居住権は、居住建物の全部を無償で使用及び収益をする権利である（民法1028条1項）。

**A 2** ✗　その部分も居住の用に供することができる（民法1032条1項ただし書）。配偶者居住権は、居住建物の全部を無償で使用収益できる権利だからである（前問の解説参照）。

**A 3** ✗　取得できない。配偶者居住権は、Ｂが、甲建物に相続開始の時に居住していた場合に取得できる（民法1028条1項）。

**A 4** ✗　遺産の分割のほか、配偶者居住権が遺贈の目的とされたときも被相続人の配偶者が取得できる（民法1028条1項2号）。

> 🐕 **One Point◆ 相続させる旨の遺言と配偶者居住権**
>
> 特定財産承継遺言（相続させる旨の遺言）によって、配偶者に配偶者居住権を取得させることはできません。これを認めるとすると、配偶者が配偶者居住権の取得を望まない場合には相続放棄をするしかなくなってしまい、かえって、配偶者の利益を害することとなるからです。

**A 5** ○　そのとおり（民法1028条1項ただし書）。配偶者居住権は、建物所有者にとって重い負担となる（自分の建物を使えなくなる）ため、被相続人が、甲建物を配偶者以外の者と共有していたときは、配偶者居住権を取得できない。

**A 6** ✗　遺言、遺産分割の協議や家庭裁判所による審判において別段の定めができる（民法1030条ただし書）。

**A 7** ✗　譲渡できない（民法1032条2項）。配偶者居住権は、生存配偶者の居住権を保護するための仕組みであり、もともと譲渡を想定していないのである。

Q 8 　配偶者居住権を取得した配偶者は、第三者に居住建物の使用または収益をさせることができない。

Q 9 　Aは、甲建物の配偶者居住権を取得した。Aが善管注意義務に違反したときは、甲建物の所有者のBは、Aに対する意思表示によって、直ちに配偶者居住権を消滅させることができる。

Q 10 　配偶者居住権は、これを登記することができる。

Q 11 　配偶者短期居住権は、これを登記することができる。

Q 12 　遺産の分割の請求を受けた家庭裁判所は、共同相続人間に合意が成立している場合でなければ、配偶者が配偶者居住権を取得する旨を定めることができない。

**A 8** ✗ 　居住建物の所有者の承諾があれば、第三者に使用または収益をさせることができる（民法1032条3項）。このほか、居住建物の改築や増築をするときも、居住建物の所有者の承諾を要する。

**A 9** ✗ 　直ちに消滅させることはできない。この場合、Bは、相当の期間を定めてその是正の催告をし、その期間内に是正がされないときに消滅させることができる（民法1032条4項）。善管注意義務違反のほか、Aが、Bに無断で甲建物を増改築したり、第三者に使用収益させたりしたときも、Bは、これと同じ段取りで配偶者居住権を消滅させることができる。

**A 10** ○ 　登記できる。なお、居住建物の所有者は、配偶者居住権を取得した配偶者に、配偶者居住権の設定の登記を備えさせる義務を負うため、配偶者もその登記を求めることができる（民法1031条1項）。

> 🐕 **One Point ◆ 配偶者居住権の登記事項**
>
> 　配偶者居住権の登記に特有の登記事項は、次のとおりです（不動産登記法81条の2）。
> 　1　存続期間
> 　2　第三者に居住建物（民法1028条1項に規定する居住建物をいう）の使用または収益をさせることを許す旨の定めがあるときは、その定め
> 　配偶者居住権を登記したときは、建物の所有者がその建物を第三者に譲渡しても、配偶者は、その配偶者居住権を第三者に対抗できます（民法1031条2項、605条）。

Part
5-2
相
続

**A 11** ✗ 　配偶者短期居住権は登記事項ではないため、登記できない。

**A 12** ✗ 　合意がないときでも、次の2つの事情があるときは、定めることができる（民法1029条2号）。
　　1．配偶者が家庭裁判所に対して配偶者居住権の取得を希望する旨を申し出たこと
　　2．居住建物の所有者の受ける不利益の程度（配偶者居住権は負担が重い）を考慮してもなお、配偶者の生活を維持するために特に必要があると認めるとき

---

**Q 13** 配偶者短期居住権を有する配偶者は、居住建物を無償で使用及び収益をすることができる。

---

**Q 14** 居住建物取得者は、居住建物について配偶者を含む共同相続人間で遺産の分割をすべき場合であっても、いつでも配偶者短期居住権の消滅の申入れをすることができる。

---

**Q 15** 配偶者が、相続開始の時において、居住建物に係る配偶者居住権を取得したときは、配偶者短期居住権は認められない。

---

**Q 16** 配偶者が無償で居住する甲建物について、配偶者を含む共同相続人間で遺産の分割をすべき場合、配偶者は、遺産の分割により居住建物の帰属が確定した日、または相続開始の時から6か月を経過する日のいずれか早い日まで、配偶者短期居住権を有する。

---

**Q 17** 被相続人Aの配偶者Bが、甲建物について配偶者短期居住権を有することとなった。Aの生前、Bが甲建物の一部のみを無償で使用していた場合であっても、Bは、甲建物の全部を無償で使用することができる。

---

**Q 18** 配偶者短期居住権を有する配偶者は、居住建物取得者の承諾を得なければ、第三者に居住建物の使用をさせることができない。

---

**A 13** ✗  居住建物の使用のみをすることができる（民法1037条1項）。使用及び収益が認められるのは、配偶者居住権である。

---

**A 14** ✗  本問のケースは居住建物取得者が消滅の申入れをすることができず、配偶者は遺産の分割により居住建物の帰属が確定した日または相続開始の時から6か月を経過する日のいずれか遅い日まで配偶者短期居住権を有する。なお、本問の場合を除けば、居住建物取得者はいつでも消滅の申入れをすることができる（民法1037条3項）。

> 🐕 **One Point◆ 居住建物取得者**
>
> 居住建物取得者とは、配偶者が居住していた建物（居住建物）の所有権を、相続または遺贈により取得した者のことをいいます（民法1037条1項）。

---

**A 15** ○  そのとおり（民法1037条1項ただし書）。このほか、配偶者が、相続欠格に該当し、または廃除によって相続権を失ったときも認められない。

---

**A 16** ✗  後半の記述の「いずれか早い日」の部分が誤り。正しくは、「いずれか遅い日」である（民法1037条1項本文）。

---

**A 17** ✗  一部のみを使用していた場合は、その部分についてのみ無償で使用できる（民法1037条1項カッコ書）。全部の使用までは認められない。

---

**A 18** ○  そのとおり（民法1038条2項）。もし、配偶者が無断で使用させたとき（または、善管注意義務に違反したとき）は、居住建物取得者は、配偶者に対する意思表示によって、配偶者短期居住権を消滅させることができる（民法1038条3項）。

Part
**5-2**

**相**

**続**

# 横断的整理

**急|所** 死亡により終了するものの横断的整理

　死亡により終了する法律関係として、民法に明文の規定があるものを横断的に整理しておこう。

1　代理権

　　本人または代理人が死亡したときは、代理権は消滅する（民法111条1項1号、2号）。

2　委任契約

　　委任契約は、委任者または受任者の死亡により終了する（民法653条1号）。

3　定期贈与契約

　　定期贈与契約は、贈与者または受贈者の死亡によって、その効力を失う（民法552条）。

4　使用貸借

　　使用貸借は、借主の死亡によって終了する（民法597条3項）。

5　組合員たる地位

　　組合員は、死亡によって脱退する（民法679条1号）。

（Memo）

# 横断的整理

急|所| 欠格事由

親族・相続編の欠格事由をまとめて整理しよう。

親族編

1　後見人の欠格事由（民法847条）

次の者は、後見人となることができない。

① 未成年者

② 家庭裁判所で免ぜられた法定代理人、保佐人、補助人

③ 破産者

④ 被後見人に対して訴訟をし、またはした者並びにその配偶者および直系血族

⑤ 行方の知れない者

2　後見監督人の欠格事由　（民法850条、852条）

上記の①〜⑤までの者の他、次の者も、後見監督人となることができない。

① 後見人の配偶者

② 後見人の直系血族

③ 後見人の兄弟姉妹

1 相続欠格　　民法891条

次の者は、相続人となることができない。

① 故意に被相続人または相続について先順位もしくは同順位にある者を死亡するに至らせ、または至らせようとしたために刑に処せられた者。

② 被相続人の殺害されたことを知って、これを告発せずまたは告訴しなかった者。

　ただし、その者に是非の弁別がないとき、殺害者が自己の配偶者、直系血族であったときは欠格事由にあたらない。

③ 詐欺または強迫によって、被相続人が相続に関する遺言をし、撤回し、取り消し、または変更することを妨げた者。

④ 詐欺または強迫によって、被相続人に相続に関する遺言をさせ、撤回させ、取り消させ、または変更させた者。

⑤ 相続に関する被相続人の遺言書を偽造し、変造し、破棄し、または隠匿した者。

2 遺言の証人、立会人の欠格事由　　民法974条

次の者は、遺言の証人または立会人となることができない。

① 未成年者

② 推定相続人および受遺者並びにこれらの配偶者および直系血族

③ 公証人の配偶者、4親等内の親族、書記および使用人

3 遺言執行者の欠格事由　　民法1009条

次の者は、遺言執行者となることができない。

① 未成年者

② 破産者

Part
5-2

相

続

# オートマ実行委員会メンバー

## 山本浩司 (やまもとこうじ)

大阪生まれ。
Wセミナー専任講師
１年合格コースの最短最速合格者。２ＷＡＹ学習法を活かし、本試
験の出題範囲を効果的に教授する資格試験講師のプロ。講演会活動
なども精力的にこなしている。
本書では、全科目の監修を行っている。

## 西垣哲也 (にしがきてつや)

名古屋生まれ。TAC名古屋校司法書士講座専任講師。平成19年司法
書士試験合格。オートマシリーズをこよなく愛する実行委員。座右
の銘は「日進月歩」。合言葉は「いつかはフェラーリ」。

司法書士

やまもとこうじ
山本浩司のオートマシステム

しん　　　　　　　いちもんいっとう　ようてんせいり　　だい　ばん
新・でるトコ　一問一答＋要点整理　① 民法〈第6版〉

2015年10月27日　初 版　第1刷発行
2024年3月25日　第6版　第1刷発行

著　者　山　本　浩　司
発 行 者　猪　野　　　　樹
発 行 所　株式会社　早稲田経営出版

〒101-0061
東京都千代田区神田三崎町3-1-5
神田三崎町ビル
電 話 03(5276)9492(営業)
FAX 03(5276)9027

印　刷　株式会社　ワ　コ　ー
製　本　株式会社　常　川　製　本

© Kōji Yamamoto 2024　　　Printed in Japan　　　ISBN 978-4-8471-5151-4
N.D.C. 327

# 書籍の正誤に関するご確認とお問合せについて

書籍の記載内容に誤りではないかと思われる箇所がございましたら、以下の手順にてご確認とお問合せをしてくださいますよう、お願い申し上げます。

なお、正誤のお問合せ以外の**書籍内容に関する解説および受験指導などは、一切行っておりません。**
そのようなお問合せにつきましては、お答えいたしかねますので、あらかじめご了承ください。

## 1 「Cyber Book Store」にて正誤表を確認する

早稲田経営出版刊行書籍の販売代行を行っている
TAC出版書籍販売サイト「Cyber Book Store」の
トップページ内「正誤表」コーナーにて、正誤表をご確認ください。

**CYBER** TAC出版書籍販売サイト
**BOOK STORE**

## URL：https://bookstore.tac-school.co.jp/

## 2 1の正誤表がない、あるいは正誤表に該当箇所の記載がない
## ⇒下記①、②のどちらかの方法で文書にて問合せをする

★ご注意ください★

**お電話でのお問合せは、お受けいたしません。**
①、②のどちらの方法でも、お問合せの際には、「お名前」とともに、
「対象の書籍名（○級・第○回対策も含む）およびその版数（第○版・○○年度版など）」
「お問合せ該当箇所の頁数と行数」
「誤りと思われる記載」
「正しいとお考えになる記載とその根拠」
を明記してください。
なお、回答までに1週間前後を要する場合もございます。あらかじめご了承ください。

① ウェブページ「Cyber Book Store」内の「お問合せフォーム」より問合せをする

【お問合せフォームアドレス】

## https://bookstore.tac-school.co.jp/inquiry/

② メールにより問合せをする

【メール宛先　早稲田経営出版】

## sbook@wasedakeiei.co.jp

※土日祝日はお問合せ対応をおこなっておりません。
※正誤のお問合せ対応は、該当書籍の改訂版刊行月末日までといたします。

乱丁・落丁による交換は、該当書籍の改訂版刊行月末日までといたします。なお、書籍の在庫状況等により、お受けできない場合もございます。
また、各種本試験の実施の延期、中止を理由とした本書の返品はお受けいたしません。返金もいたしかねますので、あらかじめご了承くださいますようお願い申し上げます。

早稲田経営出版における個人情報の取り扱いについて
■お預かりした個人情報は、共同利用させていただいているTAC（株）で管理し、お問合せへの対応、当社の記録保管にのみ利用いたします。お客様の同意なしに業務委託先以外の第三者に開示、提供することはございません（法令等により開示を求められた場合を除く）。その他、共同利用に関する事項等については当社ホームページ（http://www.waseda-mp.com）をご覧ください。